EUREKA ! TECHNOLOGIE

TECHNOLOGIE 6e

Sous la direction de
Jean Cliquet
chargé de mission d'inspection

Jean-Michel Baron
professeur de technologie

Gilles Gaigher
professeur de technologie

Patricia Galois
professeur de technologie

Dominique Sauzeau
professeur d'IUFM

Claude Valtat
chargée de mission d'inspection

Delagrave

Conception graphique : Primo & Primo
Mise en pages et infographies : STDI
Illustrations de couverture : Bruno Tesse

ISBN : 2-206-08905-X

Delagrave Édition – 15, rue Soufflot – 75254 Paris cedex 05
Site internet : www.delagrave-edition.fr
E-mail : delagrave@delagrave-edition.fr

Avant-propos

▸ La technologie en sixième

La technologie s'intéresse à tout ce que construit l'Homme, en particulier les nombreux objets techniques qui vous entourent et dont vous vous servez tous les jours.

À quoi servent les objets techniques, comment sont-ils faits, comment fonctionnent-ils ? Ces questions vous accompagneront toute l'année en technologie à travers des activités très variées d'observation d'objets, d'essais, de démontage et de remontage, d'expérimentation mais également de **réalisation** d'un objet.

Le thème des transports

Cette année, le thème principalement développé est celui des **transports**. Tous les objets qui roulent, qui volent, qui flottent… pour transporter des personnes ou des marchandises vous intéresseront.

Vous examinerez leur **fonctionnement**, comment ils sont construits et avec quels **matériaux**, quelle **énergie** les actionne et quelle a été leur **évolution** au cours de l'Histoire…

L'utilisation de l'ordinateur

Dans vos différentes activités, vous utiliserez très souvent l'ordinateur pour rechercher des informations, réaliser des documents et fabriquer des pièces en commandant des machines de mise en forme.

▸ Votre manuel de technologie

Votre manuel vous accompagnera dans toutes vos activités en vous aidant à acquérir l'ensemble des connaissances de votre niveau.

Les différentes parties

Il est divisé en **cinq parties distinctes** : le *fonctionnement de l'objet technique, les matériaux, les énergies, l'évolution des objets techniques, la réalisation d'un objet technique*.

Un dernier chapitre résume ce que vous devez savoir faire avec un ordinateur dans les **T**echnologies de l'**I**nformation et de la **C**ommunication (**TIC**).

Le manuel est enrichi de nombreuses **annexes techniques** qui vous offrent des compléments d'information pour chacune des parties.

Les chapitres

Chaque chapitre présente des **documents variés** à partir de questions précises en rapport avec le thème des transports. Il se termine par un **bilan** des connaissances à retenir et des **exercices** présentés sous forme de petits problèmes, semblables à ceux que vous rencontrerez lors de vos activités en classe.

Nous vous souhaitons une très bonne année en technologie au collège.

Les auteurs.

Les pages de votre manuel

La page d'ouverture de chapitre

Le document placé en ouverture de chaque chapitre propose d'**interroger une situation technologique** à partir de trois ou quatre questions simples.

Cette analyse vous permet d'**identifier des problèmes technologiques** auxquels les pages du chapitre apportent des éléments de réponse.

Ces pages vous indiquent également les compétences que vous allez acquérir, c'est-à-dire **ce que vous allez apprendre à faire**.

Les doubles pages de documents

Chaque double page présente un ensemble de connaissances sur un thème précis, défini en **en-tête**, à travers des **documents** riches et variés. Un **questionnement** permet de découvrir et d'analyser chaque document. Des aides sont données par des définitions de **vocabulaire** et un renvoi aux **annexes techniques**.

L'**encadré** souligne un aspect particulier du sujet (solution technique, expérimentation, évolution technique, usage de l'ordinateur…).

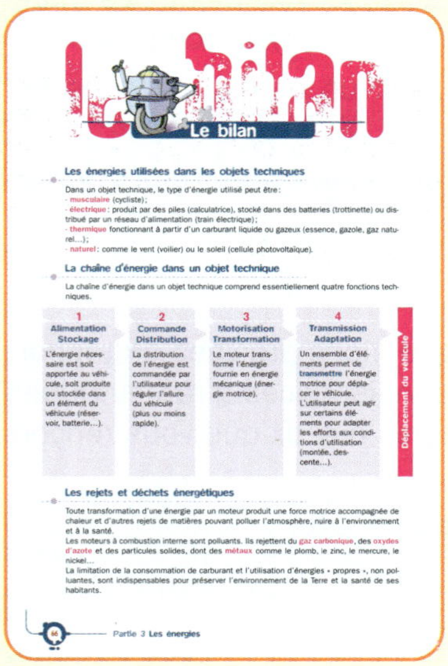

La page bilan

Le bilan apporte une conclusion structurée aux interrogations formulées dans le chapitre et aux réponses envisagées grâce aux documents. Il expose les connaissances du programme à acquérir.

Les pages d'exercices

Deux pages d'exercices vous permettent de tester vos connaissances, de les appliquer dans des petits problèmes technologiques et d'utiliser l'ordinateur dans une situation semblable aux activités réalisées en classe.

Les pages TIC

Le chapitre consacré aux **T**echnologies de l'**I**nformation et de la **C**ommunication vous propose une synthèse des connaissances et des compétences devant être acquises à la fin de la sixième par la pratique de l'ordinateur.

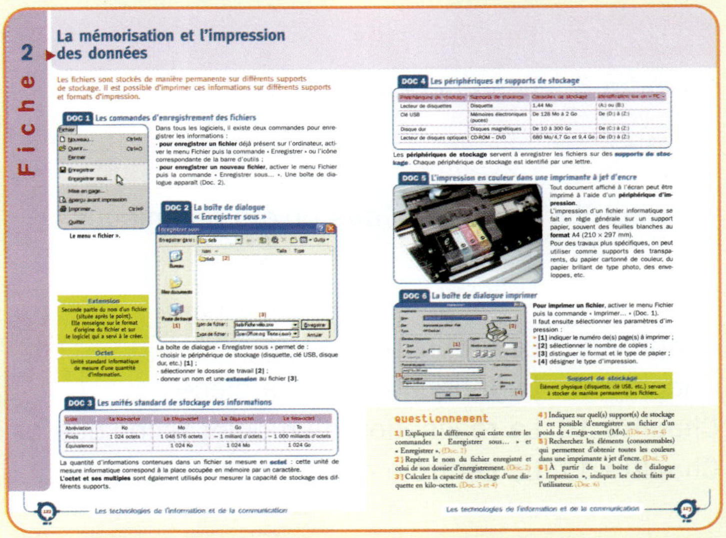

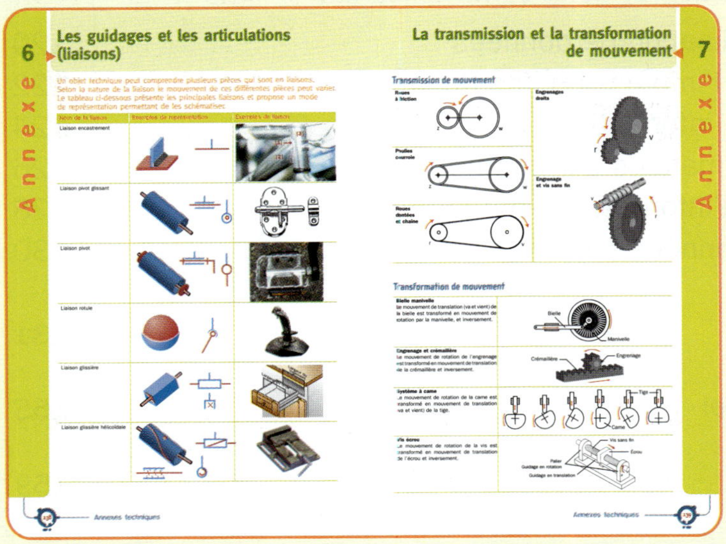

Les annexes techniques

Les annexes techniques synthétisent des données venant en appui aux activités technologiques. Elles sont des aides dans des situations particulières et non des connaissances à apprendre.

Sommaire

Chapitre 1

La découverte de l'objet technique

CE QUE VOUS ALLEZ APPRENDRE À FAIRE

- Identifier objet et objet technique.
- Identifier la fonction d'usage de l'objet.
- Associer un besoin à un usage.
- Énoncer la fonction d'estime de l'objet.
- Décrire le principe général de fonctionnement d'un objet simple.

Interroger une situation technologique

1] Nommez deux objets de cette photographie fabriqués par l'Homme.

2] Désignez deux objets naturels.

3] Déterminez l'usage des objets fabriqués par l'Homme.

4] Indiquez ce qui, selon vous, fait la beauté des objets.

Une barque sur une plage bordée de bungalows.

Identifier des problèmes technologiques

- Qu'est-ce qui distingue un objet naturel d'un objet technique ?
- Pourquoi l'Homme fabrique-t-il des objets techniques ?
- Pourquoi l'Homme s'entoure-t-il d'objets utiles et beaux ?
- Comment fonctionnent les objets techniques ?

▶1 La fonction d'usage d'un produit

L'Homme fabrique de nombreux objets qui l'aident à se nourrir, se vêtir, se loger, se déplacer, s'instruire, se distraire... À quel besoin répondent ces objets ? Pour quel usage sont-ils fabriqués et vendus ? Qu'est-ce qu'un produit ?

DOC 1 Des besoins satisfaits par des objets techniques

Un vêtement.

Une maison.

Un stylo.

Un tracteur.

Une voiture.

Un livre.

Des objets qui permettent de satisfaire les principaux **besoins** de l'homme (communiquer, se déplacer, se vêtir, s'abriter, s'instruire, se nourrir...).

DOC 2 La fonction d'usage des objets

Un vélo de ville.

Un triporteur.

Un vélo tout terrain (VTT).

Une barque de pêche.

Un bateau de plaisance.

Un porte-conteneurs.

Un planeur.

Un avion de ligne.

Un Canadair.

Les objets sont conçus et fabriqués pour répondre à des **usages** précis.

Besoin

Les besoins humains répondent à des exigences de la nature (se nourrir...) et de la vie en société (communiquer).

DOC 3 Des produits différents pour se déplacer

Une voiture personnelle.

Une voiture de location.

Un taxi.

Pour effectuer un déplacement, plusieurs solutions s'offrent à nous. Il est possible d'utiliser un véhicule qui nous appartient, de louer un véhicule auprès d'une entreprise spécialisée ou de payer la course d'un chauffeur de taxi. Dans le premier cas, l'**usager** est propriétaire d'un **bien** : la voiture. Dans les deux derniers cas, il achète un **service** (location d'une voiture ou transport sur une certaine distance).

DOC 4 Un objet technique donnant accès à différents services

Mobile avec accès à Internet.

Le téléphone portable est un produit permettant d'accéder à un réseau de communication. Cet objet est acheté par l'usager et lui permet d'accéder à différents services payants, dont communiquer avec des correspondants.

Produit
Il s'agit d'un bien (objet technique) ou d'un service que le consommateur paye pour satisfaire un besoin.

Usager
Personne qui utilise un objet ou un service.

Fonction d'usage
Désigne la façon dont un objet répond à un besoin.

Des solutions techniques

Un objet aux multiples usages

L'ordinateur portable est un outil qui possède de nombreuses **fonctions d'usage** : il permet de créer des documents, de les ranger dans la mémoire interne et, s'il est connecté à Internet, de transférer ces documents à d'autres personnes. Il est possible également de rechercher des informations sur Internet et d'envoyer et recevoir des courriers électroniques, mais aussi d'écouter de la musique ou de regarder des films.

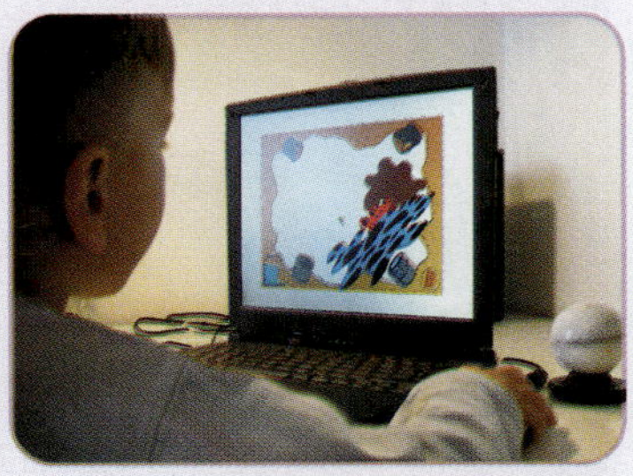

questionnement

1] Indiquez dans chaque cas le besoin satisfait par l'objet. (Doc. 1)

2] Formulez pour chaque ligne le besoin satisfait. (Doc. 2)

3] Précisez la fonction d'usage de chaque objet présenté. (Doc. 2)

4] Déterminez, dans les trois cas, le besoin satisfait et l'objet technique impliqué. (Doc. 3)

5] Indiquez, dans les trois cas, ce que l'usager paye (l'achat d'un objet ou d'un service). (Doc. 3)

6] Déterminez ce que l'usager paye (l'achat d'un objet ou d'un service). (Doc. 4)

7] Précisez de quoi est propriétaire l'usager d'un téléphone portable. (Doc. 4)

8] Déterminez au moins trois usages différents de l'ordinateur portable. (Encadré)

» Annexes 4, 6, 7, pages 136, 138, 139

▸2 La fonction d'estime d'un objet technique

Un objet technique n'est pas uniquement déterminé par ses fonctions d'usage. Son esthétique est de plus en plus prise en compte lors de sa création.
Comment l'effet de séduction de l'objet agit-il sur les utilisateurs ? La beauté d'un objet suit-elle des modes ?

DOC 1 La fonction d'estime et l'esthétique des objets techniques

Trois scooters.

Il en faut pour tous les goûts ! Ces véhicules ont des styles très différents pour correspondre aux goûts de tous les utilisateurs possibles. C'est leur **fonction d'estime**.

DOC 2 L'esthétique des objets adaptée à la mode d'une époque

Les années 2000

Les années 1950

Les formes et les matériaux employés pour tous ces objets marquent leur période respective.

DOC 3 La fonction d'estime des objets techniques et l'image de soi

La fonction d'estime de l'objet invite l'utilisateur à imaginer la personne qu'il est ou qu'il aimerait être. Les publicités pour les **marques** utilisent ce phénomène pour vanter leurs produits.

Marque

Signe matériel (logo) servant à distinguer les produits d'une entreprise. Par extension, nom commercial d'une entreprise (Renault, Rossignol...).

Designer

Dans une équipe, il crée et conçoit un produit dont l'esthétique incitera à l'achat.

▸ L'innovation technique

Le métier de designer

Pour concevoir une nouvelle chaussure de sport, l'entreprise Carnac Sport s'est adressée à des designers. Leur démarche suit différentes étapes :

- une **analyse du besoin** est conduite pour connaître la concurrence (les produits identiques existants destinés aux cyclistes professionnels) ;
- une première série d'**esquisses** est proposée, elle définit le style de la paire de chaussures pour satisfaire sa **fonction d'estime** ;
- la **réalisation d'un prototype** qui met en œuvre des solutions nouvelles : un talon rigide, des brides à cliquets micrométriques, un alliage de matériau cuir-carbone pour une nouvelle ligne de produits « modernes ».

Source : http://www.cdra.asso.fr/

Prototype.

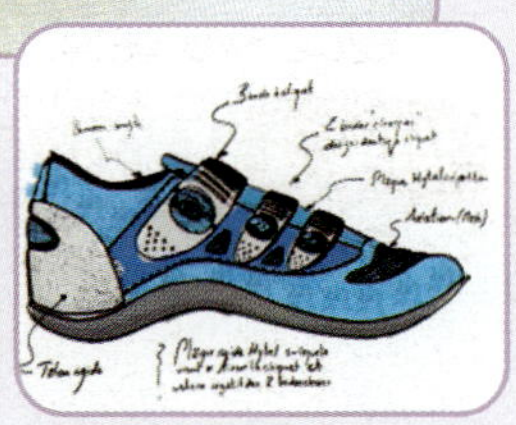

Un des dessins ayant servi à l'élaboration de la gamme Carnac 2005.

questionnement

1] Indiquez si les objets présentés ont la même fonction d'usage. (Doc. 1)

2] Déterminez en quoi ces objets ont des fonctions d'estime différentes. (Doc. 1)

3] Précisez si la fonction d'estime de chaque objet est appréciée de la même façon par tous les utilisateurs. (Doc. 1)

4] Indiquez la fonction d'usage des différents objets présentés. (Doc. 2)

5] En quelques mots, distinguez l'esthétique des objets en 1950 et en 2000 (formes arrondies, anguleuses, matériaux, couleurs...). (Doc. 2)

6] Déterminez dans chaque cas le style de vie ou l'image de soi que l'objet propose à son utilisateur (sports, voyages, aventures, vie de famille...). (Doc. 3)

7] Indiquez en quoi le choix des matériaux renforce la fonction d'estime. (Encadré)

8] Indiquez les trois étapes suivies par les designers pour concevoir cette nouvelle chaussure de sport. (Encadré)

▶3 Le principe de fonctionnement d'un objet technique

Un objet technique assure sa fonction d'usage selon un principe général de fonctionnement (il vole, il roule, il flotte...). Comment exprimer le fonctionnement d'un objet technique ? Quels sont les principes mis en œuvre ? Comment les représenter sous forme de schémas ou de dessins ?

DOC 1 Le principe de fonctionnement d'un bateau à moteur hors-bord

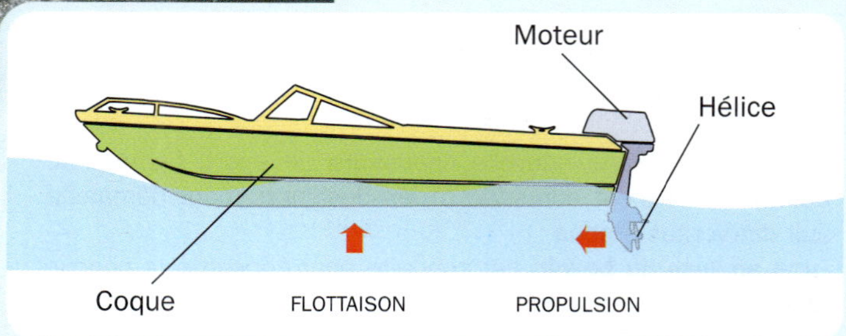

DOC 2 Le principe de fonctionnement d'un train

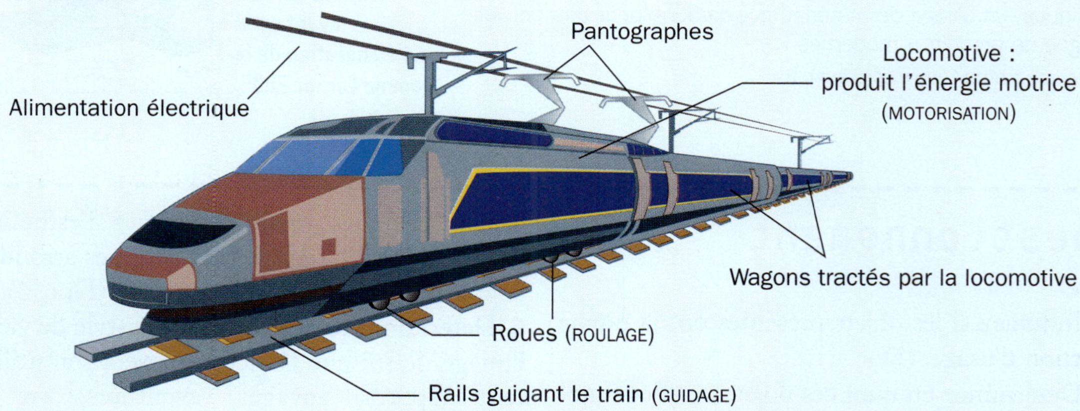

Principe de fonctionnement d'un train tracté par une locomotive électrique.

Principe de fonctionnement

Principe général permettant à un objet technique d'assurer sa fonction d'usage.
Il fait toujours appel à des lois physiques ou à des systèmes techniques.

DOC 3 Les principes de fonctionnement des objets volants

Tableau comparatif des principes mis en œuvre					
Aéronef	**Avion**	**Planeur**	**Hélicoptère**	**Ballon libre**	**Dirigeable**
Sustentation	Action de l'air sur les ailes due à la vitesse de propulsion.	Action de l'air sur les ailes due à la vitesse de propulsion.	Action de l'air sur les pales en rotation (aile tournante).	Air chaud plus léger que l'air (moins dense) dans une enveloppe.	Gaz plus léger que l'air (moins dense) dans une enveloppe.
Propulsion	Moteur	—	Moteur	Courants d'air	Moteur

Les principes de fonctionnement présentés concernent la manière dont est obtenue la sustentation et la propulsion des aéronefs.

Une innovation technologique

L'hydroptère : un principe révolutionnaire

Le principe de l'hydroptère consiste à faire sortir de l'eau les coques d'un bateau grâce à une poussée verticale développée par des ailes marines placées sous le navire. Le bateau ne sort de l'eau que quand une certaine vitesse est atteinte. L'action de l'eau sur les ailes marines, due à la vitesse du bateau, agit comme l'air sur une aile d'avion, en poussant le navire hors de l'eau. Il se déplace au ras de l'eau !

Le bateau n'a plus alors pour surface de contact avec l'eau que ses trois ailes, ce qui diminue fortement la résistance de l'eau et lui permet d'aller plus vite qu'un bateau à voile classique.

Aéronef
Nom général de tous les engins destinés à naviguer dans les airs.

Sustentation
C'est le principe qui permet de se maintenir en l'air pour un aéronef ou un véhicule à coussin d'air.

Propulsion
C'est le principe qui permet à un corps de se déplacer.

questionnement

1] Relevez sur le schéma ce qui permet au bateau de flotter. (Doc. 1)

2] Déterminez l'élément qui permet au bateau d'avancer. (Doc. 1)

3] Résumez en une phrase le principe de fonctionnement d'un bateau à moteur hors-bord. (Doc. 1)

4] Relevez les éléments qui assurent la liaison du train avec le sol. (Doc. 2)

5] Déterminez les éléments qui permettent au train d'avancer. (Doc. 2)

6] Réalisez un schéma permettant d'illustrer le principe de fonctionnement d'un train. (Doc. 2)

7] Déduisez du tableau les deux grands principes de sustentation des aéronefs. (Doc. 3)

8] Expliquez par un schéma ou un croquis pourquoi un ballon libre peut décoller seul et pourquoi un planeur doit être tracté pour décoller. (Doc. 3)

9] Expliquez par deux croquis et une légende le principe de fonctionnement de l'hydroptère quand il flotte puis quand il se déplace au ras de l'eau. (Encadré)

» Annexes 4, 6, 7, pages 136, 138-139

Le bilan

Un objet technique est un produit qui répond à un besoin

Un **objet technique** se distingue d'un objet naturel car il est fabriqué par l'Homme.
L'objet technique est fabriqué pour répondre à un besoin : se déplacer, s'habiller, se nourrir, se loger, s'instruire, se distraire… C'est un **produit** de l'activité humaine qui est acheté par des consommateurs.

La fonction d'usage et la fonction d'estime d'un objet technique

La capacité d'un objet à répondre à un besoin est sa **fonction d'usage**. La fonction d'usage indique le besoin auquel l'objet technique répond en précisant son principal usage.
Un objet technique se distingue par ses formes, sa couleur, les matériaux utilisés, ses performances techniques… C'est ce qui séduira le client lors de l'achat et qu'on appelle la **fonction d'estime**.

Le principe de fonctionnement d'un objet technique

Un objet technique est construit selon **un principe de fonctionnement général** qui lui permet de répondre à ses fonctions d'usage et d'estime.
Le principe de fonctionnement général d'un **moyen de transport** se caractérise par la manière dont il se maintient (sustentation), l'énergie qui lui permet de se déplacer (motorisation) et le moyen par lequel il est guidé (guidage).

	MOYENS DE TRANSPORT					
Caractéristiques	**Automobile**	**Navire à moteur**	**Train**	**Avion**	**Bicyclette**	**Téléphérique**
Maintien Sustentation	**Roulage** (roues, amortisseurs)	**Flottaison** (coque)	**Roulage** (roues, amortisseurs)	**Sustentation** (ailes)	**Roulage** (roues)	**Portance** (câble porteur)
Motorisation Propulsion	Moteur, embrayage, boîte de vitesses, roues	Moteur, hélice	Moteur, roues	Réacteur ou moteur et hélice	Pédalier, plateau, chaîne, pignons	Moteur, poulies, câble moteur
Guidage Commande	Système de direction	Gouvernail	Rails et roues	Volets des ailes	Guidon, roue avant, fourche	Câble porteur

Exercices

Je teste mes connaissances

1] Distinguer objets et objets techniques

Identifiez les objets et les objets techniques dans cette liste :
Rocher — Coquelicot des champs — Livre de technologie — Bateau.

2] Déterminer un produit en associant un usage à un besoin

Après avoir associé à chaque usage un besoin, proposez le produit correspondant à chacune des quatre situations obtenues.

Besoins	Usages	Produits possibles
- Se déplacer	- Entre l'Europe et l'Amérique	Voiture – Ascenseurs –
- Communiquer à distance	- De l'entrée d'un immeuble à un appartement	Interphone – Avion –
		Planeur – Téléphone

3] Identifier la fonction d'usage d'un objet technique

Retrouvez et reliez l'objet et sa fonction d'usage en associant une lettre à un nombre (ex. : a6).

a. Voiture •	• 1. Communiquer avec une personne à distance
b. Téléphone •	• 2. S'amuser à se déplacer en ville
c. Plaque-chauffante •	• 3. Produire des sons de différentes sources (radio ou enregistrés)
d. Réfrigérateur •	• 4. Recevoir et visualiser des images animées
e. Chaîne Hi-fi •	• 5. Chauffer des aliments
f. Téléviseur •	• 6. Se déplacer sur de grandes distances
g. Patin à roulettes •	• 7. Capturer des images fixes
h. Appareil photo •	• 8. Conserver des aliments au froid

4] Identifier le principe de fonctionnement d'un objet technique

a) Indiquez l'usage des objets suivants.
b) Identifiez leur principe de fonctionnement.
Bateau à moteur — Train type TGV — Avion à réaction — Voiture — Patin à roulettes.

J'applique mes connaissances

5] Identifier des fonctions d'usage

Énoncez la fonction d'usage de ces cinq objets.

Bateau à moteur.

Voilier.

Train.

Avion à réaction.

Automobile.

6] Le principe de fonctionnement

a) Énoncez par une phrase le principe de fonctionnement de ces objets techniques (ex. : il glisse sur l'eau...).
- Funiculaire
- Tapis roulant
- Monte-charge
- Fusée
- Navette spatiale
- Parachute
- Parapente
- Ski
- Montgolfière

b) Réalisez sous forme de croquis un schéma du principe de fonctionnement pour deux de ces objets.

7] Analyser un modèle de bicyclette

Ce modèle de bicyclette est le fruit de recherches dans le domaine du design.

a) Énoncez la fonction d'usage de ce modèle.
b) Précisez son principe de fonctionnement.
c) Énumérez les éléments qui le distinguent d'une bicyclette traditionnelle et qui en font un produit original.
d) Tentez de qualifier par quelques mots l'image de soi qui s'attache à cet objet (fonction d'estime).

Vélo futuriste (prototype).

J'utilise un ordinateur

8] Rechercher des informations sur un site Web

Allez sur le site consacré au design :
http://www.placeaudesign.com/twingo/twingo.htm.
Naviguez dans son arborescence et répondez aux questions suivantes.

a) Citez deux modèles de voitures de cette entreprise créée en 1898.
b) Relevez les missions du design selon Renault.
c) Indiquez les ateliers de la Direction du design.
d) Décrivez les outils qu'utilise le designer.

Chapitre 2

L’utilisation d’un produit

CE QUE VOUS ALLEZ APPRENDRE À FAIRE

- Apprécier un produit en fonction de ses performances techniques, de son prix, de l’usage que l’acheteur en a.
- Repérer, dans une notice, les éléments permettant la mise en service du produit, son utilisation, son entretien, les règles de sécurité à observer.

Analyser une situation technologique

1] Décrivez ce que cherche à faire cette personne.

2] Justifiez la présence d’un document.

3] Indiquez si vous avez déjà utilisé ce type de document et à quelle occasion.

Le montage d’une trottinette électrique.

▸ Identifier des problèmes technologiques

- À quels moments l’utilisateur d’un produit a-t-il besoin d’informations pour le faire fonctionner ?
- De quels types d’informations a-t-il besoin et sur quel support ?
- Comment donner à l’utilisateur toutes les informations nécessaires pour faire fonctionner un produit, le dépanner et participer à son recyclage lorsqu’il est usé ?

▶1 Les caractéristiques techniques d'un produit

Avant d'acheter un produit, il est nécessaire de s'informer sur ses qualités.
Comment comparer les performances techniques d'un produit ? Comment apprécier son prix et ses performances ?

DOC 1 Les caractéristiques de deux vélos

RIDER 7.2	Conçu pour se maintenir en super forme au guidon d'un vélo de route !	399,99 €
Confort Cadre Géométrie DES Sport Fourche acier	**Composants** Cadre 8 tubes alu Jantes aluminium Pneus Hutchinson Triple plateaux 24 vitesses	
Usage Sportif >>	**Sécurité** Freins sport à doubles pivots Jantes aluminium usinées Cintre aluminium	

CITY 1	Conçu pour les déplacements urbains, c'est le vélo idéal !	149,99 €
Confort Selle large Guidon large et position de conduite droite	**Composants** 5 vitesses 1 plateau	
Usage Ville, Route >>	**Équipement** Vélo équipé de panier, béquille, dynamo, garde-boue	

Extraits de fiches techniques.

DOC 2 Les performances techniques de deux trottinettes

Trottinette à moteur thermique (déplacement rapide)

Modèle Burner DX

Longueur	102 cm	
Hauteur	108 cm	
Autonomie	≃ 50 km	
Poids	16 kg	
Vitesse maxi	28 km/h	
Prix	**699 €**	

Trottinette à moteur électrique (déplacement urbain)

Modèle PKT010

Longueur	108 cm	
Hauteur	112 cm	
Autonomie	≃ 18 km	
Poids	24 kg	
Vitesse maxi	15 km/h	
Temps de charge	4 heures	
Prix	**179 €**	

Extraits de catalogues.

Fiche technique
Document qui présente les principales caractéristiques d'un produit.

Autonomie
Temps pendant lequel un matériel ou un véhicule peut fonctionner sans apport supplémentaire d'énergie.

DOC 3 Les résultats de tests comparatifs sur des casques pour enfants

Les caractéristiques techniques et économiques de produits ayant la même fonction d'usage peuvent être comparées à l'aide d'un tableau.

Modèles testés → / Caractéristiques techniques ↓	Brancale Concept 	Mustang 	PlaySkool 5007 
Note sur 20	18	17	8
Jugement global	***	***	*
Prix TTC	24,24 €	12,04 €	28,20 €
Poids (en gramme)	223	210	261
Stabilité sur la tête	***	***	**
Absorption des chocs	***	***	■■
Résistance du système	***	***	■
Esthétique	***	***	*
Notice d'utilisation	***	**	***

*** Très bon ** Bon * Moyen ■ Médiocre ■■ Mauvais

Extraits d'un tableau comparatif du site www.quechoisir.org.

Un outil informatique

Les moteurs de recherche

La recherche d'informations sur Internet nécessite l'utilisation d'un **moteur de recherche** (Google, Yahoo, Voila, MSN Research, etc.). Une **zone de saisie [1]** permet de poser des questions ou requêtes. Ces requêtes sont élaborées à l'aide de **mots-clés [2]** choisis avec précision en fonction du thème de la recherche.

questionnement

1] Précisez l'utilisation de chaque produit. (Doc. 1)

2] Recherchez trois caractéristiques de ces vélos qui justifient leur différence d'utilisation. (Doc. 1)

3] Comparez les performances des trottinettes en précisant celle qui est la plus légère, celle qui est la plus rapide et celle qui a la plus grande autonomie. (Doc. 2)

4] Repérez le casque qui absorbe le moins bien les chocs, celui qui est le plus cher. (Doc. 3)

5] Précisez le casque que vous choisiriez et les raisons qui expliquent ce choix. (Doc. 3)

6] Identifiez le nom des documents qui permettent à l'acheteur d'apprécier un produit en fonction de ses performances techniques, de son prix et de son utilisation. (Doc. 1, 2 et 3)

7] Recherchez et sauvegardez des conseils pour entretenir vos rollers à l'aide d'un moteur de recherche. (Encadré)

» TIC, pages 126-127

▶2 Les conditions d'utilisation d'un produit

Après avoir acheté un produit, le consommateur a besoin d'informations pour le mettre en service et bien l'utiliser. De quels types d'information l'utilisateur a-t-il besoin ?

DOC 1 La mise en service d'un VTT*

Pour obtenir une bonne position de pédalage, réglez votre hauteur de selle de façon à ce que, lorsque votre jambe est tendue, votre talon soit posé sur la pédale (en position la plus basse).

Pour votre sécurité, la selle ne doit pas être sortie au-delà du point de repère apparaissant sur sa tige.

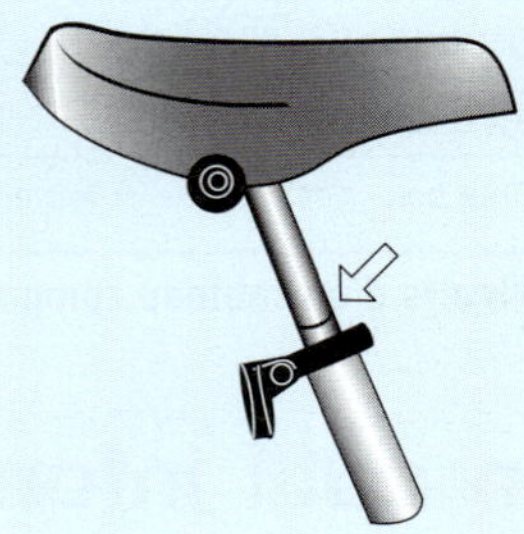

* VTT : vélo tout terrain.

Extrait d'une notice d'utilisation de VTT.

Quelques réglages sont parfois nécessaires pour pouvoir utiliser un produit.

Notice d'utilisation

Document livré avec le produit qui explique son fonctionnement, son entretien, les règles de sécurité à respecter.

Conditions d'utilisation

Ensemble des précautions et des procédures d'utilisation d'un produit qui en garantissent le bon fonctionnement.

DOC 2 Le montage d'un accessoire sur un VTT

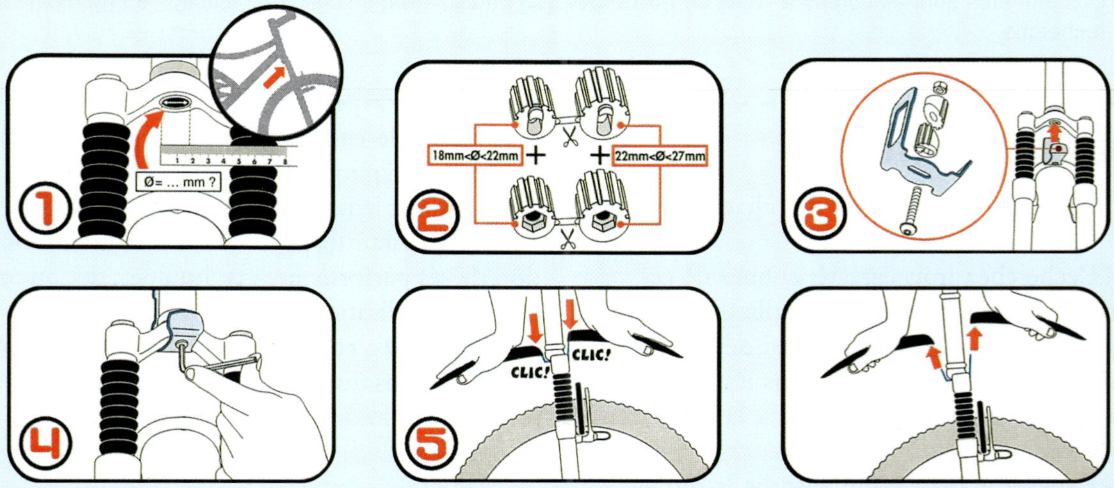

Extrait de la notice de montage d'un garde-boue.

DOC 3 La sécurité en roller

Avant de patiner sur une piste publique, apprenez les bases du patinage : le pas du patineur, le freinage, l'arrêt et le virage.
Évitez les zones de circulation intense et respectez toutes les règles de circulation de la ville, région ou pays dans lequel vous patinez. Lorsque vous patinez, vous avez les mêmes obligations que tout autre véhicule. Annoncez vos intentions de vive voix surtout vis-à-vis des piétons et en particulier lorsque vous doublez. Ne vous accrochez jamais à un véhicule, quel qu'il soit.
Dans tous les cas le port du casque est obligatoire.

Modèle TR Vitesse 2

Extrait de la notice d'utilisation d'un modèle de roller.

DOC 4 L'entretien des roues d'un roller

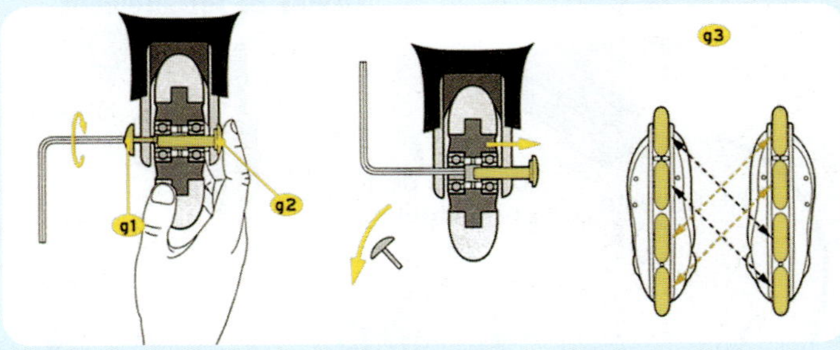

(g) Changement et permutation des roues

Pour maintenir la performance de vos patins, il est important de veiller à l'usure des roues. Les roues ne s'usant pas de façon homogène, nous vous conseillons de les permuter.

COMMENT FAIRE ?

1. Dévisser toutes les vis de roues g1 avec la clé coudée.
2. Extraire les axes g2 en poussant avec la clé coudée.
3. Sortir les roues du patin droit et les positionner sur le patin gauche comme indiqué g3 et inversement.
4. Réengager les axes g2 dans leur logement et revisser g1.

Extrait de la notice d'utilisation d'un modèle de roller.

▸ Une solution technique

La représentation des règles de sécurité

Selon la complexité du produit, le nombre d'informations à fournir à l'utilisateur est variable :
- pour un produit simple d'utilisation, les quelques informations présentées peuvent être imprimées directement dessus ;
- pour un produit complexe d'utilisation, les informations peuvent être réunies dans une brochure (notice).

En matière de sécurité notamment, l'impression de pictogrammes sur le produit qui symbolisent des mises en garde ou des conseils permet d'informer rapidement le consommateur lors de son utilisation.

Étiquette présente sur une batterie d'automobile.

Questionnement

1] Précisez l'opération que doit mettre en œuvre l'utilisateur pour utiliser le vélo. (Doc. 1)

2] Indiquez la condition que doit respecter le cycliste dans le réglage de la selle. (Doc. 1)

3] Expliquez le rôle des schémas de la notice dans le montage de l'accessoire de vélo. (Doc. 2)

4] Cherchez à quoi correspond la dernière vignette. (Doc. 2)

5] Repérez les principales règles de sécurité qu'il est particulièrement important de respecter dans la pratique du roller. (Doc. 3)

6] Précisez le principe sur lequel repose l'entretien des roues d'un roller. (Doc. 4)

7] Listez les rubriques essentielles dans une notice d'utilisation. (Doc. 1, 2, 3 et 4)

8] Donnez des exemples de produits dont les conditions d'utilisation sont imprimées sur l'emballage ou le produit. (Encadré)

» **Annexes 8, 9, pages 140-141**

▶3
La gestion des produits hors d'usage

Afin de protéger notre environnement, les produits usagés doivent être recyclés ou incinérés.
Comment l'utilisateur peut-il y participer ? Comment peut-il repérer sur un produit les informations relatives à la protection de l'environnement ?

DOC 1 Le circuit des pièces automobiles hors d'usage

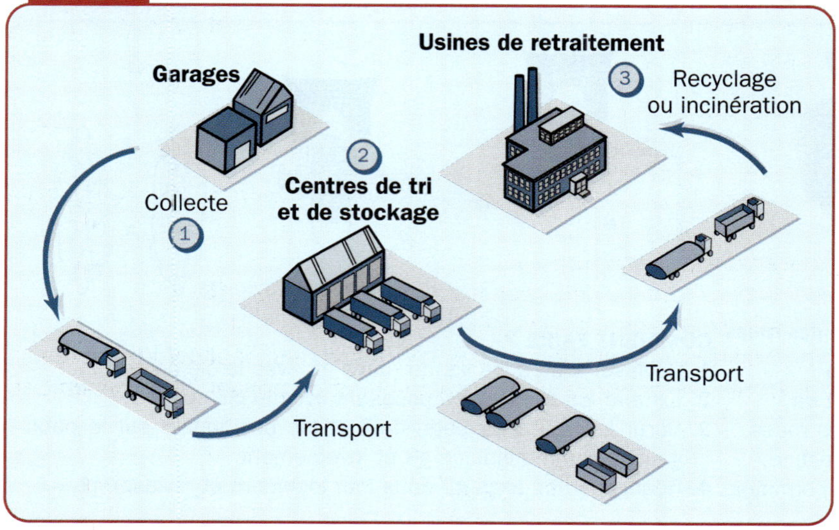

Certaines pièces automobiles usagées (moteurs, amortisseurs, etc.) sont **collectées** dans les garages **[1]** pour éviter qu'elles polluent l'environnement. Après leur **tri** et leur stockage **[2]**, elles sont **retraitées [3]** pour fabriquer de nouveaux matériaux (**recyclage**) ou produire de l'énergie (**incinération**).

Recyclage
Action qui vise à récupérer et à retraiter le matériau utilisé (papier, métal, verre, etc.) pour le réintroduire dans la production d'un nouvel objet.

Incinération
Action qui vise à réduire en cendre les matériaux en les brûlant.

DOC 2 Les informations relatives à la protection de l'environnement

Pictogrammes	Domaine	Explication
A 	**Il concerne l'emballage ou le produit.**	Il signifie que le produit ou son emballage sont recyclables ou contiennent des matériaux recyclés.
B 1 PETE 5 PP	**Il concerne l'emballage ou le produit.**	Il indique la nature du plastique utilisé (PETE, PP...). Ce marquage facilite le tri des matières plastiques qui peuvent ainsi subir le traitement de recyclage adapté. Actuellement, seuls les plastiques marqués 1 et 2 sont recyclables.
C 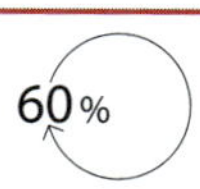 60 %	**Il concerne l'emballage.**	Ce pictogramme indique que l'emballage est composé de matériaux recyclés. Leur pourcentage est précisé au bout de la flèche.
D 	**Il concerne le produit et l'emballage.**	Il s'agit de l'Écolabel européen. Ce label atteste des qualités écologiques d'un produit. Le produit marqué répond à des critères définis au niveau européen. Ce label apporte des garanties aux consommateurs.

D'après http://www.ecoconso.be

DOC 3 Produire de l'électricité et des matériaux à l'aide de produits usagés

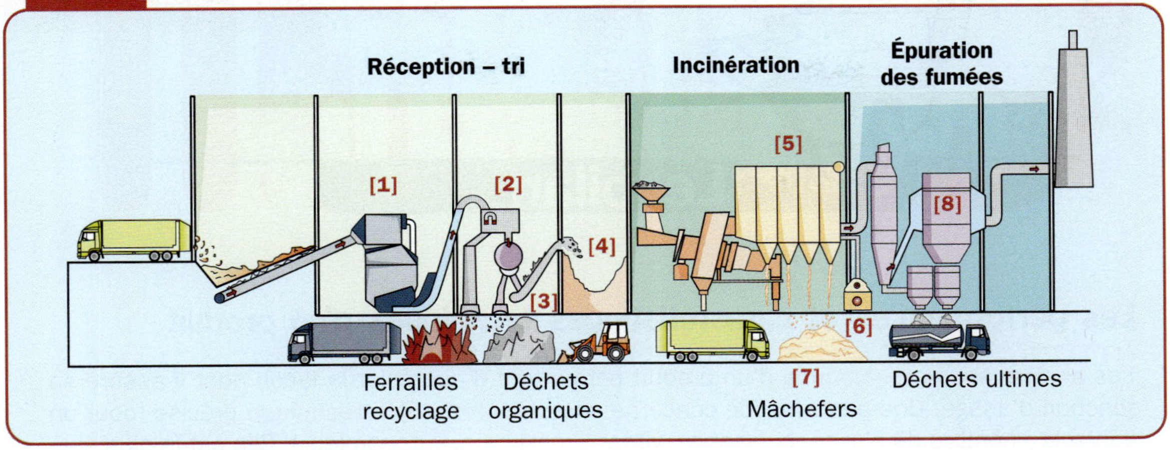

Schéma d'une usine de retraitement.

- **[1]** À leur réception, les matériaux collectés sont broyés.
- **[2]** Un aimant attire les métaux ferreux qui sont envoyés dans une usine de fabrication de tôle d'acier.
- **[3]** Les végétaux sont récupérés pour faire du terreau.
- **[4]** Les autres déchets non recyclables sont incinérés (brûlés) dans la chaudière **[5]**.
- **[6]** La chaleur produite est utilisée pour fabriquer de l'électricité.
- **[7]** Les résidus de l'incinération forment du mâchefer, matériau utilisé pour réaliser les routes.
- **[8]** Les fumées sont filtrées pour récupérer les particules qui risquent de polluer l'environnement.

L'environnement

Une gestion des déchets ménagers très imparfaite

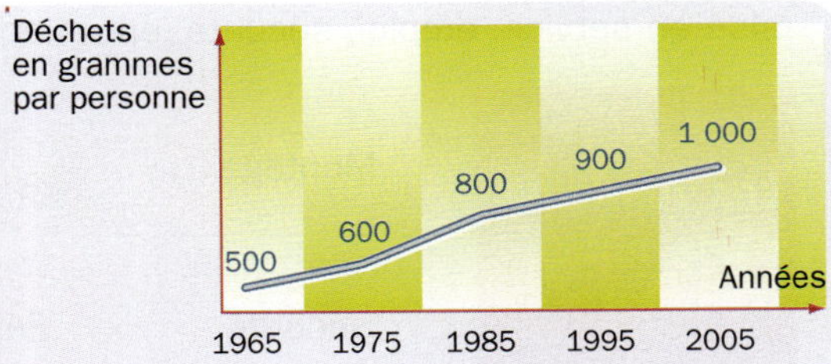

Déchets journaliers produits par une personne

La quantité de déchets ménagers ne cesse d'augmenter et leur stockage pose de plus en plus de problèmes. En France, malgré de gros efforts pour trier et récupérer ces déchets, seuls 50 % d'entre eux sont traités :
- 35 % sont **incinérés** (29 % avec **valorisation** énergétique sous forme électrique ; 6 % sans récupération) ;
- 8 % sont **recyclés** ;
- 7 % sont compostés (valorisation énergétique).

50 % de nos déchets ménagers sont par ailleurs stockés dans des décharges et centres d'enfouissement.

D'après http://www.notre-planete.info/ecologie.

questionnement

1] Expliquez le rôle des garages dans la protection de l'environnement. (Doc. 1)

2] Déterminez pour les pictogrammes B la matière plastique recyclable. (Doc. 2)

3] Recherchez à quoi correspond l'indication 60 % sur le pictogramme C. (Doc. 2)

4] Distinguez dans cette usine les matériaux qui sont recyclés. (Doc. 3)

5] Précisez ce que deviennent les produits usagés qui ne peuvent pas être recyclés et le nom de l'opération correspondante. (Doc. 3)

6] Calculez et expliquez l'augmentation de déchets journaliers par personne. (Encadré)

7] Expliquez pourquoi il est nécessaire de recycler ou d'incinérer les déchets ménagers. (Encadré)

» Annexe 21, page 153

Le bilan

Les performances et caractéristiques techniques d'un produit

Les **performances techniques** d'un produit permettent d'apprécier la façon dont il assure sa fonction d'usage. Une performance concerne une **caractéristique technique** précise (pour un véhicule : nombre de places, puissance, vitesse maximale, autonomie...). Elle est le plus souvent indiquée par une valeur et une unité (7 places, 400 watts, 20 km/h, 4 h d'autonomie...).
Les caractéristiques techniques des produits sont données par des **fiches techniques** ou des **tableaux comparatifs** qui indiquent leurs performances et des informations complémentaires (prix, commodité d'emploi, esthétique...).
Ces documents utilisés avant l'achat permettent au consommateur de choisir le produit le plus adapté à l'utilisation qu'il compte en faire.

Les conditions d'utilisation d'un produit

Les conditions d'utilisation regroupent l'ensemble des précautions et des procédures d'utilisation d'un produit pour en garantir le bon fonctionnement. Elles sont développées dans la **notice d'emploi** ou **d'utilisation**, sous la forme de rubriques : montage et/ou installation, mise en service, emploi, sécurité, entretien et, éventuellement, des conseils de dépannage.

Les rubriques d'une notice d'emploi	Montage	Mise en service	Emploi	**Illustrations**
	Sécurité	Entretien	Conseils de dépannage	

Le traitement des produits usagés et les contraintes environnementales

Afin d'informer et de protéger les utilisateurs, tous les produits et leurs emballages comportent des pictogrammes (petites images) relatifs à leur origine, leur qualité, leur sécurité. Certains pictogrammes (les éco-labels) concernent la protection de l'environnement.
Afin de protéger notre environnement durablement, les produits usagés sont collectés, démontés, triés par famille de matériaux. Ils sont ensuite :
- **recyclés**, c'est-à-dire traités pour produire d'autres matériaux ;
- **incinérés**, c'est-à-dire brûlés pour produire de l'énergie.

Seule une petite partie, non valorisable, est mise en décharge.

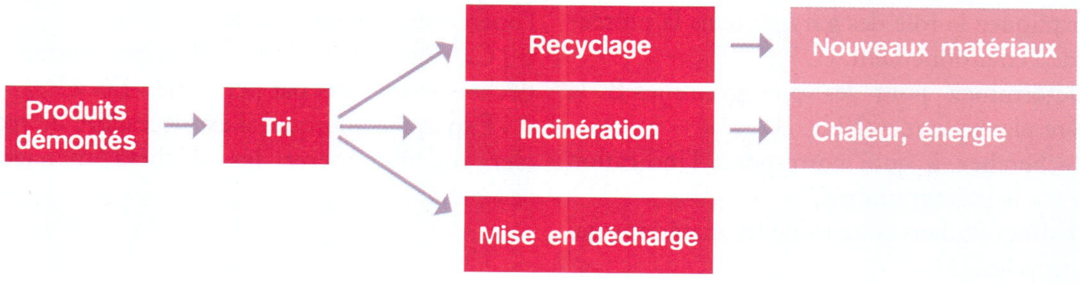

Exercices

Je teste mes connaissances

1] Caractéristiques techniques et performances des produits

a) Relevez les caractéristiques techniques de ces deux modèles de voitures radio-commandées.
b) Donnez la performance de la voiture la plus rapide.
c) Indiquez la caractéristique technique dont la performance est identique pour les deux modèles.

	Modèle A	Modèle B
Vitesse maximale	20 km/h	40 km/h
Autonomie	2 heures	30 minutes
Poids	2 kg	2 kg

2] Les conditions d'utilisation d'un produit

a) Associez un document à un usage.

Fiche technique •	• Connaître les procédures d'utilisation d'un produit.
Tableau comparatif •	• Choisir un produit avant son achat.
Notice d'utilisation •	• Connaître les performances d'un produit.

b) Indiquez dans quel document sont données les conditions d'utilisation du produit.
c) Citez deux titres de rubriques pouvant figurer dans une notice d'emploi.

3] Le recyclage et les contraintes environnementales

Expliquez la différence entre le recyclage et l'incinération dans le traitement des produits usagés.

J'applique mes connaissances

4] Analyser l'utilisation d'un produit

À partir de la fiche technique ci-contre :
a) Précisez la fonction d'usage de ce produit.
b) Précisez pour l'utilisateur de ce type de produit l'intérêt de chaque fonction.
c) Indiquez la nature des informations affichées sur l'image du compteur.
d) Expliquez le principal avantage que procure ce modèle.
e) Listez les différentes informations dont l'acheteur a besoin pour choisir un produit.

Extrait d'un catalogue de cycles.

5] Comparer deux produits

À partir des deux fiches techniques de raquettes de neige page suivante :
a) Donnez la fonction d'usage de ces deux produits.
b) Indiquez les caractéristiques techniques mentionnées sur ces deux fiches techniques.
c) Déterminez le modèle le plus léger.

d) Précisez l'influence qu'a le poids de ce type de produit sur le choix du consommateur.
e) Regroupez sous la forme d'un tableau les avantages et les inconvénients de chaque modèle.
f) Repérez la paire de raquettes la plus adaptée à la randonnée en haute montagne, l'hiver.

Fiche technique A

59,95 €
Taïga Évolution

Utilisation : Balades sur terrains en pente légère
Poids : 930 grammes la raquette
Freinage : 6 crampons aciers
Matériau du tamis : Plastique
Fixation : Sangles à réglage facile

Fiche technique B

89,95 €
205 Rando

Utilisation : Randonnées classiques – tout terrain
Poids : 700 grammes la raquette
Freinage : 6 crampons acier
Matériau du tamis : Composite
Fixation : Cale de montée + fixation à réglage rapide par quart de tour + bloqueur arrière

6] Recycler un objet technique

a) Précisez ce que deviendront les boîtes en acier.
b) Reclassez dans l'ordre les quatre principales phases d'une action de recyclage.

A. Le tri
B. La collecte
C. Le nouveau matériau
D. La transformation

c) Expliquez pourquoi le recyclage est important.

- Moi, je serai une machine à laver

Publicité Usinor.

7] Étudier une notice d'emploi

Un fabricant de casques pour vélo, roller et skateboard fournit cette notice d'emploi.
a) Indiquez le nom de l'élément sur lequel il faut agir pour régler le casque.
b) Donnez un nom aux trois rubriques de la notice.
c) Recherchez les principales caractéristiques techniques auxquelles un casque doit répondre.

Rubrique 1
Vérifiez toujours que les sangles sont correctement ajustées :
- à la bonne hauteur, en particulier au niveau du menton ;
- au niveau de la nuque par le réglage des sangles arrières.

Rubrique 2
Ce casque est destiné exclusivement à des sports non motorisés. Circulez toujours avec.

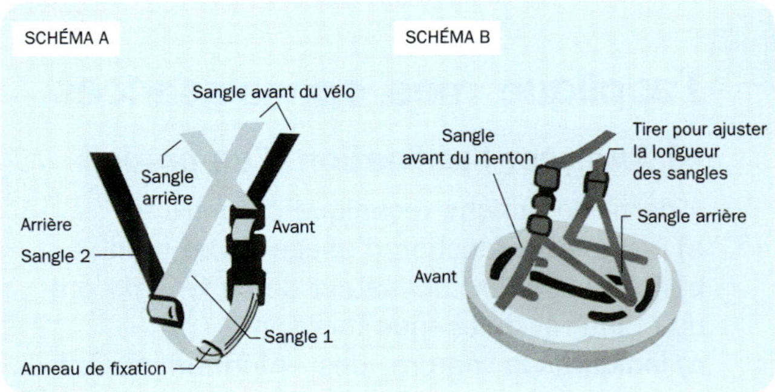

Rubrique 3
Nettoyez la coque uniquement à l'aide d'un savon doux et d'eau.

J'utilise un ordinateur

8] Chercher des informations sur Internet

a) À l'aide du moteur de recherche de votre choix, trouvez des exemples de fiches techniques pour les produits suivants : scooters, ordinateurs, baladeurs MP3.
b) Précisez les avantages qu'apporte l'utilisation d'Internet dans ce type de recherche.

Chapitre 3

Le fonctionnement d'un objet technique

CE QUE VOUS ALLEZ APPRENDRE À FAIRE

- Associer l'objet réel et ses éléments à une représentation.
- Identifier les principaux éléments constituant l'objet.
- Identifier les fonctions techniques qui assurent la fonction d'usage.
- Identifier les éléments réalisant une fonction technique.
- Représenter le fonctionnement observé.

Interroger une situation technologique

Indiquez l'action que doit effectuer le conducteur de cette voiture :

1] avant d'aborder le virage ;

2] pendant le virage ;

3] après le virage.

Rallye de Monte Carlo, janvier 2003.

▸ Identifier des problèmes technologiques

- Quels sont les éléments techniques qui permettent de faire avancer un véhicule ?
- Quels sont les éléments qui permettent de le guider et de le freiner ?
- Comment observer ces différents éléments et expliquer leur fonctionnement ?

▶1 Les fonctions techniques

Pour répondre au besoin de l'utilisateur, un véhicule doit pouvoir se déplacer, être guidé et freiner.
Quels sont les éléments qui assurent ces fonctions techniques ?

DOC 1 Transmettre et adapter l'effort d'un cycliste

Système pédalier-chaîne-pignons.

L'effort musculaire du cycliste est transmis depuis le pédalier jusqu'à la roue arrière par une chaîne **[1]**.
Dans une montée, le cycliste peut limiter son effort en choisissant un **pignon** **[2]** plus grand à l'arrière et/ou un plateau **[3]** plus petit à l'avant.
Le dérailleur **[4]** permet le changement des vitesses. Le cycliste le commande à l'aide d'un câble **[5]**.

DOC 2 Transmettre et adapter le mouvement d'un moteur à la rotation des roues

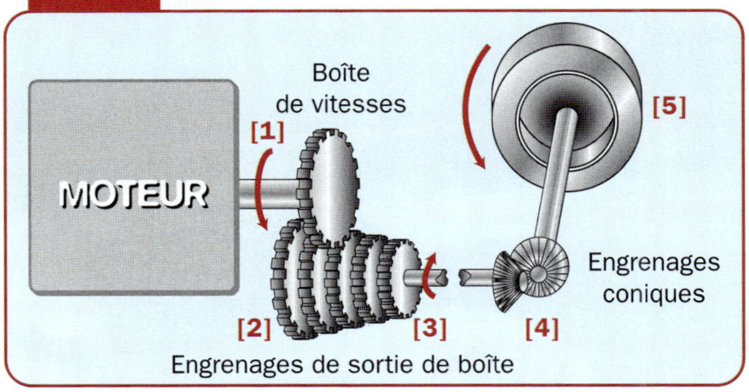

Schéma d'une boîte de vitesses.

L'énergie motrice fournie par l'arbre moteur **[1]** est transmise à un ensemble d'**engrenages** appelé boîte de vitesses **[2]**. Cette boîte comporte cinq engrenages de sortie **[3]** permettant d'obtenir cinq vitesses pour limiter l'effort du moteur.
Deux engrenages coniques **[4]** renvoient le **mouvement de rotation** vers la roue **[5]** du véhicule.

DOC 3 Guider un avion

Pour guider un avion (monter, descendre, tourner), le pilote oriente la gouverne de profondeur **[1]**, la dérive **[2]** ou les ailerons **[3]**.

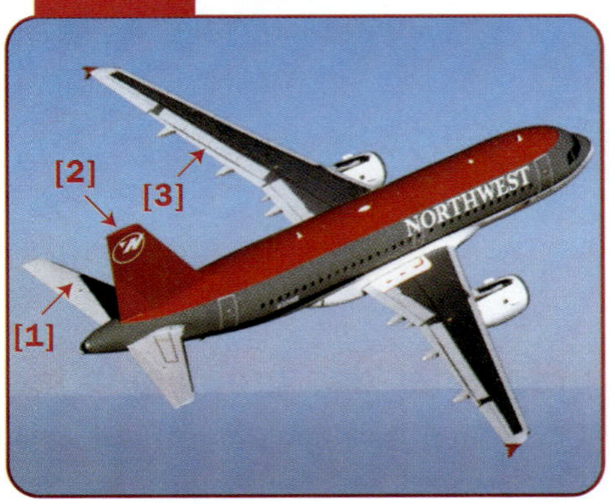

Airbus A319.

Engrenage
Dispositif de transmission de la force et du mouvement au moyen de roues dentées.

Pignon
Roue dentée.

Mouvement de rotation
Déplacement d'une pièce autour d'un axe.

DOC 4 Freiner une moto

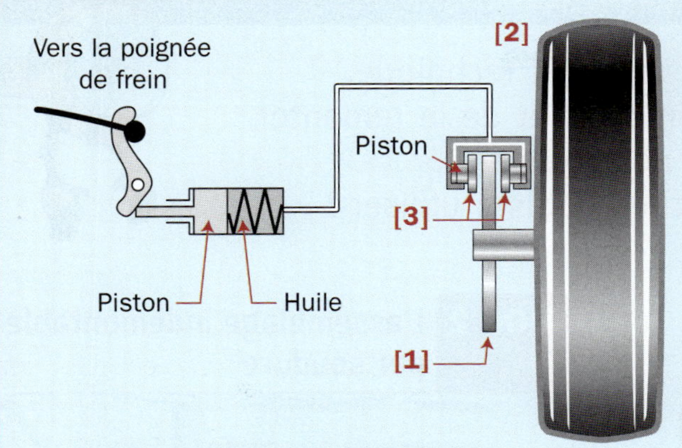

Schéma du système de freinage d'une moto.

Roue avant de moto.

Un disque **[1]**, fixé sur la roue **[2]**, est pris en sandwich entre deux plaquettes **[3]**. L'action du conducteur sur la poignée de frein resserre ces deux plaquettes qui frottent sur le disque.

DOC 5 La représentation schématique des fonctions

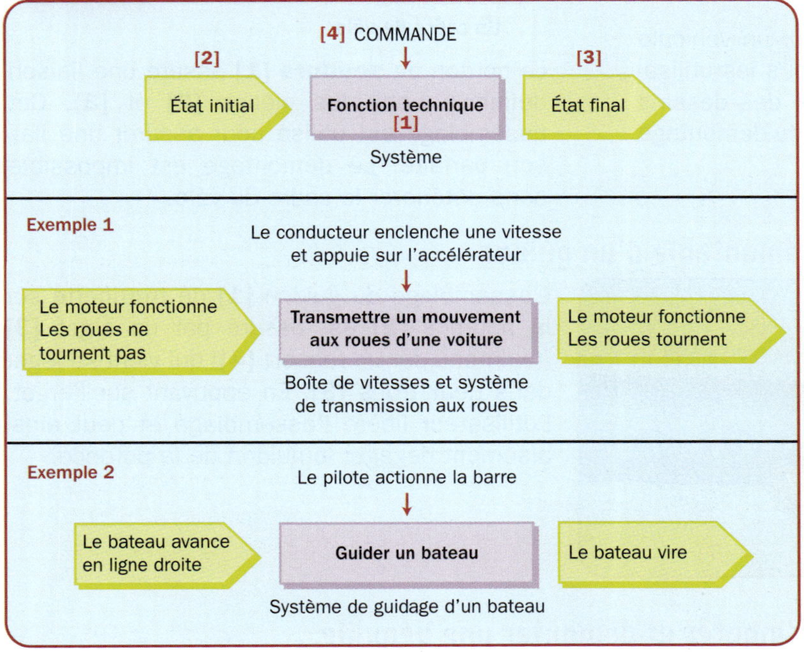

Cette représentation permet de préciser le rôle assuré par un système technique (fonction technique) **[1]**. Elle indique le point de départ observé (état initial) **[2]**, le résultat attendu (état final) **[3]** et la commande **[4]** du système.

Piston

Pièce cylindrique qui se déplace dans un tube étanche, où elle reçoit et transmet une pression exercée par un fluide.

Mouvement de translation

Déplacement d'une pièce suivant une droite.

questionnement

1] Déterminez si la position de la chaîne sur les pignons est adaptée à une montée ou à une descente. (Doc. 1)

2] Indiquez si le mouvement produit par le moteur est une rotation ou une translation. (Doc. 2)

3] Précisez sur quel élément de la transmission agit le conducteur d'une voiture qui sélectionne la marche arrière à l'aide du levier de vitesse. (Doc. 2)

4] Précisez sur quels éléments le pilote agit pour guider l'avion. (Doc. 3)

5] Décrivez un dispositif autre que des freins à disques pour freiner un vélo. (Doc. 4)

6] Listez les principaux éléments qui composent ce système de freinage. (Doc. 4)

7] Représentez sous forme graphique la fonction technique « freiner une moto ». (Doc. 4 et 5)

» **Annexes 4, 6, 7, pages 136, 138-139**

▸2 Le démontage et le montage

Pour entretenir, réparer, analyser un objet technique, il est parfois nécessaire de le démonter et de le remonter. Quelles représentations peuvent nous guider dans ces opérations ? Quels sont les outils à utiliser ?

DOC 1 Un plan de montage d'une lampe de clignotant

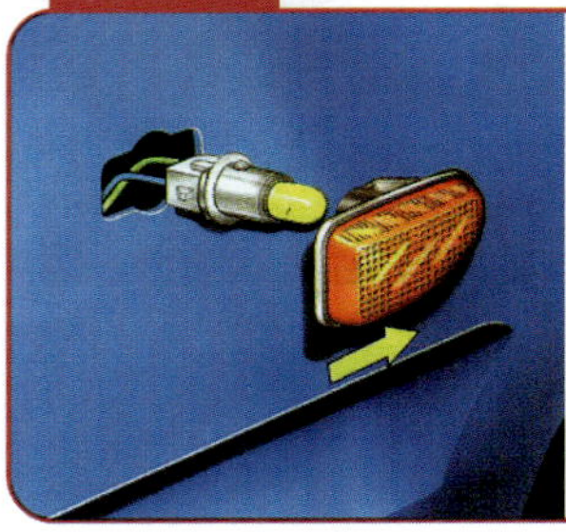

Rappel latéral de clignotant
Poussez le boîtier vers l'avant pour le déclipser et tirez vers vous. Tournez d'un quart de tour le porte-ampoule.

Ampoule : W 5 W.

Extrait d'un carnet d'entretien d'un véhicule.

Le changement d'une lampe sur un véhicule doit pouvoir être effectué par tous les utilisateurs. C'est pourquoi on insère des dessins qui facilitent la compréhension du démontage et du montage.

DOC 2 L'assemblage indémontable par soudure

Un cadre de vélo.

Le cordon de **soudure** **[1]** assure une liaison définitive entre les pièces **[2]** et **[3]**. Cet assemblage est utilisé pour assurer une liaison parfaite. Le démontage est impossible sans détériorer le cadre du vélo.

DOC 3 L'assemblage démontable d'un guidon

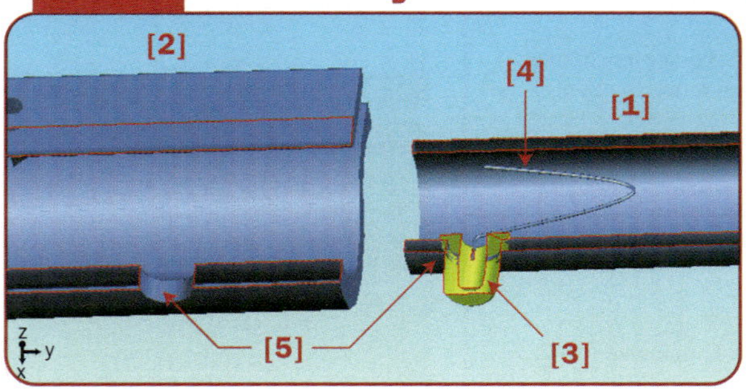

L'assemblage du guidon **[1]** de trottinette sur la potence **[2]** est assuré par un ergot **[3]** (maintenu par un ressort **[4]**) qui vient se loger dans deux trous **[5]**. En appuyant sur l'ergot, l'utilisateur libère l'assemblage et peut ainsi aisément dégager le guidon de la potence.

DOC 4 L'outillage pour monter et démonter une béquille

Une béquille de trottinette doit être maintenue sur le châssis. Son assemblage est assuré par une **vis** et un **écrou**. Leur montage nécessite deux outils qui amplifient la force musculaire de l'utilisateur, un **tournevis** pour maintenir la vis et une **clé plate** pour visser l'écrou.

Soudure
Opération d'assemblage entre deux pièces métalliques en fusion (état liquide) par un métal d'apport.

DOC 5 L'outillage pour monter et démonter un moteur de trottinette

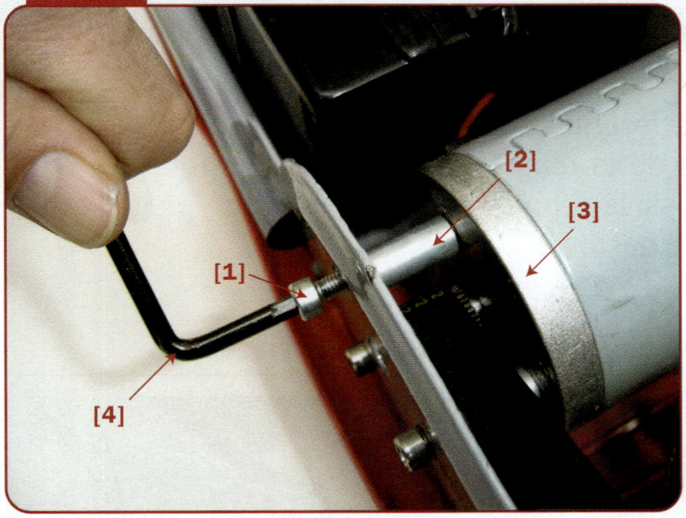

Les vis d'assemblage **[1]** du moteur sont vissées à travers une **entretoise** **[2]** dans le carter **[3]** du moteur avec une clé à six pans **[4]**. Dans ce cas, un seul outil est nécessaire pour effectuer le démontage.

Entretoise

Pièce qui permet d'assurer un écartement fixe entre deux éléments.

Un outil informatique

Le montage et le démontage virtuels (modeleurs volumiques)

Les logiciels de représentation en trois dimensions permettent de représenter des objets de façon réaliste. On peut visualiser chaque élément sous tous les angles grâce à de petites applications appelées « visionneuses ». Très simple d'utilisation, une visionneuse permet d'observer un objet, de le démonter virtuellement et de repérer l'ensemble des pièces qui le constitue.

Quelques outils de la visionneuse

[1] Rotation de l'objet dans l'espace
[2] Déplacement d'un élément de l'objet
[3] Assemblage complet de l'objet
[4] Ajout d'un commentaire
[5] Visualisation de l'intérieur de l'objet (coupe)

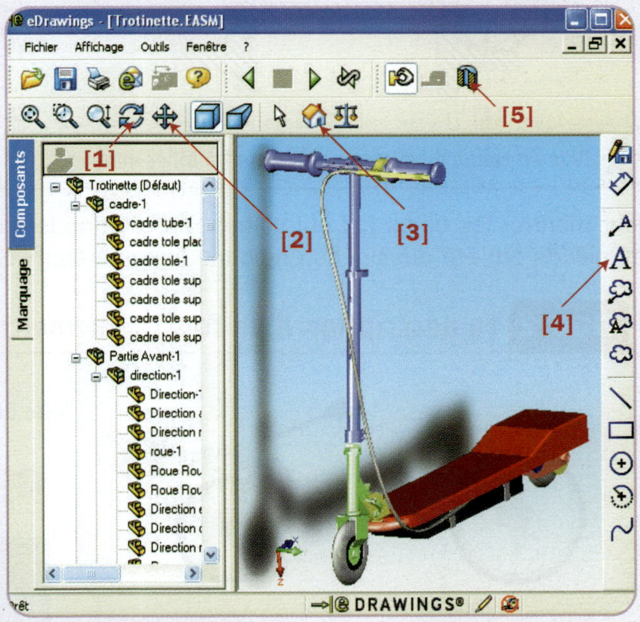

Visionneuse eDrawings.

questionnement

1] Précisez si ce document est destiné à un professionnel ou à un particulier. (Doc. 1)

2] Donnez un autre exemple de montage indémontable présent dans votre environnement. (Doc. 2)

3] Proposez deux raisons pour lesquelles ce type d'assemblage a été choisi. (Doc. 2)

4] Décrivez les opérations à effectuer pour monter le guidon de la trottinette. (Doc. 3)

5] Proposez une raison pour laquelle ce type d'assemblage a été choisi. (Doc. 3)

6] Précisez ce qu'il se passe si un tournevis n'est pas utilisé pour maintenir la vis. (Doc. 4)

7] Indiquez le rôle de l'entretoise dans cet assemblage. (Doc. 5)

8] Repérez et décrivez l'icône permettant d'agrandir une zone précise du dessin. (Encadré)

» **Annexes 4, 9, pages 136, 141**

▸3 La schématisation d'un fonctionnement

Pour décrire le fonctionnement d'un objet, plusieurs types de représentations peuvent être utilisés. Certaines représentations sont proches de la réalité ; d'autres sont plus schématiques. Comment choisir la représentation la plus adaptée au fonctionnement à décrire ?

DOC 1 La description d'un fonctionnement avec un dessin en coupe

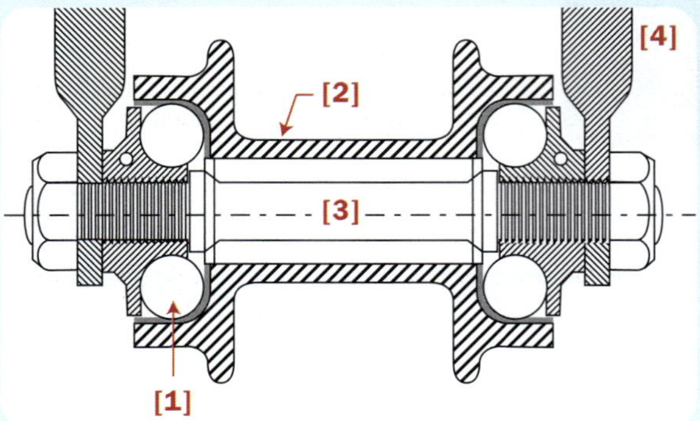

Vue en coupe du système roulement à billes-moyeu.

Roue de vélo.

Pour montrer les billes **[1]** qui guident en rotation le moyeu **[2]** d'une roue autour de son axe **[3]**, les pièces ont été dessinées en coupe (comme coupées par un plan imaginaire).

DOC 2 La description d'un fonctionnement avec un schéma

Vélo Deep.

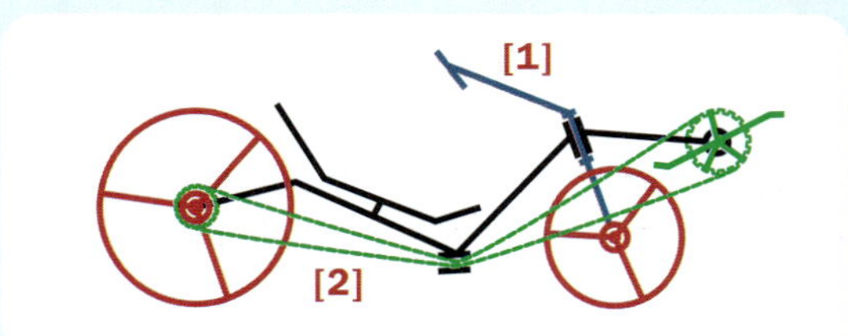

Schéma du principe de fonctionnement.

Utilisation du vélo Deep.

Le schéma permet de comprendre le fonctionnement global de ce vélo en décrivant deux de ses fonctions techniques : le guidage de la roue avant **[1]** et la transmission du mouvement du pédalier à la roue arrière **[2]**. Seuls les principaux éléments du vélo ont été conservés et représentés avec des formes simples.

Coupe

Un dessin en coupe permet de représenter l'ensemble des pièces situées à l'intérieur d'un objet et non visibles depuis l'extérieur. Pour réaliser une coupe, on scie mentalement l'objet suivant un plan appelé « plan de coupe ».

DOC 3 La description d'un système de freinage

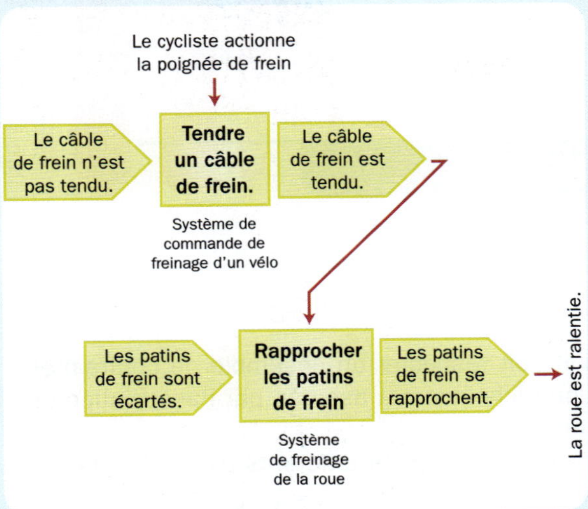

Schéma du système de freinage.

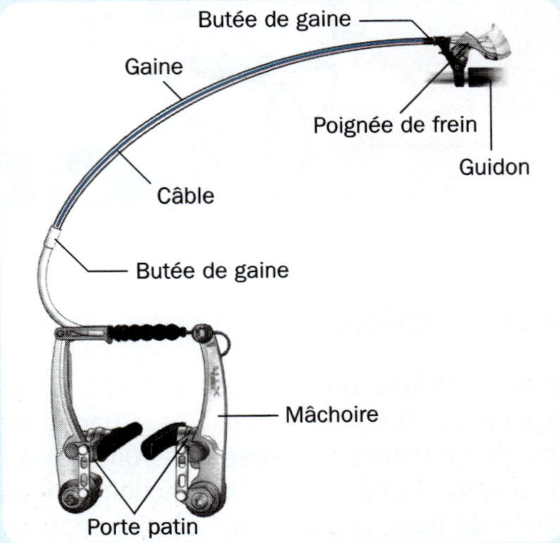

Dessin du système de freinage.

Ce schéma traduit le principe de fonctionnement du système de freinage d'un vélo, depuis l'action du cycliste sur la poignée de frein jusqu'à l'action des patins de frein sur la roue du vélo.

DOC 4 La description d'un système électrique par des symboles normalisés

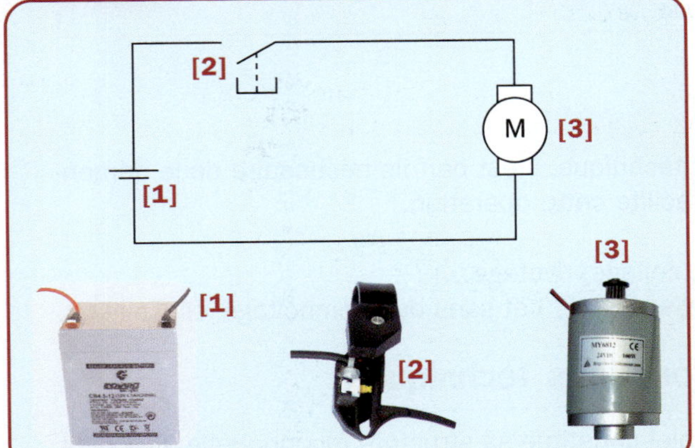

Ce schéma représente le circuit électrique simplifié d'une trottinette électrique. Le moteur (**récepteur**) **[3]** est alimenté en énergie électrique par la batterie (**générateur**) **[1]**. Le circuit est **commandé** par un bouton-poussoir **[2]**. Cette représentation utilise des **symboles normalisés**.

Récepteur
Dans un circuit électrique, élément utilisant de l'énergie électrique pour la restituer sous une autre forme (chaleur, lumière, mouvement).

Générateur
Dans un circuit électrique, élément fournissant de l'énergie électrique.

Symbole normalisé
Représentation de pièces ou de fonctions sous la forme de dessins très simples universellement utilisés et reconnus par les techniciens.

Commande
Dans un circuit électrique, élément permettant de contrôler le passage de l'énergie électrique.

questionnement

1] Précisez ce que symbolisent les traits parallèles (hachures) visibles sur ce dessin. (Doc. 1)

2] À partir de la vue en coupe, indiquez les éléments en rotation. (Doc. 1)

3] Donnez des exemples de fonctions techniques présentes sur le vélo et non représentées sur ce schéma. (Doc. 2)

4] Identifiez les principaux éléments de ce système de freinage restant immobiles quand l'utilisateur actionne la poignée. (Doc. 3)

5] Citez les principaux éléments constituant le circuit électrique de la trottinette. (Doc. 4)

» Annexes 5, 6, 9, pages 137, 138, 141

Le bilan

Les fonctions techniques

Pour satisfaire une fonction d'usage, un produit doit respecter un ensemble de contraintes appelées **fonctions techniques**. Chaque fonction technique est assurée par l'association de plusieurs pièces réalisées dans différents matériaux.
Exemple : Dans un vélo, la fonction « freinage » est assurée par différents éléments : la poignée de frein, le câble, les mâchoires, les patins...
Dans un véhicule, plusieurs fonctions techniques sont systématiquement présentes pour assurer sa fonction d'usage :

Motorisation	Transmission	Adaptation	Guidage	Freinage
La production d'un mouvement par un moteur.	La transmission du mouvement du moteur aux différents organes du véhicule.	L'adaptation du mouvement aux efforts nécessaires (montée, descente...).	Le guidage du véhicule pour le diriger là où on désire aller.	Le freinage du véhicule pour diminuer sa vitesse et l'arrêter.

Les modes d'assemblage

Pour entretenir, réparer ou analyser un objet technique, il est parfois nécessaire de le démonter et de le remonter. Un plan de montage facilite cette opération.
On distingue deux types d'assemblages :
- les **assemblages indémontables** (soudure, collage, rivetage...) ;
- les **assemblages démontables** avec outils (vis, écrou...) et sans outil (emboîtage, clipsage...).

Les modes de description des fonctions techniques

L'ensemble des fonctions techniques d'un objet constitue sa structure fonctionnelle. Elle peut être représentée sous différentes formes : **dessin en perspective**, **coupe**, **schéma**...
Dans une description schématisée, seuls les principaux éléments de l'objet sont conservés et symbolisés en quelques traits par des formes simples qui peuvent être **normalisées**, c'est-à-dire mondialement connues des techniciens.
Le principe de fonctionnement d'un circuit électrique est représenté par un **schéma structurel**. Les liaisons électriques sont représentées par un trait et chaque élément est associé à un symbole.

Exercices

Je teste mes connaissances

1] Classer des fonctions

Précisez pour chacune des fonctions s'il s'agit de la fonction d'usage ou de l'une des fonctions techniques de l'objet.

Bateau à moteur
a) Pouvoir flotter.
b) Se déplacer sur l'eau.
c) Transmettre l'énergie du moteur à l'hélice.

Grue
a) Avancer ou reculer la charge.
b) Monter et descendre la charge.
c) Transporter une charge (matériaux de construction) dans un chantier.

Sous-marin
a) Se déplacer sous l'eau.
b) Monter ou descendre à l'aide des ballasts.
c) Disposer d'une réserve d'oxygène.

Ascenseur
a) Monter et descendre la cabine.
b) Se déplacer dans les différents étages d'un immeuble.
c) Bloquer l'ouverture des portes si absence de cabine.

2] Rechercher des fonctions techniques

Recherchez, à partir de la liste donnée, trois fonctions techniques qui sont communes à une voiture, un train, un hélicoptère, un vélo, une trottinette et une moto.

a) Transmettre un mouvement.
b) Pouvoir flotter.
c) Pouvoir être guidé.
d) Pouvoir rouler.
e) Pouvoir transporter 4 personnes.
f) Pouvoir être freiné.

J'applique mes connaissances

3] Identifier les principaux éléments qui constituent un objet

a) Identifiez un élément de ce véhicule lui permettant de flotter.
b) Identifiez un élément de ce véhicule lui permettant de voler.
c) Identifiez les éléments lui permettant d'avancer sur l'eau et dans les airs.
d) Identifiez un élément lui permettant d'être dirigé dans l'eau.
e) Identifiez un élément lui permettant de rouler.

Gommone Volante.

4] Représenter le fonctionnement d'un objet

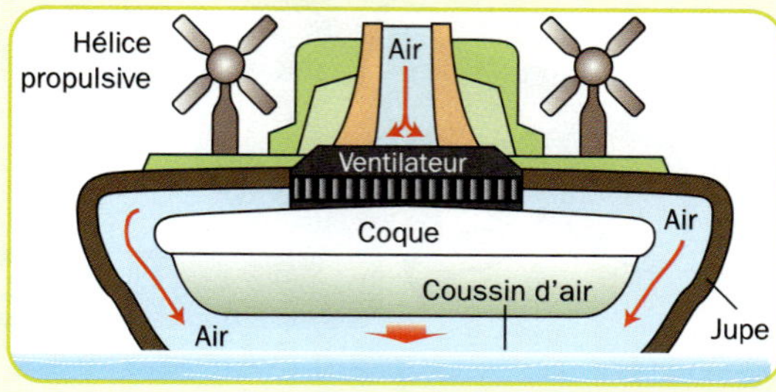

a) Dites lequel de ces deux documents permet le mieux de comprendre le fonctionnement d'un aéroglisseur.
b) Donnez la fonction des hélices situées sur l'aéroglisseur.
c) Précisez ce qu'il se passe si le ventilateur créant le coussin d'air ne fonctionne plus.
d) Indiquez le nom de la représentation permettant de visualiser les éléments situés à l'intérieur d'un objet.

5] Identifier les fonctions techniques qui assurent une fonction d'usage

À partir de la photo de cette grue roulante, repérez les différentes fonctions techniques listées ci-dessous et répondant à la fonction d'usage : charger et décharger un bateau.

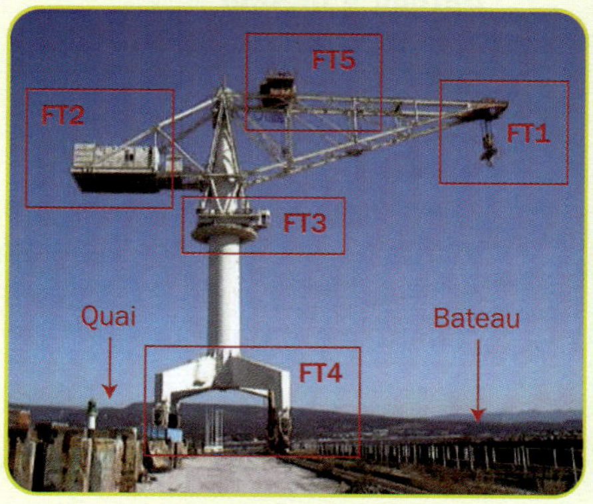

Fonctions techniques :
a) Monter et descendre une charge.
b) Déplacer la charge de l'avant à l'arrière d'un bateau.
c) Déplacer la charge du bateau sur le quai.
d) Permettre de transporter des charges lourdes.
e) Piloter la grue.

6] Associer l'objet réel et ses éléments à une représentation

Redessinez le schéma en couleurs :
- en vert les éléments qui permettent au bateau d'avancer ;
- en rouge les éléments qui permettent de le diriger ;
- en noir l'élément qui permet de le faire flotter.

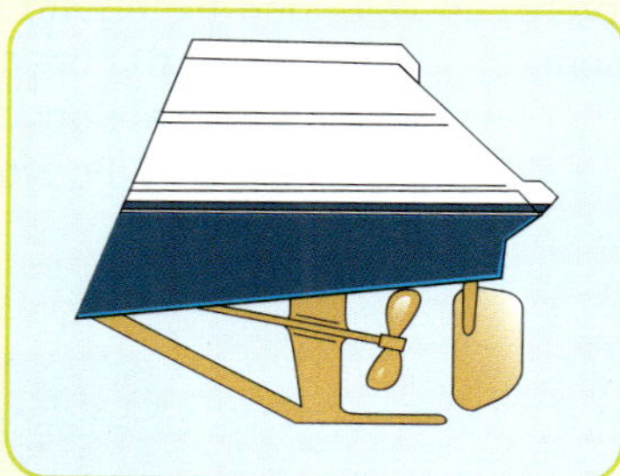

Croquis de l'arrière d'un bateau.

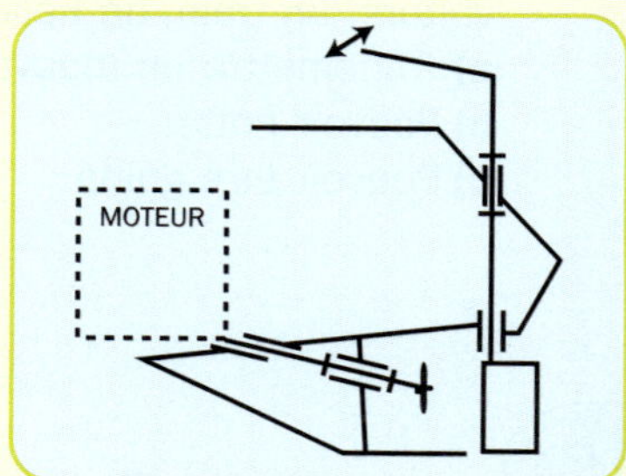

Schéma de l'arrière d'un bateau.

J'utilise l'ordinateur

7] Identifier les éléments réalisant une fonction technique

a) Ouvrez le fichier « moto des neiges ».
b) Indiquez votre nom et votre classe.
c) Complétez le tableau.
d) Imprimez le document obtenu.

8] Repérer les pièces assurant le guidage d'une trottinette

a) Ouvrez le fichier « trottinette guidon.exe ».
b) Séparez les différents éléments (voir Encadré page 31).
c) Repérez le nom de chaque pièce avec la souris (en pointant une pièce, son nom s'affiche).
d) Ouvrez le fichier « guidon », indiquez votre nom et votre classe.
e) Complétez le tableau pour indiquer le nom des éléments représentés.
f) Imprimez le document obtenu.

Chapitre 4

Les grandes familles de matériaux

CE QUE VOUS ALLEZ APPRENDRE À FAIRE

- Identifier et nommer, par grandes familles, les matériaux utilisés en indiquant notamment leur aptitude au façonnage, leur résistance à la corrosion et leur impact sur l'environnement.
- Repérer à quelle famille appartient un matériau.
- Découvrir des matériaux constituant l'objet étudié.

Interroger une situation technologique

1] Proposez une explication à l'utilisation de nombreux matériaux différents pour la fabrication de ce bateau.

2] Indiquez si c'est uniquement dans un but esthétique.

3] Déterminez s'il serait possible de réaliser tous les éléments du bateau dans un même matériau, en bois ou en métal, par exemple.

Le pont d'un yacht.

Identifier des problèmes technologiques

- Quelles sont les principales familles de matériaux ?
- Quelles sont leurs principales caractéristiques, leurs usages et leurs impacts sur l'environnement ?
- Comment choisir un matériau pour fabriquer tout ou partie d'un objet ?

▶1 Les caractéristiques physiques des matériaux

Les matériaux sont faits de matières naturelles transformées par l'homme. Ils sont lourds ou légers, laissent passer lecourant électrique ou l'arrêtent, réagissent ou pas avec l'oxygène de l'air... Comment apprendre à les identifier et connaître leur usage ?

DOC 1 Alléger le poids des vélos

Modèle	Rockrider 5.2 Cadre en aluminium 	Rockrider 5 Cadre en acier 	Penta ag2r Cadre en fibres de carbone 
Poids	4 kg	7,5 kg	2 kg
Prix	299 €	89 €	3 499 €

DOC 2 Conduire le courant électrique et s'en protéger

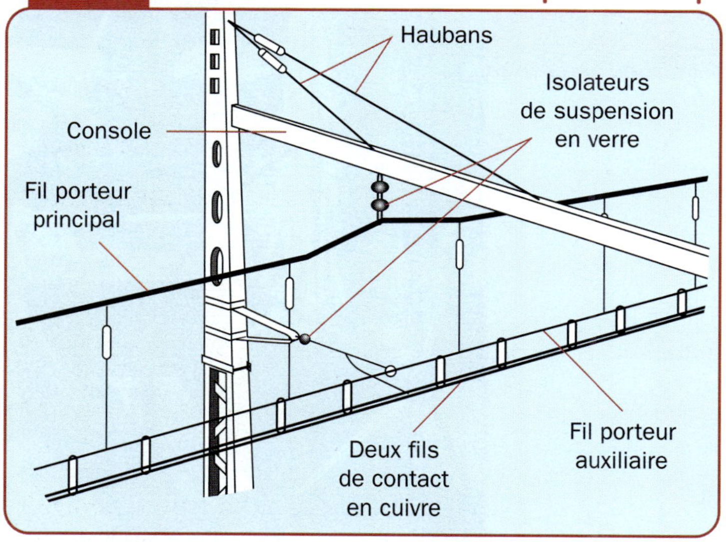

Une caténaire.

Le courant électrique conduit dans le fil de contact en cuivre possède une tension très élevée (25 000 volts) nécessaire à l'alimentation de locomotives puissantes.
Pour des raisons de sécurité, ce fil doit être isolé électriquement de l'ensemble porteur par des isolants en verre.

Brasure

Métal d'apport utilisé lors d'une opération de brasage pour assurer une liaison mécanique ou électrique entre deux composants.

DOC 3 La recherche de conducteurs performants

L'industrie électronique recherche sans cesse de nouveaux alliages, meilleurs conducteurs de courant. Un alliage d'étain, d'argent et de cuivre remplace la **brasure** au plomb nocive pour la santé et interdite depuis 2006.

Brasures sur un circuit électronique.

DOC 4 La peinture de la tour Eiffel

Construite en fer, la tour Eiffel est protégée de l'**oxydation** de l'air par plusieurs couches de peinture. Elle est repeinte tous les 7 ans. 60 tonnes de peinture et le travail d'une équipe de 25 peintres pendant plus d'une année sont nécessaires.

DOC 5 Le renouveau des pare-chocs chromés

Il existe deux façons de protéger de la rouille les tôles en fer utilisées dans la fabrication d'une voiture : les peindre ou les recouvrir d'un métal peu sensible à l'oxydation de l'air, comme le chrome.

Expérimentations

► La comparaison de masses volumiques

La **masse volumique** des matériaux peut être comparée en plaçant deux à deux des échantillons de mêmes dimensions (même volume) sur chaque plateau de la balance.

Extrait du tableau de classement obtenu (du plus dense au moins dense)

1. Plomb	2. Acier	3. Aluminium	4. Plastique	5. Bois	

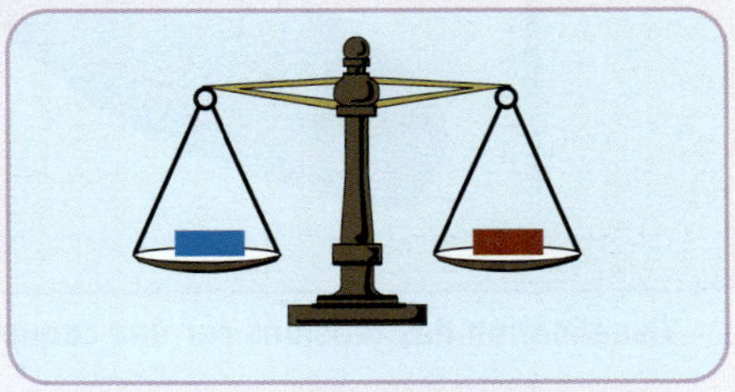

Comparaison des masses.

► Un essai de conductibilité électrique

Ce montage permet de tester différents matériaux et de déterminer s'ils sont **conducteurs** électriques ou isolants.

Isolants	Bois	Verre		
Conducteurs	Acier	Aluminium		

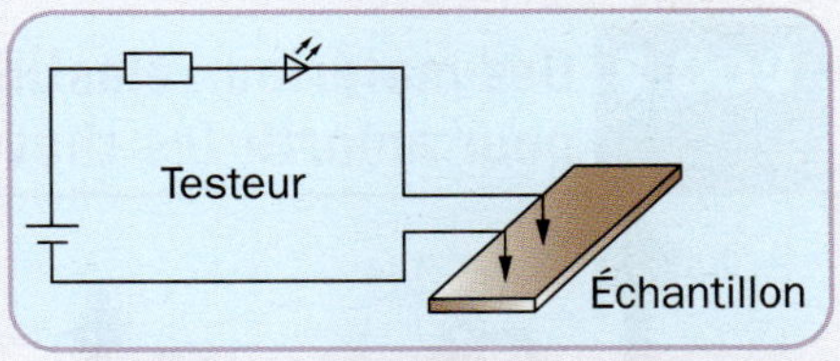

Expérimentation de la conductibilité.

Oxydation d'un métal
Combinaison entre l'oxygène de l'air ou de l'eau et le métal qui forme un oxyde (rouille du fer, vert-de-gris du cuivre...).

Conductibilité électrique (isolant ou conducteur)
Aptitude d'un corps à conduire le courant électrique.

Masse volumique
Masse en grammes (g) d'un corps d'une unité de volume exprimée en cm^3 (eau = 1 g/cm^3 ; acier = 7,8 g/cm^3 ; plomb = 11,34 g/cm^3).

questionnement

1] Désignez le vélo dont le cadre est le plus léger et celui qui est le plus cher. (Doc. 1)

2] Relevez le matériau conducteur d'électricité utilisé et la tension électrique. (Doc. 2)

3] Déterminez comment et pour quelle raison le fil électrique doit être isolé. (Doc. 2)

4] Indiquez les métaux qui composent l'alliage utilisé pour la brasure. (Doc. 3)

5] Expliquez pourquoi la tour Eiffel est repeinte tous les sept ans. (Doc. 4)

6] Trouvez deux pièces de la voiture protégées par de la peinture et deux pièces protégées par du chrome. (Doc. 5)

7] Désignez deux pièces qui n'ont pas besoin d'être protégées de l'oxydation de l'air. (Doc. 5)

8] Associez chaque caractéristique physique des matériaux (isolation électrique, masse volumique, oxydabilité) à un document. (Doc. 1, 2 et 5)

9] Relevez le matériau le plus dense. (Encadré)

10] Citez, d'après le tableau de résultats, un matériau isolant électrique. (Encadré)

» Annexes 10, 18, 20, pages 142, 150, 152

▶2 Les caractéristiques mécaniques des matériaux

Les matériaux doivent résister à différents efforts pour répondre aux fonctions techniques de l'objet. Ils sont durs ou mous, rigides ou souples, résistants ou cassants... Comment connaître leurs caractéristiques mécaniques ?

DOC 1 Résister à différents efforts mécaniques

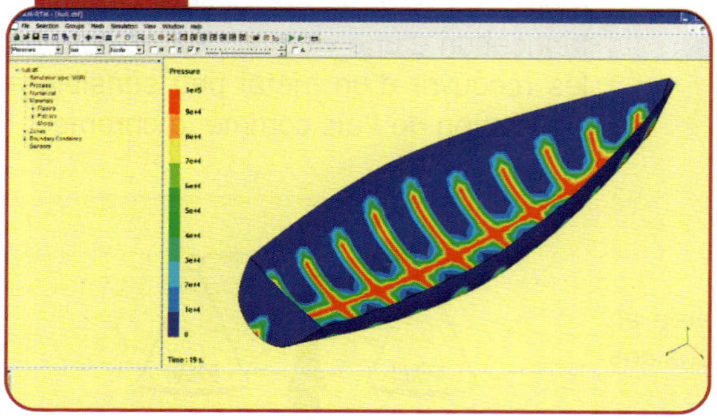

Visualisation des tensions sur une coque.

Ce logiciel simule les conditions d'utilisation en mer de la coque du navire. Les zones rouges indiquent les parties où s'exercent les plus gros efforts mécaniques. Ces parties sont réalisées avec des matériaux résistant bien aux efforts mécaniques (**acier**, **aluminium**, **fibre de carbone**).

DOC 2 Des matériaux élastiques pour amortir les chocs

Train arrière d'un modèle réduit.

Des matériaux **élastiques** (aciers à ressort) sont utilisés pour réaliser les pièces des amortisseurs dont la fonction est d'absorber les chocs et vibrations provenant des aspérités de la route.

DOC 3 Des aciers spéciaux très durs et résistants

Un cœur d'aiguillage.

Le cœur d'un aiguillage de chemin de fer est heurté avec violence par les roues des trains. Il doit être très **dur** et **résistant aux chocs**. Des aciers spéciaux composés d'un **alliage** de différents métaux (fer, molybdène, nickel...) possèdent des caractéristiques exceptionnelles dans ce domaine.

Fibre de carbone

Fil de carbone utilisé, depuis 1960, dans la fabrication du matériel de sport et des avions pour sa très grande résistance (15 fois celle de l'acier). La fibre de carbone est un matériau très cher. Cela en limite l'usage.

Acier

Alliage métallique de fer et de carbone. C'est un matériau très résistant utilisé dans de nombreuses réalisations depuis le XIXe siècle.

Aluminium

Métal dit « léger » et résistant, largement utilisé dans la fabrication des avions.

Alliage

Matériau formé de plusieurs matières mélangées entre elles par la chaleur ou par compression.

DOC 4 La résistance et l'élasticité d'une planche de snowboard

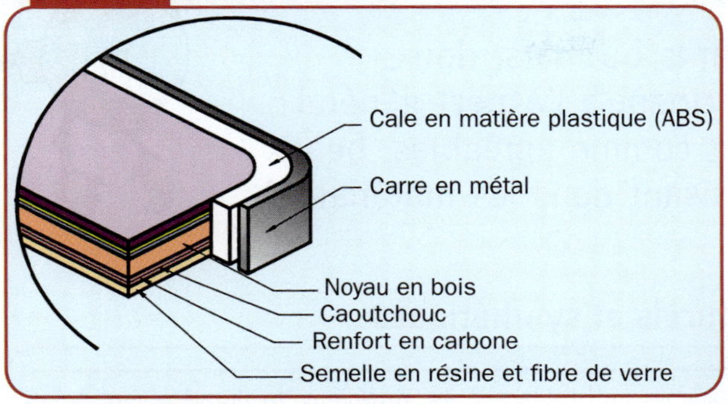

Sandwich composant une planche.

Les planches de surf doivent être résistantes aux efforts. Elles sont également très **élastiques** pour se déformer suivant les bosses et les creux du terrain. Les **matériaux composites** faits de fibres de verre et de résine offrent ces caractéristiques.

Composite

Matériau formé de plusieurs matériaux juxtaposés ou intercalés et imprégnés dans une résine.

DOC 5 Des panneaux transparents de sécurité

Un pare-brise cassé.

Le verre est transparent, **dur** en surface, mais aussi très **fragile**. Il est difficilement remplaçable par des matières plastiques qui, bien que peu fragiles, laissent moins bien passer la lumière et sont plus sensibles aux rayures, car beaucoup moins dures.

Expérimentation

Estimation de la dureté des matériaux par comparaison

L'essai consiste à tenter de rayer, à l'aide d'un échantillon A, un second échantillon B formé d'un autre matériau que le premier et inversement. L'échantillon constitué du matériau le plus dur raye le plus tendre. Les essais deux à deux permettent de classer les matériaux selon leur dureté.

Essai de rayure avec l'échantillon A sur ↓

Cuivre	Acier	Zinc	Échantillon B
Oui	Oui		Zinc
Non		Non	Acier
	Oui	Non	Cuivre

Oui : l'échantillon A raye le B. *Non* : l'échantillon A ne raye pas le B.

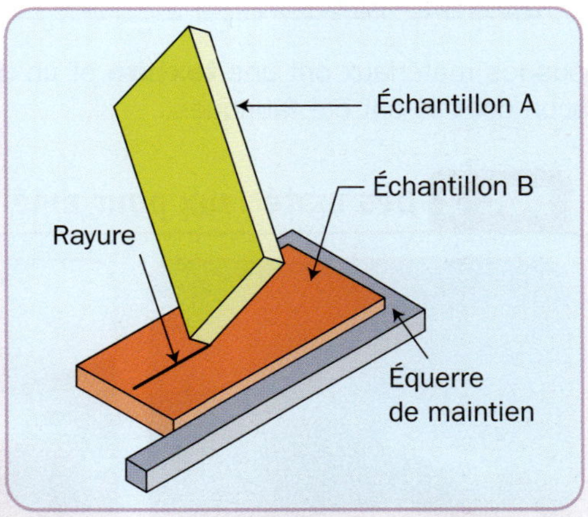

Attention : Il faut mettre des gants pour manipuler les échantillons venant d'être cisaillés ou sciés.

Questionnement

1] Repérez quelles parties de la coque doivent résister aux efforts mécaniques. (Doc. 1)

2] Indiquez à quels types d'efforts la coque doit résister. (Doc. 1)

3] Indiquez quel type de matériaux sont utilisés pour leur élasticité. (Doc. 2)

4] Expliquez ce que l'on entend par alliage métallique. (Doc. 3)

5] Indiquez les deux caractéristiques mécaniques nécessaires au cœur d'aiguillage. (Doc. 3)

6] Déterminez les matériaux qui entrent dans la réalisation d'une planche de surf. (Doc. 4)

7] En comparant le verre et les matières plastiques, indiquez respectivement le plus résistant aux rayures, le plus transparent, le moins fragile aux chocs, le moins dur en surface. (Doc. 5)

8] D'après le tableau, indiquez si le cuivre raye le zinc et si le zinc raye l'acier. (Encadré)

9] Classez ces trois métaux selon leur dureté. (Encadré)

» Annexes 10, 11, pages 142, 143

▶3 Les caractéristiques esthétiques des matériaux

Les matériaux sont colorés, brillants ou mats, doux ou rugueux au toucher... Ils participent à l'aspect général des objets qui nous apparaissent comme agréables, beaux ou laids... Que trouvons-nous plaisant dans les matériaux ?

DOC 1 La texture de matériaux naturels et synthétiques

Matériaux naturels d'origine minérale (obtenus à partir de matières extraites du sous-sol)	Métaux : cuivre – aluminium – acier – laiton (alliage de cuivre et de zinc) Verre, céramique…	Brillants, ils renvoient la lumière en éclat métallique dont la couleur varie selon leur nature (acier bleu, cuivre rouge, laiton jaune, aluminium gris…).
Matériaux naturels d'origine végétale ou animale	Bois – cuir – tissu de coton, de laine… – rotin	Ils laissent apparaître des fibres ou des veines dues à leur origine végétale ou animale.
Matériaux synthétiques créés et réalisés à partir du pétrole	Mousse – polystyrène – matière plastique (PVC, PET, PMMA…)	Ils offrent une très grande variété de textures et de couleurs. Beaucoup imitent les matériaux naturels. Ils sont beaucoup moins chers que ces derniers.

Tous les matériaux ont une **texture** et un aspect particuliers qui proviennent de leur origine et de la façon dont ils ont été fabriqués.

DOC 2 Des matériaux pour améliorer le confort

Locomotive.

Sièges recouverts de velours en matière synthétique.

Sièges recouverts de plastique imitant le cuir.

La ligne de chemin de fer Saint-Gervais – Chamonix – Vallorcine a été construite de 1899 à 1908. Les trains ont été sans cesse modernisés. L'intérieur a été revu pour offrir un confort toujours plus chaleureux.

Matériau synthétique
Matériau produit par les réactions chimiques de différentes matières entre elles.

Texture
Constitution d'une matière, façon dont ses éléments sont agencés. Elle est plus ou moins apparente.

DOC 3 La combinaison de formes, de couleurs et de textures

Tableau de bord 1.

Tableau de bord 2.

Résultat d'un sondage :
« Quel tableau de bord trouvez-vous le plus réussi ? (**design** uniquement...) » 133 personnes ont répondu.
(D'après http://www.forum-auto.com/sqlforum/section1/sujet120899.htm)

95 votes	Tableau de bord 1
31 votes	Tableau de bord 2
7 votes	Votes blancs

Commentaires de votants :

Max : « Personnellement, sur le strict plan du design et des matériaux, je trouve le deuxième tableau de bord beaucoup plus recherché et nettement moins lugubre. »

Sophie : « Le tissu des sièges et des portières du modèle 2 donne une atmosphère douce, reposante. »

Alice : « J'aime le cuir du siège du modèle 1. Il est doux au toucher et semble pouvoir durer très longtemps. »

Robert : « Le premier tableau de bord dégage une image de qualité.

DOC 4 L'intérieur luxueux du *Queen Mary 2*

Le plus grand paquebot du monde est conçu pour offrir à ses passagers des croisières de luxe. Les matériaux choisis pour l'aménagement intérieur des différents espaces sont divers et précieux (métal doré, bois exotiques, tissus d'ameublement raffinés...).

Design

Mot anglais pour « esthétique industrielle ». Activité de création qui consiste à rechercher, pour un objet technique, une harmonie entre ses formes et les matériaux les mieux adaptés à ses fonctions d'usage et d'estime.

Questionnement

1] Déterminez la différence entre matériaux naturels et synthétiques. (Doc. 1)

2] Expliquez à quoi est due la texture des trois catégories de matériaux présentées. (Doc. 1)

3] Déduisez, d'après les formes et les matériaux employés, quel wagon est le plus moderne. (Doc. 2)

4] Indiquez les sièges apparaissant les plus confortables et accueillants. (Doc. 2)

5] Précisez ce que l'on entend par imitation dans l'usage des matériaux. (Doc. 2)

6] Indiquez, d'après le résultat du sondage, le tableau de bord le plus apprécié. (Doc. 3)

7] Faites une liste des impressions que suggère chaque tableau de bord. (Doc. 3)

8] Déterminez ce qui procure la sensation de luxe dans la décoration intérieure du *Queen Mary 2*. (Doc. 4)

9] Indiquez si le choix des matériaux satisfait plutôt les fonctions d'usage ou celles d'estime. (Doc. 4)

» Annexes 10, 11, pages 142, 143

▶4 Le recyclage des matériaux

Les objets techniques s'usent, ne fonctionnent plus et sont jetés. Que faire des objets hors d'usage pour éviter qu'ils polluent l'environnement ? Comment ne pas gaspiller les matériaux qui les composent ?

DOC 1 Un cycle continu de fabrication

Fabrication de bouteilles de verre dans un four.

Le verre est recyclable indéfiniment. Usagé, il est récupéré, broyé, calibré et acheminé chez les verriers pour être refondu.

DOC 2 Le recyclage des pneus usagés

Sortie des pneus de la chaîne de broyage.

Les pneus usagés ne sont ni **biodégradables** ni recyclables. Pour les éliminer, trois solutions existent :

- les utiliser comme **combustible** dans des fours industriels (incinération) ;
- les **réutiliser** entiers ou déchiquetés dans le sous-sol des routes, des voies ferrées, des terre-pleins paysagers ou dans les murs antibruit ;
- les réduire en **poudre** de caoutchouc et les utiliser dans la fabrication des revêtements de sols industriels et sportifs, de matériaux d'isolation.

DOC 3 Le recyclage du polyéthylène

Avec 27 bouteilles d'eau, on fabrique un pull.

Le polyéthylène est une matière plastique utilisée dans la fabrication de différents objets, dont les bouteilles d'eau minérale. Il peut être transformé en fibres de polyester, utilisées dans l'industrie textile pour confectionner les vêtements.

Biodégradable

Matériau qui peut être décomposé naturellement par des organismes vivants (le bois).

▸ L'innovation technique

Penser au recyclage dès la conception

La voiture n'existe pas encore et pourtant, les ingénieurs pensent déjà à son recyclage. Les nouveaux modèles intègrent des règles pour garantir leur recyclage à 95 % :
- utiliser une quantité importante de matériaux recyclés ;
- ne pas employer de métaux lourds (plomb, zinc...) très polluants ;
- pour les nouveaux matériaux, s'assurer qu'ils sont recyclables et en limiter la variété ;
- s'assurer que les assemblages sont facilement démontables ;
- marquer chaque pièce d'un symbole indiquant le matériau employé.

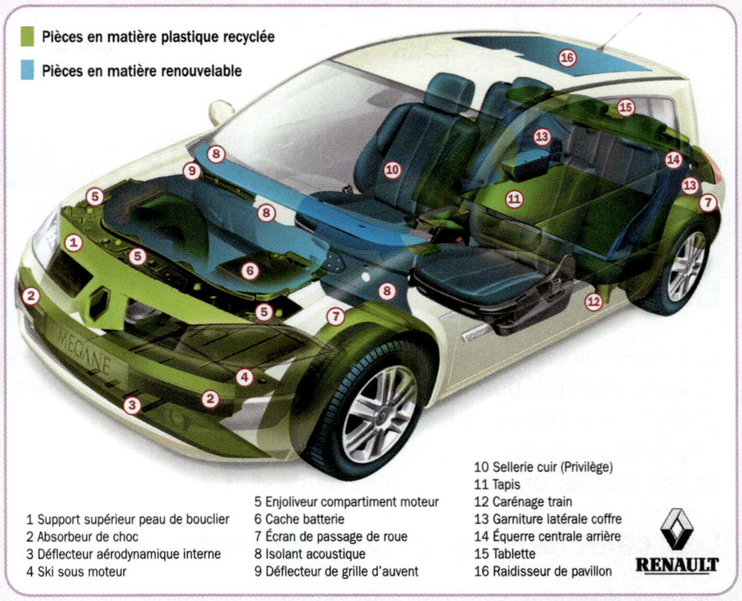

DOC 4 Le recyclage du polystyrène expansé

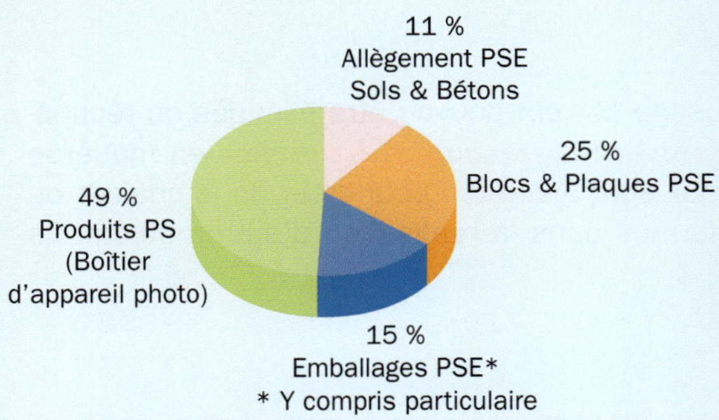

Emballage en polystyrène expansé.

Le polystyrène expansé est utilisé pour fabriquer des emballages ou des matériaux isolants (bruit ou chaleur). Il peut être transformé en polystyrène (PS) ou à nouveau en polystyrène expansé (PSE).

questionnement

1] Expliquez pourquoi l'on dit du verre qu'il est « recyclable indéfiniment ». (Doc. 1)

2] Indiquez si l'opération de broyage consiste à déchiqueter les pneus ou à les réduire en poudre. (Doc. 2)

3] Recherchez quelle solution d'élimination des pneus est illustrée par la photo. (Doc. 2)

4] Indiquez combien de bouteilles d'eau il faut pour obtenir la matière recyclée nécessaire à la fabrication d'un pull. (Doc. 3)

5] Distinguez les deux matériaux obtenus à partir du polystyrène expansé et calculez leur pourcentage respectif. (Doc. 4)

6] Dressez la liste des types d'objets pouvant être fabriqués à partir du polystyrène recyclé. (Doc. 4)

7] Expliquez l'intérêt de marquer chaque pièce d'un symbole indiquant le matériau employé. (Encadré)

8] Déterminez à l'aide d'un dictionnaire la différence faite entre matériaux renouvelables et matériaux recyclables. (Encadré)

» Annexes 10, 11, pages 142, 143

Le bilan

Les matériaux

Les matériaux sont fabriqués à partir de matières premières naturelles extraites du sous-sol de la Terre (minerai, pétrole…) non renouvelables ou de matières végétales (bois, coton…) ou animales (cuir) renouvelables.
Ils ont des **caractéristiques** physiques, mécaniques et esthétiques différentes qui permettent de les classer en grandes **familles de matériaux**.

Les caractéristiques des matériaux

Chaque matériau offre des caractéristiques techniques différentes. La variété des matériaux permet de répondre à la variété des fonctions techniques nécessaires au **fonctionnement d'un objet** (dur, élastique, résistant, léger, conducteur d'électricité…) et à ses fonctions d'estime (esthétique).

La protection de l'environnement

Les matériaux qui composent un objet hors d'usage doivent pouvoir être éliminés ou récupérés pour **ne pas polluer** l'environnement et **préserver les ressources naturelles** en matières premières de la Terre. Après usage, les matériaux sont **incinérés** pour créer de la chaleur ou retraités pour être réutilisés sous différentes formes dans la réalisation d'autres objets. Ils sont alors **recyclés**.

Les familles de matériaux

Familles	Caractéristiques	Recyclage
Les métaux (alliages ferreux, alliages d'aluminium, alliages cuivreux)	Les métaux sont **résistants** aux efforts mécaniques, très bons conducteurs de courant électrique. Ils ont un **aspect très brillant** lorsqu'ils sont polis. En incorporant plusieurs éléments (métalliques ou non) à un métal, on forme des **alliages** aux caractéristiques mécaniques très différentes.	Collectés et triés, les métaux sont entièrement recyclables.
Les matières plastiques (résines, composites)	Les matières plastiques sont des matériaux **peu résistants** aux efforts mécaniques. Mauvais conducteurs de courant électrique, ce sont de **bons isolants** électriques. Ils ne résistent pas bien à la chaleur. Pour mieux résister aux efforts mécaniques, les matières plastiques peuvent être moulées sur des formes en fibre ou en métal. Ce sont alors des **matériaux composites**.	La plupart des matières plastiques **peuvent être réutilisées** dans la fabrication d'autres objets. Certaines sont brûlées pour **produire de la chaleur**.
Le bois	Le bois est assez **élastique** et **résistant** aux efforts mécaniques. Sa masse volumique est faible. C'est un bon isolant thermique.	Le bois usagé peut être brûlé pour **fournir de la chaleur**. C'est un matériau **renouvelable** qui se recycle naturellement.
Le caoutchouc	Élaboré à partir de la sève d'un arbre (l'hévéa) ou de pétrole (élastomère), le caoutchouc est un matériau très **souple**, **élastique**, **imperméable**. Il entre dans la fabrication de nombreux objets.	Les pneus usagés sont brûlés pour **fournir de la chaleur** ou incorporés dans la **fabrication** de différents objets.
Le verre	Le verre est un matériau très **dur**, **mais fragile**. Très bon **isolant électrique**, il est le plus souvent utilisé pour sa **transparence**.	Collecté et trié, le verre est **entièrement recyclable**.

Exercices

Je teste mes connaissances

1] Reconnaître des matériaux

Nommez les grandes familles de matériaux que vous reconnaissez.

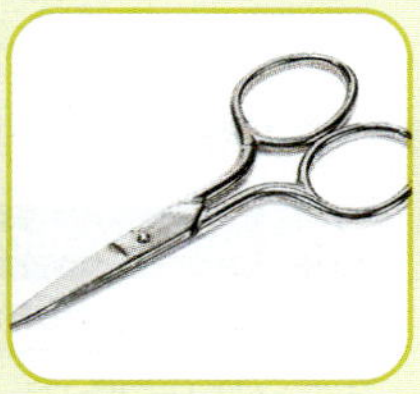

2] Énoncer les principales caractéristiques des matériaux

Parmi les grandes familles de matériaux, indiquez celles qui sont :

a) conductrices de courant électrique
b) très isolantes du courant électrique
c) très résistantes aux efforts mécaniques
d) très dures
e) très élastiques
f) recyclables
g) renouvelables
h) très résistantes à l'oxydation de l'air

3] Identifier des familles de matériaux

Découvrez les familles de matériaux correspondant aux descriptions suivantes.

a) Je suis fabriquée à partir de matières extraites du sous-sol. Je suis recyclable à l'infini. Je suis très dure et très bon isolant électrique.

b) Je suis une famille de matériaux fabriquée à partir de la sève d'un arbre. Très élastique, imperméable, je résiste bien à l'oxygène de l'air. Je suis réutilisable mais difficilement recyclable.

c) Je suis fabriquée à partir d'une matière naturelle et renouvelable. Je résiste bien aux efforts mécaniques. J'ai un aspect satiné et une texture très particulière lorsque je suis bien poncée. Après usage, je suis souvent brûlée pour fournir de la chaleur.

d) Je résiste bien aux efforts mécaniques. Je suis brillante quand je ne suis pas oxydée par l'air. Je suis fabriquée à partir de matières extraites du sous-sol. Je conduis le courant électrique. Après utilisation, je peux être récupérée et recyclée facilement.

J'applique mes connaissances

4] Repérer à quelle famille appartient un matériau

Déterminez, à l'aide de la photo et de sa légende, la famille à laquelle appartient chaque matériau.

a. Polycarbonate (PC) : ce matériau remplace le verre par sa transparence. Il est utilisé dans les cas où il est nécessaire d'avoir un matériau très résistant aux chocs.

b. Aluminium : ce matériau est peu sensible à l'oxydation. Il a un bel aspect brillant. Sa solidité permet d'obtenir des formes ajourées.

c. ABS : ce matériau est très résistant aux rayures et aux chocs.

d. Zamac : cet alliage de zinc et d'aluminium est utilisé dans la réalisation de pièces d'une grande précision.

e. Acier : ce matériau très résistant doit être recouvert de plusieurs couches de peinture pour résister à l'oxygène de l'air et ne pas rouiller.

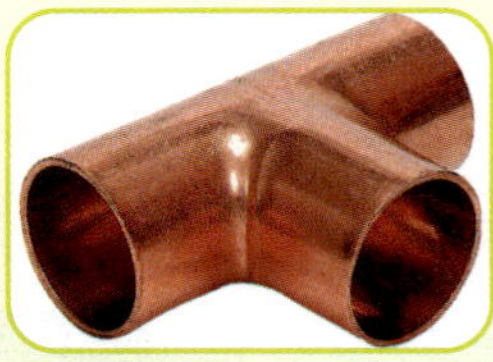

f. Cuivre : ce matériau est utilisé pour réaliser des tuyaux d'eau, de gaz ou des fils électriques.

5] Reconnaître et justifier l'utilisation des matériaux

Rep.	Désignation	Matériau
1	Châssis	Acier inoxydable
2	Jante	PVC
3	Pneu	Caoutchouc

Rep.	Désignation	Matériau
4	Mât – Bôme	Aluminium
5	Coque	Matériau composite
6	Voile	Tissu synthétique

a) Indiquez la famille de matériaux à laquelle appartient chaque pièce du char à voile.
b) Pour chaque pièce, déterminez au moins deux raisons (caractéristiques physiques, mécaniques, esthétiques) qui justifient le choix du matériau utilisé.
c) Classez les pièces en trois catégories selon leur capacité à être recyclées (facilement recyclable – recyclage possible – recyclage impossible).

J'utilise l'ordinateur

6] Utiliser un navigateur pour rechercher une information

Ouvrez votre navigateur et saisissez l'adresse du ministère de l'Industrie :
http://www.industrie.gouv.fr/index_portail.php
a) Dressez la liste de trois sujets affichés dans les actualités.
b) En utilisant le moteur de recherche du site, recherchez la carte des usines métallurgiques.
c) Relevez le ou les lieux où se trouvent les usines de cuivre.
d) Recherchez quelles sont les usines métallurgiques de votre région.

7] Recycler des emballages

Connectez-vous sur le site de la société eco-emballage :
http://www.ecoemballages.fr/grand_public/home.asp
Cliquez sur « Comment bien trier ? ».
Dans la nouvelle fenêtre, cliquez sur « Le guide du tri ».
a) À partir des informations données dans cette nouvelle fenêtre, indiquez quelle famille de matériaux est jetée dans chaque type de poubelle (bleue, jaune, verte).
b) Testez vos connaissances en effectuant les « jeux du tri » (cliquez sur « Vous êtes prêts à trier ? Testez vos connaissances » en bas de page).

Chapitre 5

La mise en forme des matériaux

CE QUE VOUS ALLEZ APPRENDRE À FAIRE

- Comparer différentes méthodes de mise en forme et de façonnage des matériaux.
- Identifier la relation entre solution technique, matériau et procédé de réalisation.

Interroger une situation technologique

1] Dressez la liste des matériaux présents dans cet objet.

2] Recherchez les transformations qu'ils ont pu subir (du matériau d'origine à la pièce fabriquée).

3] Expliquez pourquoi les techniques de transformation doivent être différentes d'un matériau à un autre.

Les pièces et les matériaux d'une automobile.

Identifier des problèmes technologiques

- Comment transformer les matériaux pour obtenir une forme désirée ?
- Comment utiliser leurs caractéristiques physiques et mécaniques pour les façonner (leur donner une forme) ?
- Quels matériels (machines, outils) utiliser ?

▶1 Le façonnage par déformation de matière

Les matériaux sont plus ou moins malléables à froid ou après chauffage. Leur déformation peut-être obtenue par une pression exercée par différents outils.
Quelles sont les différentes techniques utilisées ? Comment procéder ?

DOC 1 L'emboutissage de la tôle d'acier par une presse

Deux opérateurs sortent un flan de carrosserie automobile d'une presse d'emboutissage.

Les pièces principales d'une carrosserie automobile sont réalisées à partir d'une feuille de métal déformée à froid : la tôle d'acier **[1]**. Celle-ci est plaquée entre un **poinçon** **[2]** et une **matrice** **[3]**, sous l'action d'une pression importante. Cette opération prend le nom d'**emboutissage**.

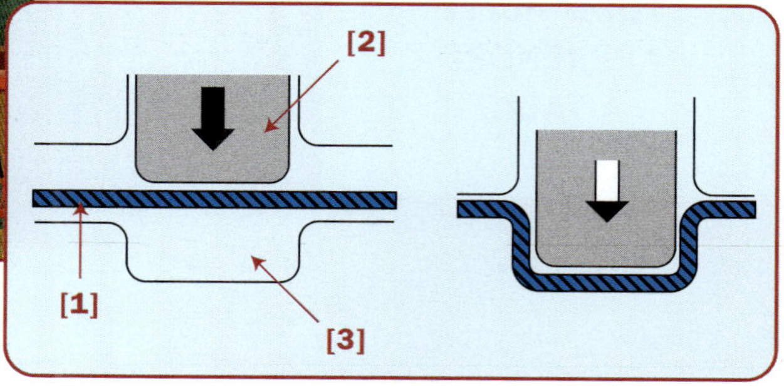

Le principe de l'emboutissage.

DOC 2 Le thermoformage du plastique

Tapis de sol thermoformés.

La feuille de matière plastique **[1]** est positionnée dans la machine. Le chauffage la rend **malléable**. L'aspiration de l'air contenu dans le caisson **[3]** plaque la feuille ramollie contre le poinçon **[2]** qui lui donne sa forme : c'est un **thermoformage**. En refroidissant, la feuille durcit et conserve sa forme.

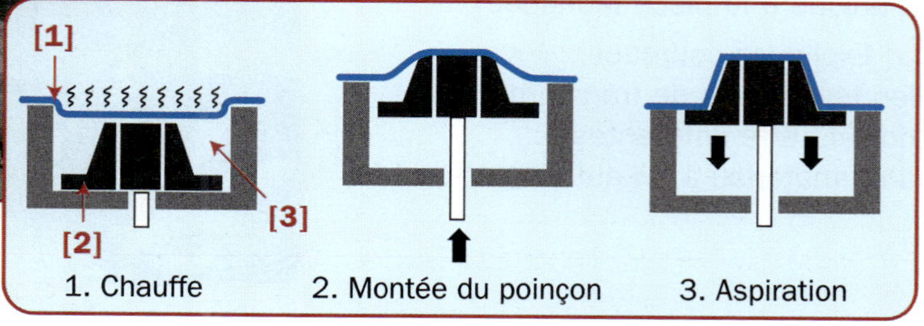

Le principe du thermoformage.

Poinçon
Outil en relief qui donne sa forme à un matériau de faible épaisseur.

Matrice
Outil en creux, qui complète l'action du poinçon.

Malléable
Se dit d'une matière qui peut se façonner (se déformer) facilement.

▸ Une solution technique

Comment obtenir une bille d'acier ?

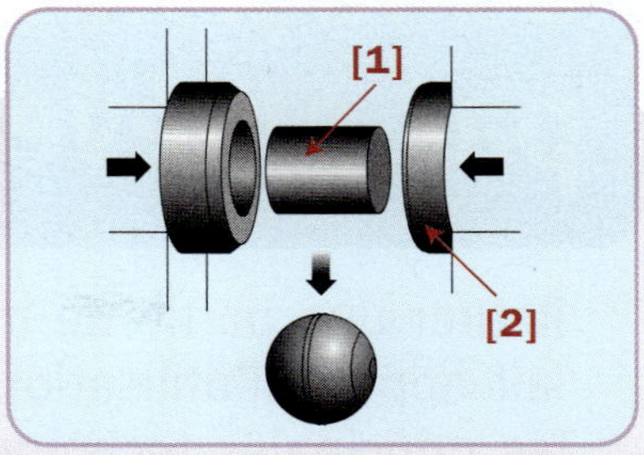

Les billes sont très présentes dans les roulements. Le matériau d'origine utilisé est constitué d'un fil d'acier.
Le fil est d'abord coupé en tronçons **[1]**, ceux-ci sont ensuite comprimés entre deux matrices hémisphériques **[2]** : on parle d'**estampage**. La bavure qui reste au milieu est éliminée par des machines à ébarber. Plusieurs opérations de finition donneront une parfaite sphère de métal.

DOC 3 Le thermopliage du plastique

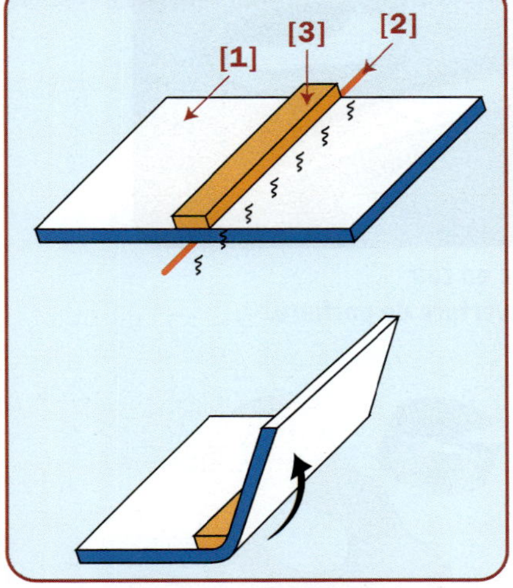

Le principe du thermopliage.

Grâce à un fil chauffant **[2]**, la feuille de matière plastique **[1]** peut se plier aisément le long d'un guide **[3]**.

DOC 4 Le moulage de la matière plastique par injection

Grille de haut-parleur en plastique recyclé.

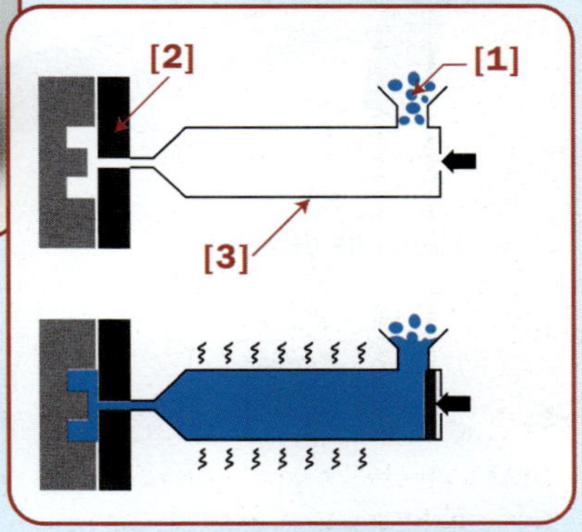

Le principe du moulage par injection.

La matière plastique **[1]** sous forme de granulés est chauffée dans un cylindre **[3]**. Devenue pâteuse, elle est introduite sous pression dans le **moule** **[2]** froid. La matière plastique se solidifie, la pièce est alors libérée du moule. Ce procédé est utilisé pour les pièces de petites dimensions.

Estampage

Procédé de formage d'un bloc de métal, à chaud ou à froid, par déformation à l'aide d'une ou deux matrices et sous une pression très importante.

Moule

Pièce en creux qui donne sa forme à un matériau introduit à l'intérieur.

Questionnement

1] Expliquez pourquoi la pression est nécessaire à la déformation à froid du métal. (Doc. 1)

2] Précisez s'il faut augmenter ou diminuer l'effort pour déformer une tôle plus épaisse. (Doc. 1)

3] Comparez les formes du poinçon et de la matrice et expliquez l'utilité de cette dernière. (Doc. 1)

4] Expliquez pourquoi, à la différence du métal, le plastique doit toujours être chauffé pour être déformé. (Doc. 2)

5] Comparez les pressions nécessaires pour l'emboutissage et le thermoformage. (Doc. 1 et 2)

6] Indiquez pourquoi le plastique se déforme selon une ligne droite. (Doc. 3)

7] Expliquez la formation des mots « thermoformage » et « thermopliage ». (Doc. 2 et 3)

8] Recherchez d'autres matériaux que le plastique qui peuvent être moulés. (Doc. 4)

9] Justifiez l'utilisation de l'injection pour réaliser de petites pièces. (Doc. 4)

10] Parmi les techniques de déformation, nommez celle qui se rapproche le plus de l'estampage et justifiez. (Doc. 1, 2, 3, 4 et Encadré)

» Annexes 5, 10, 11, pages 137, 142, 143

▸2 Le façonnage par enlèvement de matière

Retirer une partie de matériau, selon une forme précise, fait appel à l'utilisation d'outils tranchants. Quelles sont les principales techniques ? Quels outils utiliser pour telle forme et pour tel matériau ?

DOC 1 Le découpage d'une feuille de métal par cisaillage

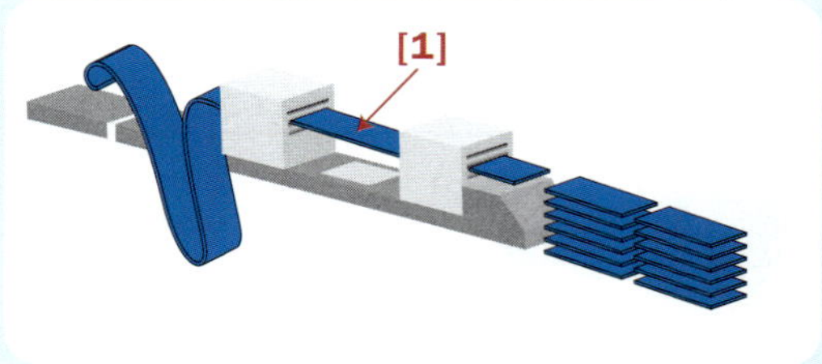

Une ligne de découpe.

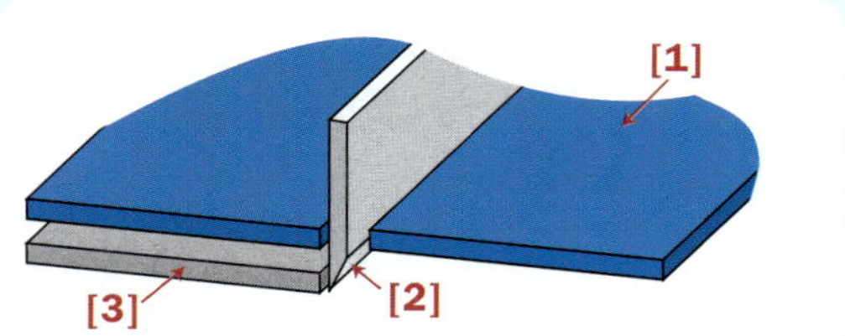

Le principe du découpage.

La cisaille découpe des tôles d'acier doux **[1]** par l'action de deux **outils** : des **lames** très dures en acier spécial (l'une fixe **[3]** et l'autre mobile **[2]**) qui pénètrent dans le matériau sous l'effet d'une pression.

DOC 2 Le découpage d'un matériau souple par poinçonnage

Garniture en cuir d'une ouverture de portière.

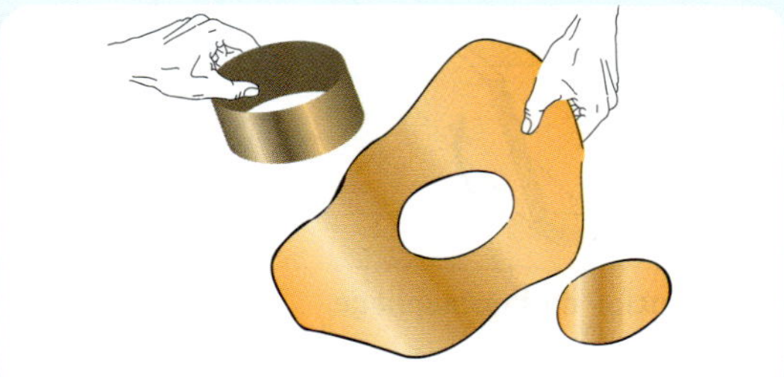

Découpe du cuir à l'emporte-pièce.

Les garnitures en cuir de cette portière sont découpées selon une forme précise sous la pression d'un poinçon en acier, appelé **emporte-pièce**. La pièce découpée est alors détachée de sa **chute**.

Outil
Instrument qui agit sur la matière pour lui donner une forme ou la découper.

Chute
Partie de matériau qui reste après le découpage d'une pièce.

▸ L'évolution technique

De nouveaux outils de découpe

L'homme a trouvé dans la nature des matériaux très durs pour confectionner des outils capables d'agir sur d'autres matériaux. D'abord la pierre, surtout le silex (1,5 million d'années), puis le bois, l'os et l'ivoire (40 000 ans), enfin le métal (4 000 ans). Puis il a mis au point de nouveaux matériaux toujours plus durs et résistants : alliages métalliques, diamant, céramique (xxe siècle)... Aujourd'hui on utilise le jet d'eau et le rayon laser. L'énergie concentrée en un point est devenue l'outil coupant.

Découpe de tôles d'acier par tête laser.

DOC 3 Le perçage pour réaliser un trou dans du plastique

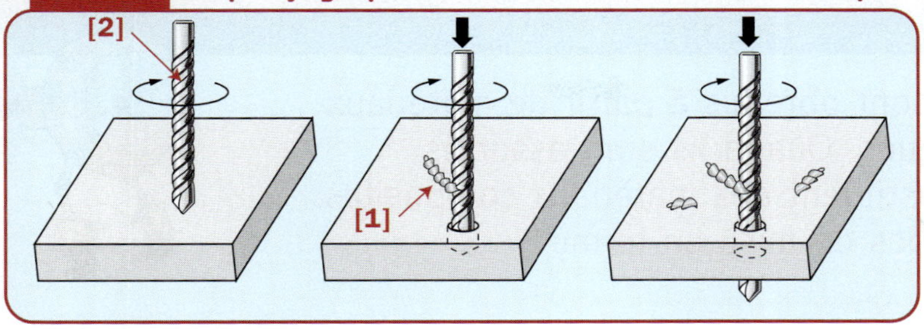

Le principe du perçage.

Pour des matériaux durs ou épais, l'usinage permet d'enlever de la matière progressivement. L'outil en acier, appelé **foret [2]**, coupe et détache de la matière sous forme de **copeaux [1]**. La **machine-outil** utilisée est une **perceuse**.

DOC 4 Le fraisage d'une rainure dans une pièce métallique

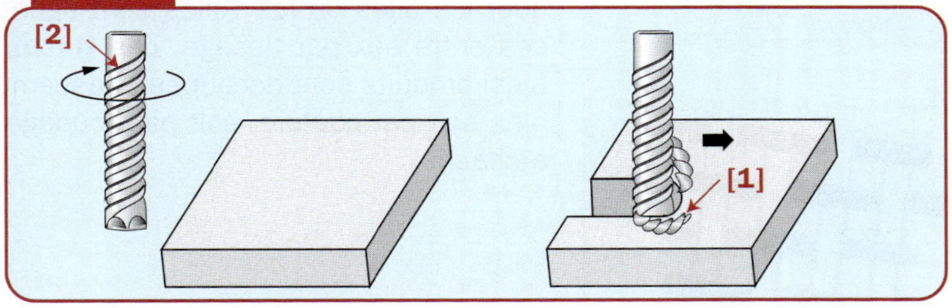

Le principe du fraisage.

L'usinage d'une rainure est obtenu par fraisage. L'outil en acier, appelé **fraise [2]**, tourne et se déplace pour détacher des **copeaux [1]**. La machine-outil utilisée est une fraiseuse.

DOC 5 Le tournage d'un axe en matière plastique

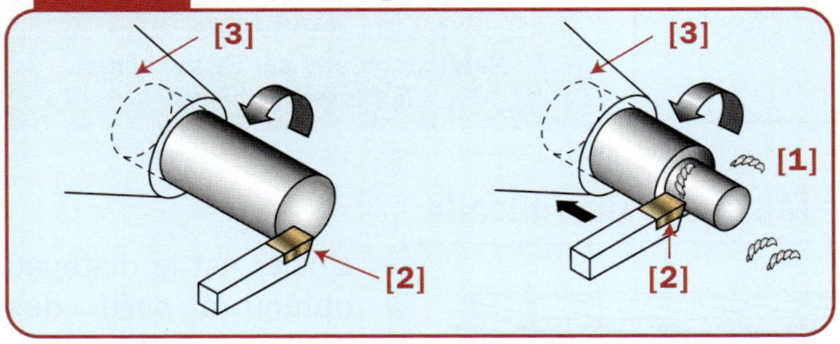

Le principe du tournage.

L'usinage d'un axe en matière plastique est obtenu par tournage. L'outil de tour **[2]**, en acier, détache des copeaux **[1]** de la pièce placée dans le **mandrin [3]** qui tourne. La machine-outil utilisée est un tour.

Copeau

Minces fragments de matériau détachés par un outil tranchant lors d'un usinage.

Machine-outil

Machine entraînée par un moteur et servant au façonnage de matériaux durs, par enlèvement de matière ou par déformation.

Questionnement

1] Nommez les matériaux de la lame et de la feuille à cisailler ; comparez leur dureté. (Doc. 1)

2] Qualifiez la forme de la découpe : rectiligne ou complexe et comparez-la avec la forme de l'outil. (Doc. 1 et 2)

3] Justifiez pourquoi le poinçonnage et le cisaillage sont réservés aux matériaux de faible épaisseur. (Doc. 1 et 2)

4] Décrivez l'emporte-pièce : matériau et forme, et comparez cette dernière au morceau de cuir découpé et à sa chute. (Doc. 2)

5] Qualifiez la forme obtenue par un perçage et nommez l'outil utilisé. (Doc. 3)

6] Justifiez, pour réaliser un trou, le choix du poinçonnage ou du perçage selon le matériau (dureté et épaisseur). (Doc. 2 et 3)

7] Comparez les opérations de découpage et d'usinage en décrivant la forme du matériau coupé et détaché par l'outil. (Doc. 1, 2, 3, 4 et 5)

8] Indiquez quel est, de l'outil ou de la pièce à usiner, l'élément qui tourne dans le procédé de tournage. (Doc. 5)

9] Montrez l'évolution des matériaux utilisés pour fabriquer les outils sur un axe du temps. (Encadré)

» Annexes 5, 10, 11, 12, pages 137, 142-144

▶3 Le façonnage par arrangement de matière

Les fils et les fibres sont obtenus à partir de matériaux naturels ou synthétiques. Quand ils sont associés à des résines, ils constituent des matériaux composites. Quels sont les principes de mise en forme ?

DOC 1 Le tissage d'une voile de parapente

Un parapente.

La structure du tissu d'une voile.

Les fils synthétiques utilisés pour fabriquer les ailes ou les voiles sont agencés entre eux par tissage. Les **tissus** ainsi produits sont découpés et assemblés soit par couture, soit par soudage à chaud.

Tissu
Matériau obtenu par l'assemblage de fils entrecroisés.

DOC 2 Le tressage de l'osier pour fabriquer une nacelle

Une nacelle de montgolfière.

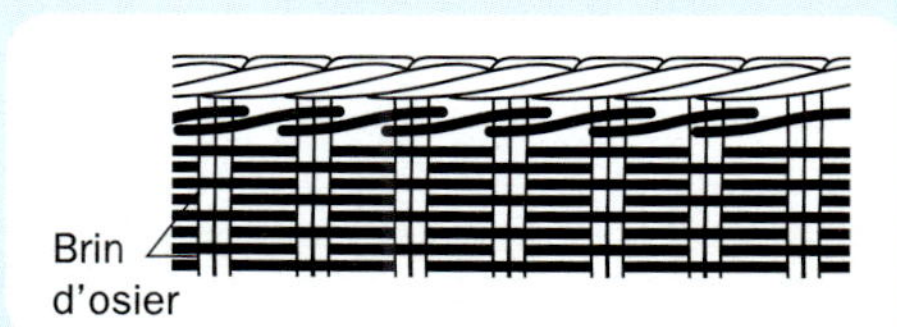

La structure de l'osier tressé.

L'osier est le matériau obtenu à partir des petites branches d'un arbre, le saule. La nacelle a été mise en forme par tressage de l'osier. Des cordages la relient au ballon.

▶ Une solution technique

Le nid d'abeilles

Le nid de l'abeille, par sa structure hexagonale, est connu pour sa solidité, sa légèreté et ses qualités d'isolation contre le bruit. L'homme s'en est inspiré et a mis au point des matériaux avec la même structure.

On réalise ainsi des panneaux en « nid d'abeilles » qui trouvent leur place dans les noyaux des matériaux composites utilisés dans les planches de surf ou coques de bateaux. Le nid d'abeilles est également très employé dans la construction navale et aéronautique.

Structure en nid d'abeilles.

Intérieur de l'Airbus 380.

DOC 3 Les câbles ou cordages d'acier

En rappel sur un voilier.

Câbles en acier.

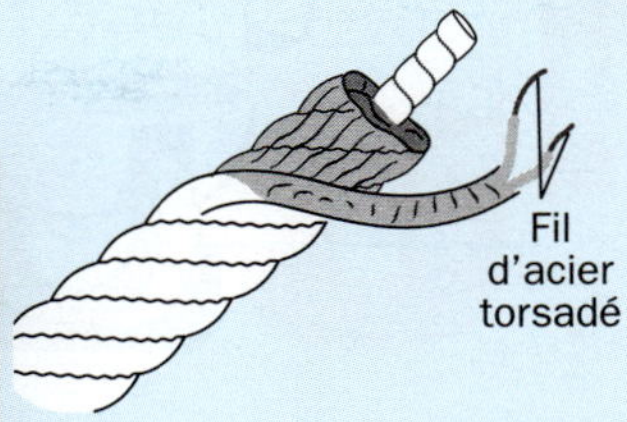

La structure d'un câble.

La sécurité de ces marins dépend beaucoup de la solidité des cordages et des sangles de harnais. Le **tressage** des fils, assorti d'une torsion, offre aux **cordes** résistance et solidité. Les câbles à base de fils métalliques sont réalisés selon la même technique.

DOC 4 L'enrobage des fibres dans un matériau composite

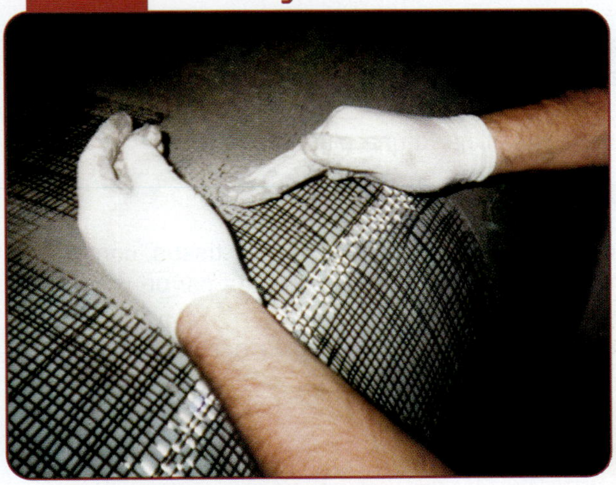

Un atelier de fabrication de coques.

Pour mettre en forme cette coque de canoë, on superpose différentes couches de matériaux, dont des fibres (verre ou carbone) sous forme de nappe textile. Le tout, disposé sur un moule, durcit grâce à un produit liant. Pour ce canoë, on utilise un béton léger à la place d'une résine de matière plastique.

Tresse
Forme obtenue par entrelacement de fils ou brins.

Corde
Assemblage de fils tordus ensemble.

Questionnement

1] Nommez la technique utilisée pour transformer les fils en tissu. (Doc. 1)

2] Observez la structure formée par les fils entre eux et expliquez le principe de fabrication d'un tissu. (Doc. 1)

3] Citez trois éléments de la montgolfière réalisés à base de fils, fibres ou brins. (Doc. 2)

4] Indiquez l'origine (naturelle ou synthétique) du matériau utilisé pour la nacelle, en précisant s'il est renouvelable ou pas. (Doc. 2)

5] Justifiez pour la nacelle le choix du matériau et de la technique de mise en forme. (Doc. 2)

6] Expliquez pourquoi un câble est plus solide qu'un fil métallique. (Doc. 3)

7] Trouvez les fonctions de la résine et du textile dans un matériau composite. (Doc. 4)

8] Expliquez la nécessité d'un moule pour donner la forme. (Doc. 4)

9] Donnez la définition d'un matériau composite. (Doc. 4 et page 41)

10] Énoncez les caractéristiques principales de la structure en nid d'abeilles d'un matériau ; justifiez son choix pour l'aménagement intérieur de l'Airbus. (Encadré)

» Annexes 5, 10, 11, pages 137, 142, 143

Le bilan

Un façonnage est un moyen technique qui permet d'agir sur un matériau pour lui **donner une forme**, dans le but de réaliser un objet. De par leurs caractéristiques physiques et mécaniques, les matériaux sont plus ou moins faciles à **façonner**.
On distingue trois grands types de façonnage.

Le façonnage par déformation de matière

Il consiste à exercer un effort sur un matériau pour lui donner la forme désirée. Le matériau est formé à froid (**pliage**) ou ramolli à chaud (**thermopliage**, **thermoformage**).
Les matériaux peuvent être déformés plus ou moins facilement : ils sont plus ou moins **malléables** à froid ou à chaud.

Le façonnage par enlèvement de matière

Il consiste à détacher des parties du matériau pour réaliser une forme :
- soit par **usinage** en taillant le matériau à l'aide d'un outil qui en détache des copeaux (perçage d'un trou à l'aide d'un foret) ;
- soit par **découpage** à l'aide d'un outil tranchant (cisaillage d'une plaque).

Le façonnage par arrangement du matériau

Il permet, par un assemblage de fibres, fils ou brins, de créer des structures : tissus, cordes, câbles, tresses, tricots. Quand les fils ou brins, tissés ou non, sont incorporés par un produit liant comme la résine et moulés, on parle de **matériau composite**.
La variété des matériaux permet de répondre à la variété des façonnages nécessaires à la réalisation des objets techniques.

Famille de matériaux / Procédés de mise en forme	Métaux (alliages ferreux, alliages d'aluminium, alliages cuivreux...)	Matières plastiques (résines, composites...)	Verre et céramique		Bois	Matériaux en fibres naturelles et synthétiques
			Verre	Céramique		
Moulage	XX	XX	XX	XX	—	—
Mise en forme par déformation de matière						
À froid	X	—	—	XX	—	X
À chaud	XX	XX	XX	—	X	—
Mise en forme par enlèvement de matière						
Découpage	X	XX	X	—	XX	XX
Usinage	X	XX	—	—	XX	—
Arrangement de matière						
Tissage, tressage	XX	XX	XX	—	X	XX
Utilisation dans les matériaux composites	XX	XX	XX	—	X	XX

XX Très bonne X Bonne — Difficile ou impossible

Exercices

Je teste mes connaissances

1] Identifier les moyens de mise en forme

a) Associez une machine à un outil (plusieurs réponses sont possibles par machine).

Machine		**Outil**
Perceuse	•	• Fraise
Cisaille	•	• Lame coupante
Thermoformeuse	•	• Foret
Poinçonneuse	•	• Poinçon
Fraiseuse	•	• Emporte-pièce
Presse d'emboutissage	•	• Matrice

b) Recopiez et remplissez le tableau suivant en cochant d'une croix la nature du matériau dégagé par l'outil.

Technique / Nature du matériau	Cisaillage	Perçage	Tournage	Poinçonnage	Fraisage	Découpage avec ciseaux	Ponçage	Perforation d'une feuille	Sciage
Chutes									
Copeaux									

2] Reconnaître l'aptitude au façonnage

Repérez dans la liste suivante les techniques de mise en forme des matériaux qui nécessitent l'action de la chaleur.

MOULAGE – THERMOPLIAGE – EMBOUTISSAGE – ESTAMPAGE – THERMOFORMAGE

J'applique mes connaissances

3] Mettre en relation matériau et procédé de réalisation

Précisez par quel façonnage la plaque de matière plastique a été transformée.

Plaque brute					
Plaque façonnée	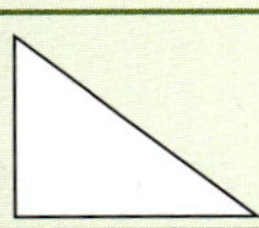	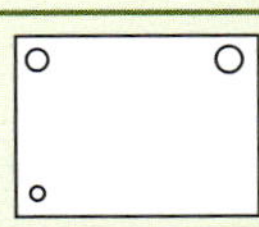	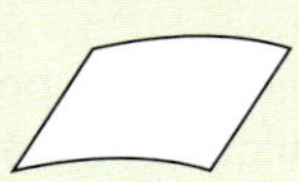	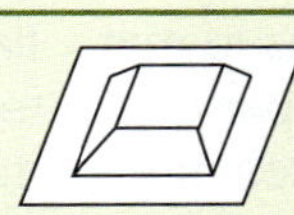	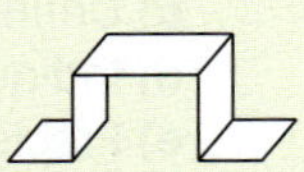
Nom du façonnage	------------	------------ ou ------------	------------	------------	------------

4] Expliquer le façonnage des matériaux composites

À partir de cette structure de surf des neiges illustrée par une coupe simplifiée et un descriptif :

a) Justifiez l'appellation de matériau composite et de structure sandwich.

b) Complétez la nomenclature.

Ce surf est formé de plusieurs couches de matériaux :
- un matériau composite réalisé par un tissu en **fibre de verre** imprégné d'une **résine époxy** chargée en poudre de carbone, qui entoure le noyau ;
- une structure interne (âme ou **noyau**) constituée par des lamelles de bois ;
- un revêtement protecteur extérieur en polymère ;
- une **semelle en polyéthylène**, renforcée par des **carres** métalliques (acier inox) sur les côtés.

1	
2	
3	
4	
5	

5] Indiquer les aptitudes au façonnage

a) Proposez une famille de matériaux et un façonnage pour les équipements de ce parapentiste.

b) Associez un matériau à des façonnages possibles.

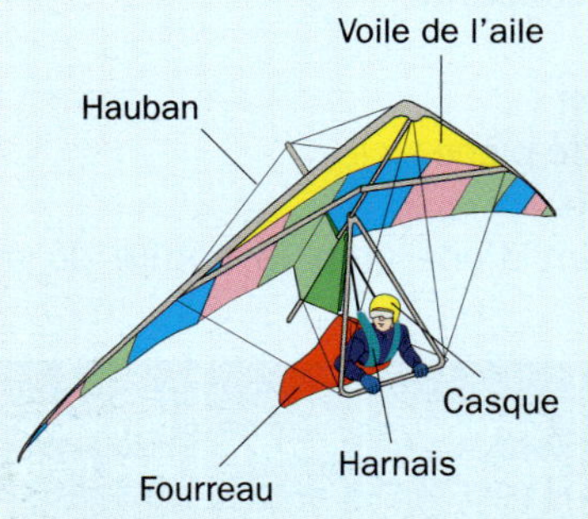

Équipement du parapentiste	Famille de matériaux	Façonnage
Casque		
Harnais		
Sangles d'attache du casque		
Voile de l'aile		
Hauban		
Fourreau		

Matériaux		Façonnages	
A	Bloc de bois	1	Sciage
B	Feuille de matière plastique	2	Perçage
C	Plaque de verre	3	Cisaillage
D	Bloc de cuivre	4	Découpage
E	Feuille de cuivre	5	Formage par déformation à froid
F	Cylindre de matière plastique	6	Formage par déformation à chaud

J'utilise l'ordinateur

6] Rechercher des informations sur Internet

Répondez au questionnaire suivant, en vous connectant sur le site PSA-Peugeot-Citroen (www.psa-peugeot-citroen.com). (chemin : Production/Visite virtuelle d'une usine automobile/Emboutissage)

a) Notez le nom des trois étapes de l'emboutissage.

b) Notez le nom du matériau utilisé pour réaliser l'élément de carrosserie.

c) Définissez le mot « flan ».

d) Indiquez par quelle technique sont produits les flans.

e) Précisez les moyens techniques utilisés pour transporter les flans d'une presse à une autre.

f) Déterminez la fonction du serre-flan.

g) En visitant l'étape suivante, le ferrage, retrouvez le nom de l'élément embouti pris comme exemple dans l'étape d'emboutissage.

h) Relevez les autres éléments de la caisse automobile façonnés par la même technique.

Chapitre 6

Les énergies motrices

CE QUE VOUS ALLEZ APPRENDRE À FAIRE

- Identifier l'énergie utilisée dans le fonctionnement de l'objet technique.
- Identifier les éléments de stockage, distribution, transformation de l'énergie.
- Indiquer le caractère plus ou moins polluant d'une énergie.

Interroger une situation technologique

1] Donnez pour chaque véhicule de cette situation l'énergie utilisée.

2] Indiquez l'énergie la moins polluante pour l'environnement.

3] Déterminez de quoi dépend l'autonomie du cycliste et du motocycliste (c'est-à-dire la distance qu'ils peuvent parcourir sans s'arrêter).

Jeux olympiques d'Athènes, 16 août 2004: entraînement du coureur américain Jennis Reed.

Identifier des problèmes technologiques

- Quels sont les éléments d'un véhicule qui favorisent son autonomie?
- Comment peut-on augmenter l'autonomie d'un véhicule à moteur?
- Comment limiter les rejets produits par les véhicules pour ne pas nuire à l'environnement?

▶1 La chaîne d'énergie d'un véhicule

Un véhicule se déplace grâce à un moteur qui transforme une énergie en mouvement. Quels sont les différents éléments qui forment la chaîne énergétique d'un véhicule?

DOC 1 Les fonctions techniques de la chaîne d'énergie d'un vélomoteur

▸**[1] Fonction alimentation et stockage de l'énergie.** L'essence est l'énergie utilisée. Elle est stockée dans le réservoir du véhicule.

▸**[2] Fonction commande et distribution de l'énergie.** Pour réguler sa vitesse, le motocycliste, grâce à la poignée d'accélérateur du guidon, commande le **carburateur**. Cet élément distribue le mélange air/essence au moteur.

▸**[3] Fonction transformation de l'énergie.** Le moteur transforme l'énergie fournie par l'essence en énergie motrice, c'est-à-dire en mouvement.

▸**[4] Fonction transmission du mouvement moteur.** L'**embrayage** automatique et la chaîne assurent la transmission du mouvement de rotation du moteur à la roue arrière.

DOC 2 La motorisation d'une trottinette électrique

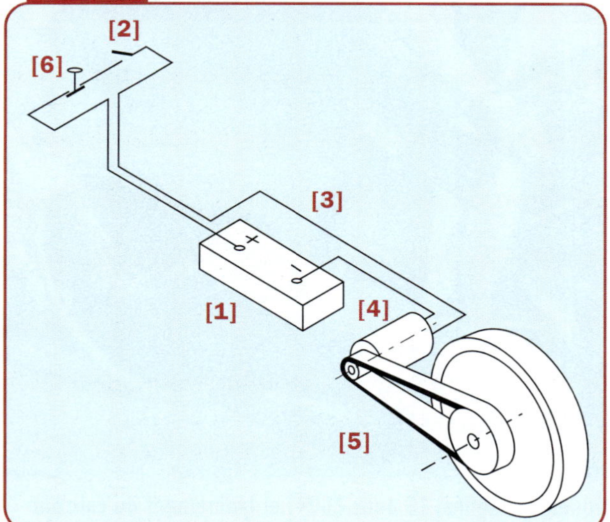

Schéma du circuit d'énergie d'une trottinette.

La chaîne énergétique d'une trottinette électrique comprend :

▸**[1]** une **batterie** qui stocke l'énergie électrique ;

▸**[2]** un **interrupteur** qui commande le moteur ;

▸**[3]** des **fils électriques** qui conduisent et distribuent le courant électrique aux différents éléments ;

▸**[4]** un **moteur** qui transforme l'énergie électrique en énergie motrice (mouvement) ;

▸**[5]** un système de **poulies** et de **courroie** qui transmet le mouvement du moteur à la roue arrière ;

▸**[6]** un coupe-circuit qui ouvre le circuit électrique et coupe le moteur lorsque le conducteur commande le frein.

Carburateur
Élément qui assure le mélange du carburant à l'air dans un moteur thermique.

Embrayage
Élément mécanique assurant la liaison entre le moteur et les organes de transmission sans qu'on doive arrêter le moteur.

Poulies-courroie
Système de transmission d'un mouvement de rotation entre deux axes par une courroie reliant deux poulies.

▸ L'évolution technique
L'autonomie des avions européens

« Toujours plus loin, toujours plus rapidement »: telle semble être la devise de tous les constructeurs aériens. Ces performances sont obtenues grâce à une recherche continue menée dans deux domaines:
- celui des matériaux pour rendre l'avion plus léger;
- celui des moteurs à réaction pour limiter leur consommation.

Ceci permet, avec un volume de carburant identique, de parcourir plus de kilomètres.

Le rayon d'action des Airbus

Modèle	Année	Places assises	Rayon d'action
Airbus 300	1972	266/360	7 500 km
Airbus 310	1985	160/280	9 400 km
Airbus 320	1988	130/180	5 000 km
Airbus 330	1993	310/440	11 800 km
Airbus 340	1993	230/440	13 500 km
Airbus 380	2005	480/800	≃ 15 000 km

D'après Globe-Trotters magazine,
http://www.abm.fr/avion/gvappareil.html

DOC 3 La chaîne d'énergie d'un bateau

Un voilier et sa dérive.

Un bateau à voile se déplace grâce à l'énergie fournie par le vent. L'orientation des voiles au vent constitue la fonction commande de la chaîne énergétique.
Les voiles transforment l'énergie du vent en énergie motrice.
Le mât et la dérive située sous la coque transmettent cette énergie à l'ensemble du navire pour le faire avancer.

DOC 4 La chaîne d'énergie d'un vélo

Les pédales, les **plateaux**, la chaîne et les **pignons** assurent les fonctions transmission et adaptation de l'énergie motrice fournie par le cycliste à la roue arrière.

Pignon et plateau
Roues munies de dents qui assurent la transmission d'un mouvement grâce à une chaîne.

questionnement

1] Repérez les quatre fonctions techniques présentes dans la chaîne d'énergie du vélomoteur. (Doc. 1)

2] Retrouvez les éléments de la trottinette électrique qui composent les quatre mêmes fonctions techniques que dans la chaîne d'énergie du vélomoteur. (Doc. 1 et 2)

3] Déterminez les fonctions techniques présentes dans la chaîne d'énergie d'un bateau à voile et les éléments qui les composent. (Doc. 3)

4] Indiquez les fonctions techniques de la chaîne d'énergie présentes sur le vélo. (Doc. 4)

5] Relevez la différence de rayon d'action entre les Airbus 320 et 340. Indiquez sur quelle fonction technique de la chaîne d'énergie portent les efforts pour augmenter l'autonomie des avions. (Encadré)

6] Outre le rayon d'action, relevez l'autre performance technique qui est améliorée entre les Airbus 340 et 380. (Encadré)

» Annexes 4, 6, 7, pages 136, 138-139

▶2 L'énergie de la combustion : les moteurs thermiques

Pour produire un mouvement, les moteurs thermiques utilisent l'énergie dégagée par la réaction d'un carburant (essence, gazole, gaz…) avec l'oxygène de l'air.
Sur quel principe ce type de moteur fonctionne-t-il ?
Quel est son impact sur l'environnement ?

DOC 1 Un moteur thermique : le moteur à explosion

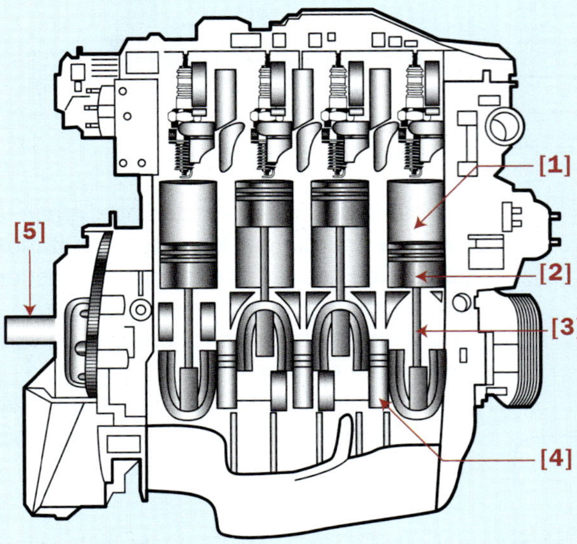

Moteur à explosion quatre temps (vue en coupe).

Dans un moteur à explosion, l'énergie, provenant de l'inflammation (explosion) d'un mélange d'air et d'essence, est transformée par un piston en énergie mécanique.

- Le moteur à explosion est un bloc métallique comportant plusieurs trous appelés cylindres **[1]**.
- Dans les cylindres se déplacent les **pistons** **[2]**. Leur mouvement de va-et-vient, créé par les explosions successives du mélange air et essence, est transformé en mouvement de rotation par l'action de la **bielle** **[3]** sur une **manivelle** **[4]** (le vilebrequin).
- Le vilebrequin communique son mouvement de rotation par un arbre de transmission **[5]** jusqu'aux roues motrices.

Bielle-manivelle

Système mécanique permettant de transformer un mouvement de translation en mouvement de rotation et inversement.

DOC 2 Les rejets d'une combustion

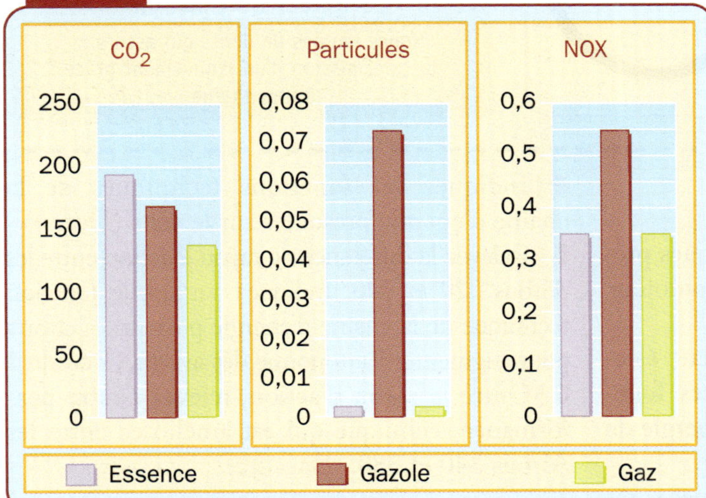

Comparatif des rejets en oxyde de carbone, oxyde d'azote et particules des moteurs à explosion (en gramme par kilomètre parcouru).

La combustion des moteurs thermiques produit différents rejets :

- chaleur ;
- gaz carbonique (CO_2) ;
- oxyde d'azote (NOX) ;
- particules de poussière (plomb, zinc, mercure, nickel…).

Tous ces rejets sont nuisibles à l'environnement et à la santé des êtres vivants.

Gazole

Carburant produit actuellement à partir du pétrole et qui comporte de nombreuses particules nuisibles.

DOC 3 Un élément de la commande d'un moteur à essence

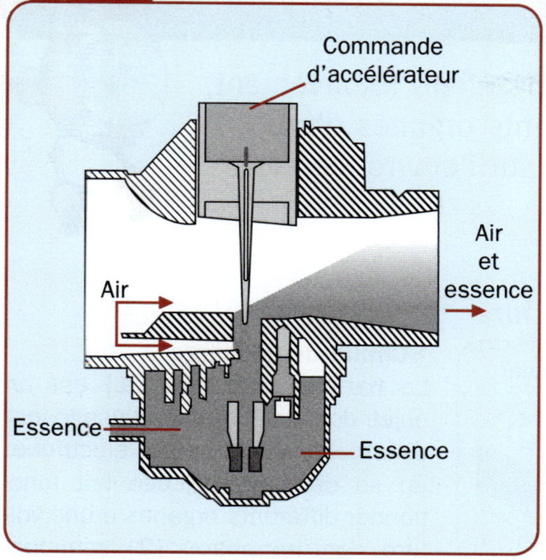

Schéma d'un carburateur (en coupe).

L'accélérateur, manœuvré par l'utilisateur, agit sur le carburateur. Il augmente ou diminue le débit d'air. Plus ou moins alimenté par un mélange d'air et d'essence, le moteur tourne plus ou moins vite.

Carburant renouvelable

Carburant que l'on peut fabriquer à partir d'une source renouvelable (une plante).

▸ L'innovation technique

Deux innovations pour réduire les rejets des moteurs thermiques

▸ Le système « Stop and Start » arrête le moteur thermique d'un véhicule quand il est immobilisé et le fait redémarrer sous la commande du conducteur. Il permet un gain de 8 à 10 % de la consommation de carburant et la suppression des émissions polluantes et du bruit à l'arrêt du véhicule.

▸ La fabrication de **carburant renouvelable** à partir de la transformation de plantes cultivées permet d'obtenir des produits plus purs et donc moins polluants.

Dans la production du SunDiesel, un hectare cultivé donne 4000 litres de gazole.

Logo Stop & Start de la Citroën C3 .

DOC 4 L'embrayage automatique

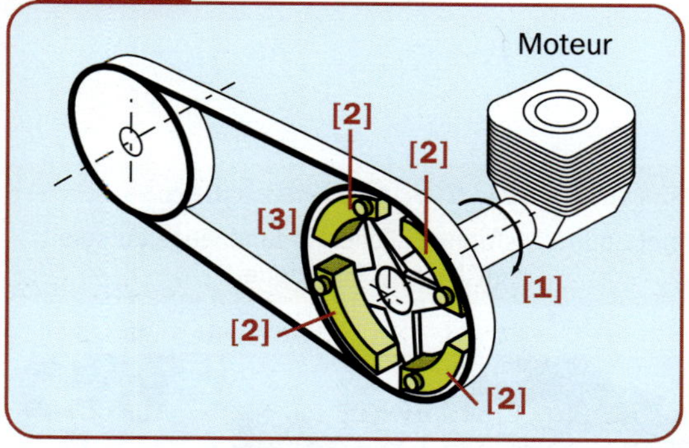

Schéma d'un embrayage.

Un embrayage assure la liaison ou la séparation entre la fonction moteur et la fonction transmission de mouvement aux roues. Ceci permet à un véhicule d'être à l'arrêt, alors que son moteur fonctionne. Dans cet embrayage automatique :
- quand l'arbre moteur **[1]** tourne au ralenti, les masselottes **[2]** n'entraînent pas la poulie **[3]** qui porte la courroie. Le véhicule est à l'arrêt ;
- quand le moteur tourne plus vite, les masselottes sont plaquées par la vitesse de rotation sur la couronne interne de la poulie, qui est alors entraînée et mise en rotation. Le véhicule avance.

Questionnement

1] Indiquez dans quelle partie du moteur est générée l'énergie mécanique et recherchez quels éléments sont transformés. (Doc. 1)

2] Relevez le carburant le plus polluant en particules. (Doc. 2)

3] Déterminez le carburant globalement le moins polluant. (Doc. 2)

4] Indiquez sur quel élément agit le conducteur d'un véhicule pour accélérer ou réduire la vitesse. (Doc. 3)

5] Expliquez pourquoi un véhicule équipé d'un moteur thermique peut être immobile alors que son moteur fonctionne. (Doc. 4)

6] Indiquez deux possibilités de réduire les émissions polluantes des moteurs. (Encadré)

» Annexes 4, 6, 7, pages 136, 138-139

▶3 L'énergie électrique

L'électricité permet de produire différents effets (mouvement, lumière, chaleur). Quels sont les différents organes d'un circuit électrique? Quel est son impact sur l'environnement?

DOC 1 L'alimentation électrique d'une voiture

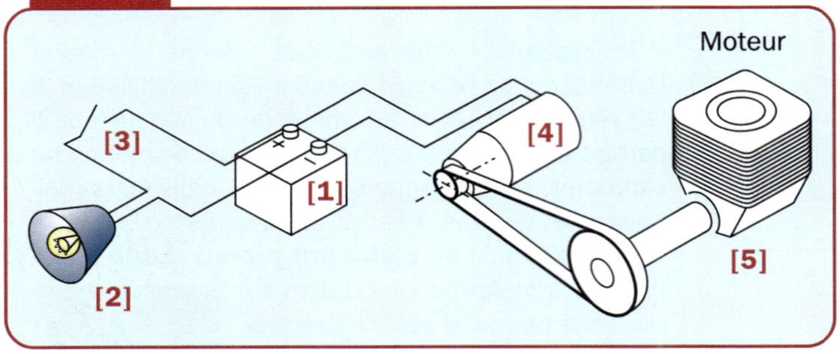

Schéma des circuits de charge et de décharge d'une voiture.

▸ **Circuit de décharge**

La batterie électrique **[1]** est un objet dont la fonction d'usage est de stocker de l'énergie électrique. En se déchargeant, elle fait fonctionner différents organes d'une voiture, dont les phares **[2]**, commandés par un interrupteur **[3]**.

▸ **Circuit de charge**

La batterie est rechargée en courant électrique grâce à un alternateur **[4]** entraîné par l'énergie mécanique du moteur thermique **[5]**.

DOC 2 L'alimentation électrique d'un jouet

Un train électrique, alimenté par des piles.

Les piles électriques produisent de l'énergie électrique par la réaction de produits chimiques entre eux. Quand tous les produits chimiques sont épuisés, elle ne produit plus d'énergie électrique.

Cellules photovoltaïques

Objets qui transforment l'énergie lumineuse du soleil en énergie électrique.

▸ L'innovation technique

Une voiture solaire à moteur électrique

La voiture Nuna II, développée par douze étudiants de l'université de Delft (Hollande) a établi en 2003 un nouveau record. Elle a parcouru les 3010 km de la traversée de l'Australie du sud au nord, en 30 heures et 54 minutes, à une vitesse moyenne de 97 km/h. Ceci, lors de la course organisée chaque année pour promouvoir les véhicules fonctionnant à l'énergie solaire (*World Solar Challenge*).

Les panneaux de **cellules photovoltaïques** rechargent les batteries du véhicule.

Voiture solaire Honda Dream, vainqueur de l'épreuve en 1993.

DOC 3 L'alimentation électrique d'un TGV

Le courant électrique nécessaire au fonctionnement d'un train lui est fourni par un réseau électrique, dont les fils conducteurs **[1]** sont soutenus au-dessus des voies grâce aux caténaires **[2]**. Le pantographe **[3]** assure le contact entre le train et le fil conducteur.

DOC 4 Les moteurs électriques

Les moteurs électriques transforment l'énergie électrique en énergie mécanique. La partie fixe du moteur (stator) met en rotation la partie mobile (rotor) dans laquelle circule un courant électrique. Les moteurs électriques ne rejettent pas de produits nocifs.

- **[1]** Stator : partie fixe (un gros aimant).
- **[2]** Rotor : partie mobile (représentée par un fil).
- **[3]** Collecteur : contacts permettant l'alimentation électrique du rotor.

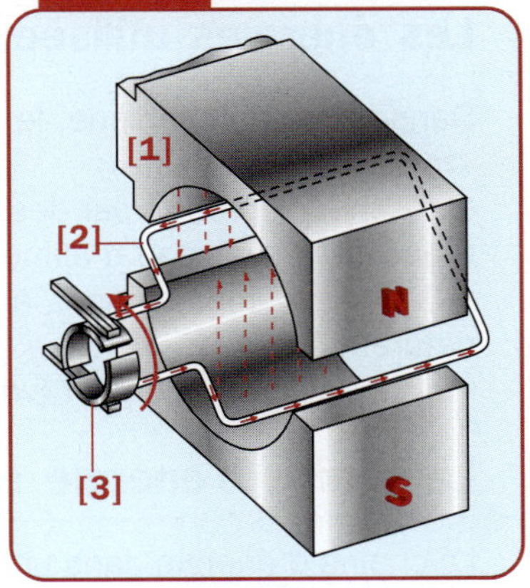

Schéma d'un moteur électrique à aimant permanent.

DOC 5 Le cycle de vie des piles

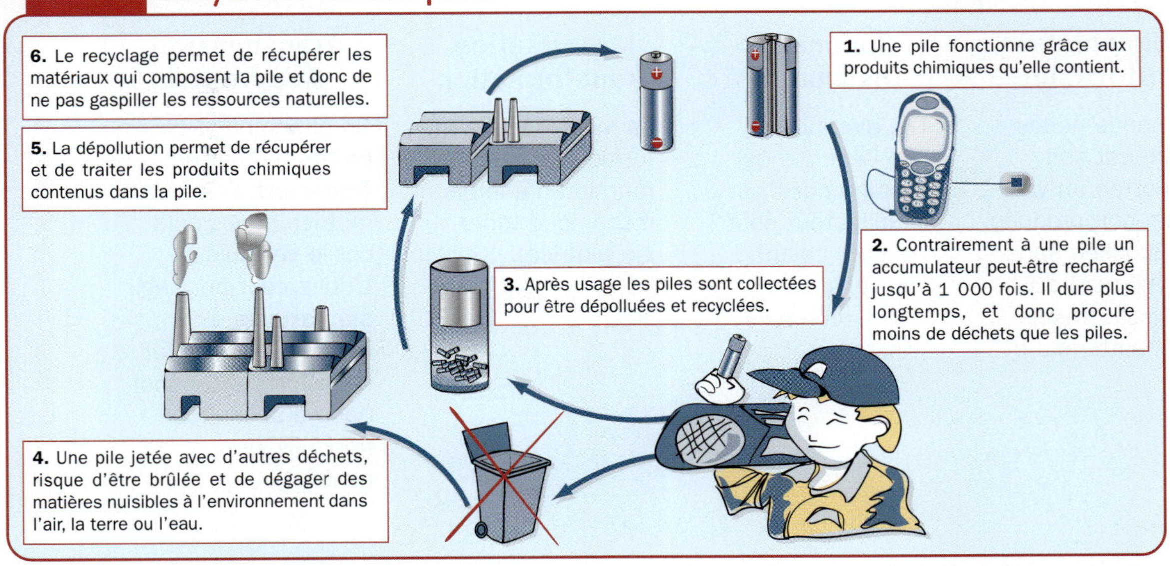

questionnement

1] Indiquez la fonction technique d'un alternateur en précisant l'énergie utilisée. (Doc. 1)

2] Déterminez le principe de fonctionnement d'une pile et indiquez pourquoi elle n'est pas rechargeable. (Doc. 2)

3] Expliquez pourquoi un TGV n'est pas équipé de batteries électriques. (Doc. 3)

4] Indiquez la transformation d'énergie réalisée par ce moteur. (Doc. 4)

5] Comparez les rejets d'un moteur électrique et d'un moteur thermique. (Doc. 4)

6] Expliquez pourquoi les piles peuvent polluer l'environnement. (Doc. 5)

7] Indiquez la nature de l'énergie qui alimente le moteur du véhicule. (Encadré)

» **Annexes 18, 20, pages 150-151**

Le bilan

Les énergies utilisées dans les objets techniques

Dans un objet technique, le type d'énergie utilisé peut être :
- **musculaire** (cycliste) ;
- **électrique** : produit par des piles (calculatrice), stocké dans des batteries (trottinette) ou distribué par un réseau d'alimentation (train électrique) ;
- **thermique** fonctionnant à partir d'un carburant liquide ou gazeux (essence, gazole, gaz naturel...) ;
- **naturel** : comme le vent (voilier) ou le soleil (cellule photovoltaïque).

La chaîne d'énergie dans un objet technique

La chaîne d'énergie dans un objet technique comprend essentiellement quatre fonctions techniques.

1 Alimentation Stockage	2 Commande Distribution	3 Motorisation Transformation	4 Transmission Adaptation
L'énergie nécessaire est soit apportée au véhicule, soit produite ou stockée dans un élément du véhicule (réservoir, batterie...).	La distribution de l'énergie est commandée par l'utilisateur pour réguler l'allure du véhicule (plus ou moins rapide).	Le moteur transforme l'énergie fournie en énergie mécanique (énergie motrice).	Un ensemble d'éléments permet de **transmettre** l'énergie motrice pour déplacer le véhicule. L'utilisateur peut agir sur certains éléments pour adapter les efforts aux conditions d'utilisation (montée, descente...).

Déplacement du véhicule

Les rejets et déchets énergétiques

Toute transformation d'une énergie par un moteur produit une force motrice accompagnée de chaleur et d'autres rejets de matières pouvant polluer l'atmosphère, nuire à l'environnement et à la santé.
Les moteurs à combustion interne sont polluants. Ils rejettent du **gaz carbonique**, des **oxydes d'azote** et des particules solides, dont des **métaux** comme le plomb, le zinc, le mercure, le nickel...
La limitation de la consommation de carburant et l'utilisation d'énergies « propres », non polluantes, sont indispensables pour préserver l'environnement de la Terre et la santé de ses habitants.

Exercices

Je teste mes connaissances

1] Identifier les sources d'énergie

Pour chaque situation sportive, indiquez la source d'énergie utilisée.

a) Cycliste
b) Deltaplane
c) Formule 1
d) Skieur
e) Roller

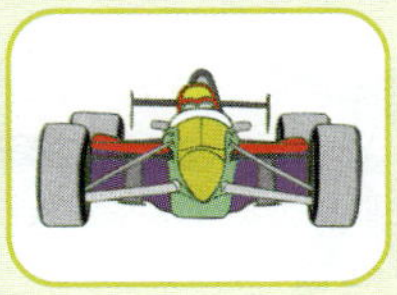

2] Identifier des éléments de la chaîne énergétique

Indiquez pour chaque élément ci-dessous quelle fonction technique d'une chaîne d'énergie il permet d'assurer.

a) une batterie de voiture
b) un réservoir de vélomoteur
c) un interrupteur électrique
d) un embrayage
e) un pédalier de vélo
f) changement de vitesse
g) un moteur électrique
h) une cellule photovoltaïque
i) un moteur thermique
j) un carburateur
k) une pile électrique
l) la voile d'un navire

3] Repérer les énergies propres ou polluantes

a) Repérez le type d'énergie qui permet à chaque véhicule d'assurer sa fonction d'usage.
b) Classez ces véhicules en deux catégories : énergie polluante et énergie propre.

Planeur

Avion

Locomotive

Locomotive électrique

J'applique mes connaissances

4] Identifier les éléments de la chaîne d'énergie d'une voiture électrique

Dans une voiture électrique, l'énergie électrique stockée dans les batteries **[1]** est régulée par un ordinateur **[2]** avant d'être envoyée vers le ou les moteurs électriques de traction **[3]**. Ces derniers sont directement reliés aux roues motrices. Une fiche de raccordement au réseau électrique **[4]** permet le chargement des batteries du véhicule.

a) Déterminez les éléments de la voiture électrique qui assurent : le stockage de l'énergie, la distribution et la commande de l'énergie, la production de l'énergie motrice et sa transmission aux roues.

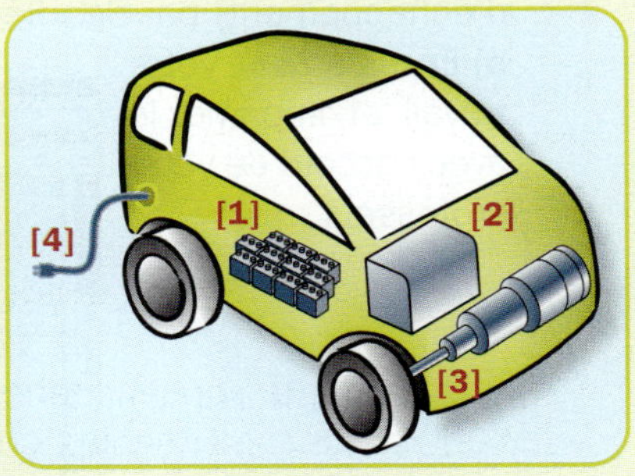

Schéma du circuit énergétique d'une voiture électrique.

b) Indiquez comment les batteries de la voiture sont rechargées.
c) Précisez la nature des rejets du moteur.
d) Déterminez les éléments de la voiture qui peuvent être polluants pour l'environnement.

5] Représenter la chaîne d'énergie d'un éclairage de vélo

L'éclairage d'un vélo permet au cycliste de signaler sa présence, la nuit, aux autres usagers de la route, c'est-à-dire d'être vu par les autres.
a) Indiquez la fonction d'usage de l'éclairage d'un vélo.
b) Dressez la liste des éléments qui composent le circuit électrique du vélo et précisez pour chacun d'eux s'il assure l'alimentation, la transformation de l'énergie en lumière ou sa transmission.
c) Précisez si l'énergie est produite par le véhicule ou stockée.
d) Représentez schématiquement le circuit électrique du vélo pour montrer qu'il représente deux circuits fermés lorsque le feu arrière et le phare avant sont allumés.
e) Déterminez une autre source d'énergie électrique possible pour alimenter ce circuit.

La génératrice [1] alimente le circuit en électricité lorsque le vélo roule.

Une borne du phare [2] est reliée à la génératrice par un fil de connexion. L'autre borne est en contact avec le garde-boue métallique [4].

Une borne du feu arrière [3] est reliée à la génératrice par un fil de connexion.

Les deux garde-boue [4] et le cadre métallique [5] constituent la masse métallique et assurent la fermeture du circuit.

J'utilise l'ordinateur

6] Repérer les différents éléments de la chaîne d'énergie d'un cyclomoteur

a) Ouvrez le fichier « Énergie vélomoteur ».
b) Séparez chaque élément.
c) En vous reportant aux documents du chapitre et au bilan, repérez la fonction technique assurée par chaque élément et notez-la sous chacun grâce à la fonction texte du logiciel.
d) Indiquez sur chaque élément les entrées et les sorties (air, essence, air et essence, gaz d'échappement) par des flèches comme pour l'exemple ci-dessous.
e) Enregistrez votre travail et imprimez-le avec l'accord de votre professeur.

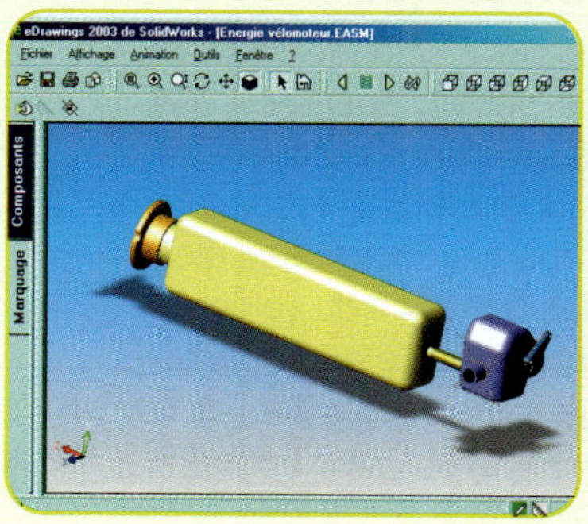

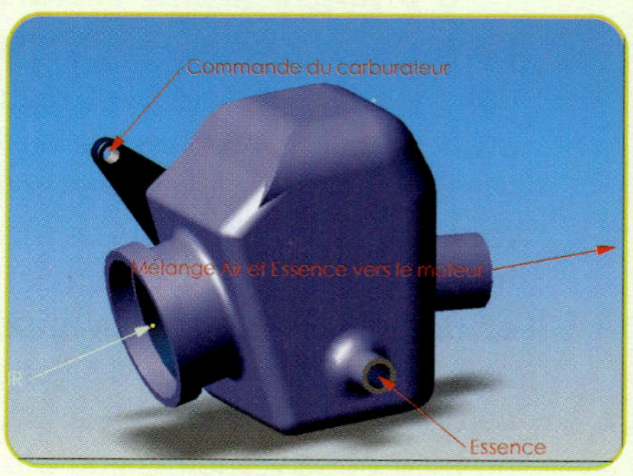

Chapitre 7

L'évolution des objets techniques

CE QUE VOUS ALLEZ APPRENDRE À FAIRE

- Classer chronologiquement des objets ayant la même fonction d'usage.
- Identifier les principes techniques liés à l'évolution des objets.
- Situer dans le temps des inventions.

Interroger une situation technologique

1] Indiquez combien de temps s'est écoulé entre les vols de ces deux avions.

2] Précisez si ces objets ont la même fonction d'usage.

3] Repérez des matériaux présents dans l'avion de Clément Ader et qui ne sont plus utilisés dans l'Airbus A 380.

4] Déterminez le type de propulsion de ces deux avions.

Avion N3 (dit la Chauve-souris), Clément Ader (1897).

Airbus A 380 (2005).

Identifier des problèmes technologiques

- Comment décrire l'évolution des objets dans le temps ?
- Comment comprendre l'évolution des principes techniques au cours de l'histoire ?
- Comment situer dans le temps les inventions au regard des autres événements historiques ?

▶1 Les familles d'objets

Pour répondre à une même fonction d'usage, de nombreux objets techniques existent ou ont existé au cours de l'histoire. Comment montrer leur évolution ?

DOC 1 Ressemblances et différences

Ces embarcations légères n'ont pas le même usage, certaines sont destinées à la pêche, d'autres aux loisirs de plaisance.

DOC 2 Deux familles de jouets à roulettes

Patinette.

Chenille.

Poussette.

Tricycle.

Planche à roulettes.

Camion.

Patin à roulettes.

Une **famille d'objets** regroupe des objets qui ont la même fonction d'usage.

▶ Un outil informatique

Les recherches historiques sur Internet

La recherche de ressources dans le domaine des transports sur Internet permet de visualiser les différents modèles existants (air, terre, eau). De nombreux musées notamment ont un site Internet qui donne l'occasion de découvrir les collections, les expositions, les visites, les animations qu'ils proposent.

Musée de l'aviation du Canada : page d'accueil.

DOC 3 Une histoire de famille

MS 880, dit « Le rallye ».

Douglas DWC New Orleans.

Falcon 50.

Trois modèles d'avions de faible capacité (3 à 10 places).

DOC 4 Chronologie de l'évolution des vélocipèdes

Bicyclette.

Bicyclette de Lawson.

Tandem.

Grand-Bi.

Vélocipède

(littéralement : pieds rapides) Historiquement, ce terme désignait les premières bicyclettes.

questionnement

1] Distinguez les embarcations destinées à la pêche de celles utilisées pour les loisirs. (Doc. 1)

2] Déterminez combien de familles d'objets sont représentées par les exemples donnés et reconstituez-les. (Doc. 2)

3] Formulez de manière précise la fonction d'usage de chaque famille. (Doc. 2)

4] Donnez pour chaque famille un autre exemple d'objet pouvant en faire partie. (Doc. 2)

5] Indiquez l'avion le plus ancien et celui qui est le plus récent. (Doc. 3)

6] Relevez ce qui permet de les différencier. (Doc. 3)

7] Classez chronologiquement ces objets techniques, du plus ancien au plus récent. (Doc. 4)

8] Indiquez les grands changements de la bicyclette (cadre, roues, transmission). (Doc. 4)

9] La page d'accueil de certains musées offre plusieurs possibilités aux visiteurs ; citez les services qu'offre le musée du Canada. (Encadré)

» Annexes 1, 6, 7, pages 132, 138, 139

▶2 L'évolution des principes techniques

Les objets techniques évoluent dans le temps ; cette évolution s'accompagne fréquemment de changements de principes techniques. À quoi sont dues ces évolutions ? Comment décrire ces principes ?

DOC 1 Les principes de fonctionnement des transports urbains

Bus.

Tramway.

Trolleybus.

Les principes de fonctionnement de ces trois modèles se distinguent par leurs fonctions de guidage et de motorisation.

DOC 2 Les principes de transmission de mouvement d'un vélocipède

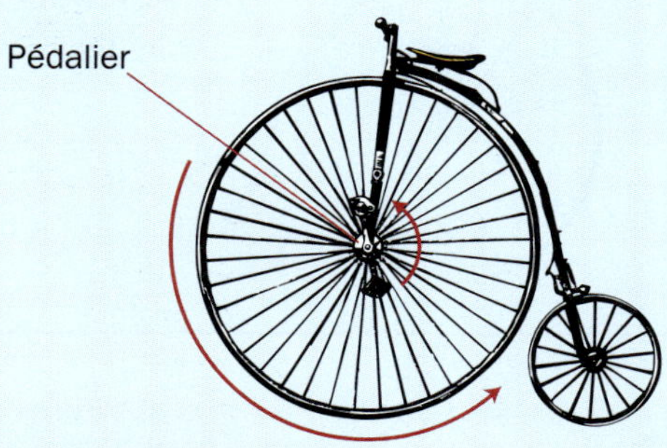

Grand-Bi de Rudge.

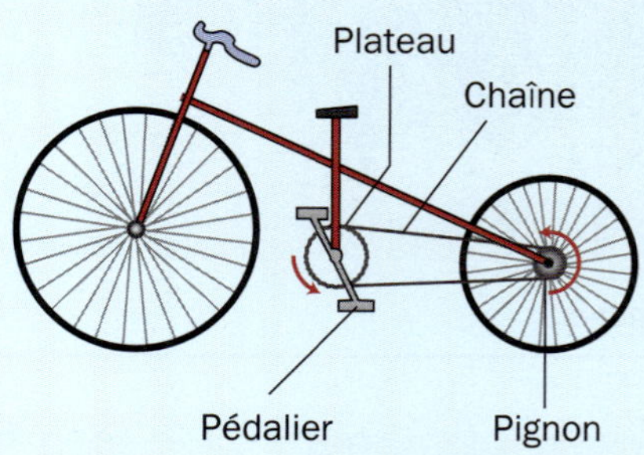

Bicyclette de Lawson.

Deux **principes techniques** assurent la même **fonction technique** de transmission de l'énergie fournie par le cycliste qui pédale à la roue motrice.

▸ **Le Grand-Bi de Rudge (1871)**

Le grand diamètre de la roue avant motrice permet de vaincre plus facilement les irrégularités de la route et de gagner de la vitesse. Le Grand-Bi est rapide et léger mais instable.
Un tour de pédale permet de faire avancer la bicyclette d'un tour de roue avant.

▸ **La bicyclette de Lawson (1879)**

Le plateau, la chaîne et le pignon arrière permettent de multiplier le nombre de tours de la roue motrice par rapport au nombre de tours du pédalier.
Un tour de pédale permet de faire avancer la bicyclette de plusieurs tours de roue arrière.

Principe technique et de fonctionnement

Il désigne la loi ou l'idée (scientifique ou technique) mise en œuvre dans la conception et le fonctionnement général ou d'une partie d'un objet technique.

Fonction technique

Pour satisfaire une fonction d'usage, un produit doit respecter un ensemble de contraintes techniques appelées fonctions techniques.

DOC 3 Deux utilisations de la voile en Chine au XIXe siècle

À travers les âges, les tentatives d'exploiter l'énergie du vent ont été nombreuses. La Chine construisait encore au XIXe siècle des voitures à voile guidées par des rails.

DOC 4 Les premiers essais de bateaux à moteur

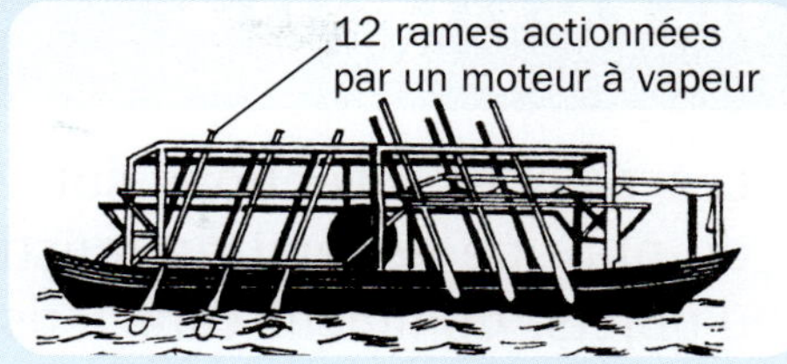

Bateau de Fitch à propulsion par rames (1787).

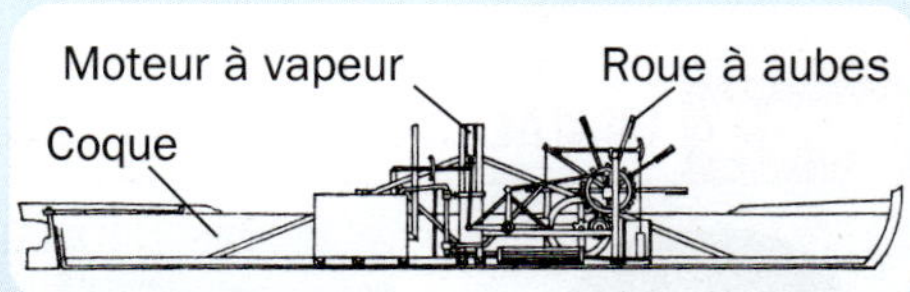

Bateau de Fulton à propulsion par aubes (1799).

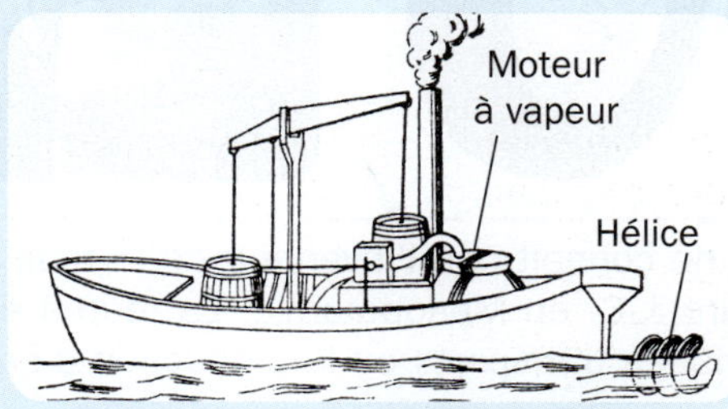

Bateau de Fitch à propulsion par hélice (1796-97).

L'adaptation d'un moteur à vapeur sur les bateaux posait le problème du principe de propulsion à adopter. Le premier principe retenu est l'adaptation d'une solution manuelle : la rame ; suivent la roue à aubes (déjà connue pour d'autres applications) puis l'hélice.

DOC 5 Capsule Apollo et navette spatiale

La capsule tombe sur Terre par l'action de la gravité. Elle est freinée à l'arrivée par un parachute.
La navette spatiale plane pour traverser l'atmosphère terrestre depuis l'espace et atterrir.

questionnement

1] Énumérez pour chaque mode de transport les principes techniques retenus pour assurer les fonctions techniques « guidage » et « alimentation en énergie ». (Doc. 1)

2] Indiquez, en justifiant votre réponse, le principe technique le plus utilisé aujourd'hui. (Doc. 1)

3] Comparez ces deux vélocipèdes et relevez les principales différences. (Doc. 2)

4] Indiquez dans chaque cas comment le mouvement de rotation est transmis à la roue motrice. (Doc. 2)

5] Recherchez pourquoi le principe du Grand-Bi a été abandonné. (Doc. 2)

6] Précisez si la grande roue à l'avant du vélo de Lawson a une influence sur la transmission de mouvement. (Doc. 2)

7] Décrivez le principe de fonctionnement de chaque objet par un texte ou un schéma. (Doc. 3)

8] Trouvez une ou deux raisons qui expliquent que ce principe a été abandonné. (Doc. 3)

9] Décrivez les principes de fonctionnement de ces bateaux à moteur et précisez celui retenu de nos jours. (Doc. 4)

10] Indiquez sur quel principe technique fonctionne la navette spatiale lors de son retour sur terre. (Doc. 5)

» Annexes 1, 6, 7, pages 132, 138, 139

▶3 Le classement par principe technique : les grandes inventions

Les grandes inventions sont marquées par des changements de principe général de fonctionnement dans une famille d'objets. Comment caractériser une invention ? Comment la situer dans le temps ?

DOC 1 La découverte de la roue

On ne connaît pas l'inventeur de la roue dont on trouve les premières représentations vers 3 200 avant J.-C. en Mésopotamie. La roue a été le facteur déterminant de tous les progrès techniques dans les transports ou la production d'énergie.

DOC 2 Deux inventions majeures du début de la Renaissance

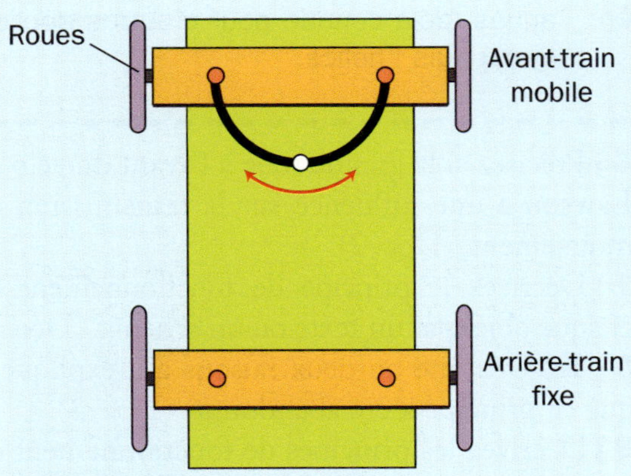

Charrette à train mobile (vue de dessous).

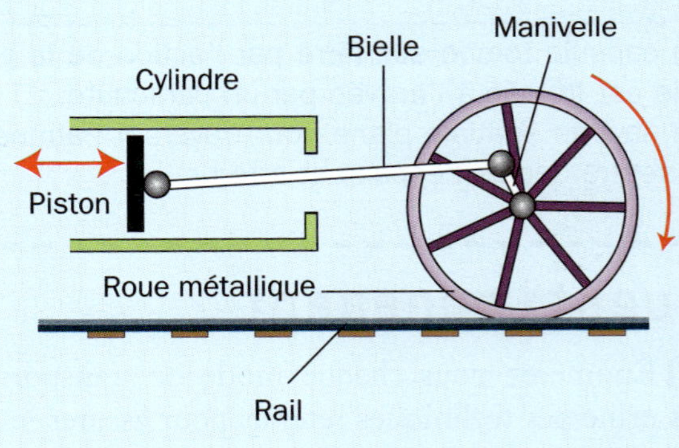

Locomotive à vapeur.

De nombreuses inventions de la Renaissance sont encore indispensables aux véhicules modernes :
- l'**avant-train mobile** permet aux charrettes de manœuvrer aisément (XVe siècle) ;
- le **système bielle manivelle** transforme un mouvement de translation en mouvement de rotation et vice-versa (XIVe siècle). Beaucoup plus tard, sur les premières locomotives à vapeur, la manivelle entraîne la roue.

▸ Une innovation en matière de services

La première ligne de chemin de fer

Le chemin de fer moderne associe du matériel roulant (locomotive et wagons) à des installations (rails, gares, signalisation) pour faire fonctionner un service de transport collectif proposant des trajets à des horaires précis. Cet ensemble de moyens fut mis en œuvre en 1830 par Stephenson pour l'ouverture de la première vraie ligne de chemin de fer Liverpool-Manchester en Angleterre.

Gare de Newton : ligne de Liverpool.

DOC 3 La machine à vapeur remplace l'animal et les roues hydrauliques

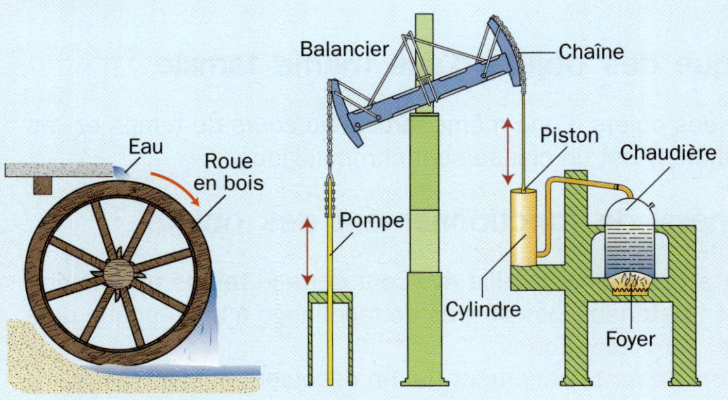

Roue hydraulique. Machine à vapeur.

La roue hydraulique, connue depuis l'Antiquité, s'est développée à la fin du Moyen Âge le long des cours d'eau. James Watt, après de nombreuses années de recherches pour améliorer une machine existante, dépose en 1769 un **brevet** pour « un nouveau procédé de diminution de la consommation des machines à feu en vapeur et en combustible » qui marque le début de la machine à vapeur. La machine à vapeur a l'avantage de pouvoir fonctionner partout sans la proximité d'une rivière.

DOC 4 Voiture hippomobile et voiture automobile

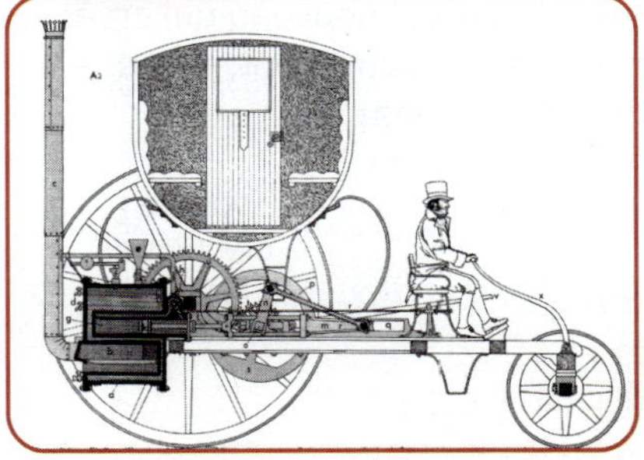

La traction animale, avec un cheval, est restée longtemps le seul moyen de se déplacer en voiture.
Trevithick a beaucoup travaillé à réduire le poids et les dimensions de la machine à vapeur de Watt afin de l'installer sur une voiture en 1801. Il participait ainsi à l'invention de l'automobile.

Brevet
Titre garantissant la propriété d'une invention à son auteur.

questionnement

1] Citez au moins cinq types de véhicules utilisant la roue. Indiquez en quoi elle constitue une grande invention. (Doc. 1)

2] Indiquez la fonction technique que permettent d'assurer ces deux inventions. (Doc. 2)

3] Énoncez, à partir des deux dessins, les principes techniques utilisés. (Doc. 3)

4] Expliquez pourquoi la machine à vapeur a l'avantage de pouvoir fonctionner partout sans la proximité d'une rivière. (Doc. 3)

5] Indiquez l'élément qui marque le passage de la voiture hippomobile à l'automobile. (Doc. 4)

6] Déterminez le principal problème technologique résolu par Trevithick. (Doc. 4)

7] Dressez la liste des conditions qu'a réunies Stephenson pour créer ce service de transport collectif en 1830 en Angleterre. (Encadré)

» Annexes 1, 6, 7, pages 132, 138, 139

Le bilan

Les familles d'objets

L'ensemble des objets techniques répondant à une même **fonction d'usage** forme une **famille d'objets** (les bateaux à moteur, les voiliers, les trains électriques, les tapis roulants, les avions à réaction...).

Le classement chronologique des objets d'une même famille

Il est possible de suivre l'évolution des objets d'une même famille au cours du temps en les classant selon leur date de fabrication. C'est un classement chronologique.

L'évolution du principe général de fonctionnement des objets

Les objets techniques appartenant à une même famille évoluent dans le temps en fonction des **moyens techniques** disponibles (matériaux, possibilités de façonnage à une époque donnée) et des **découvertes techniques ou scientifiques**.
Les changements de **principe général de fonctionnement** qui en découlent peuvent conduire à des **inventions techniques** (le train, l'automobile, l'avion...). L'utilisation d'un moteur à vapeur sur une voiture hippomobile permet par exemple l'invention de l'automobile.

Les inventions techniques

Une invention est la découverte, la conception ou la mise au point d'un objet nouveau qui crée un **usage nouveau ou différent** pour satisfaire un besoin ou le satisfaire autrement. Le véhicule mis au point par Clément Ader, en 1897, marque l'invention des avions.

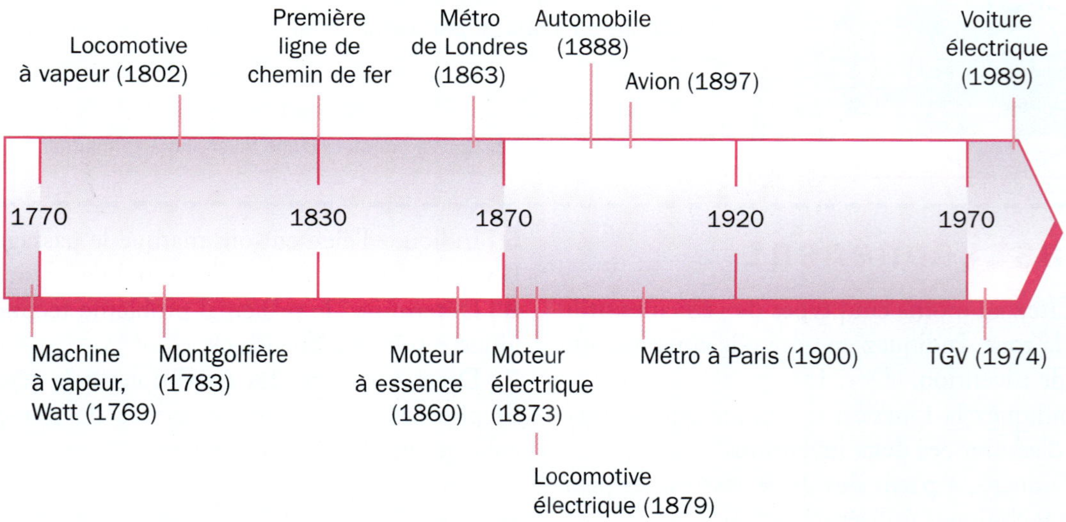

Exercices

Je teste mes connaissances

1] Regrouper des objets d'une même famille

a) Classez les objets techniques de la liste suivante en deux grandes familles : moyens de transport individuels et collectifs.

b) À partir de leur fonction d'usage, ces deux familles peuvent être encore sous-divisées ; trouvez des exemples.

Planeur	Taxi	Cyclomoteur	Avion à réaction	Autobus	Bateau à moteur
Scooter	VTT	TGV	Pédalo	Patin à roulettes	Sous-marin

2] Classer chronologiquement des objets

a) Attribuez à chaque locomotive la date de sa mise en service (1844, 1909, 1953, 1990) et classez-les chronologiquement.

Locomotive à vapeur 4546 PO.

Locomotive à vapeur « la Saint Pierre ».

Locomotive électrique BB 9004.

Locomotive TVG.

b) Indiquez les évolutions techniques ou esthétiques qui vous permettent d'effectuer ce classement.

3] Identifier des principes techniques

Cinq objets pour gravir de fortes pentes	
Objet	**Description**
Funiculaire	Il roule sur des rails et est tiré par un câble.
Télésiège	Il est porté et tiré par un câble.
Téléphérique	Il est porté par un câble et tiré par un autre câble.
Téléski	Le skieur étant debout, il est tiré par un câble.
Train à crémaillère	Il roule sur des rails et est tracté par un moteur à crémaillère.

a) Indiquez la fonction d'usage de ces cinq modes de déplacement.

b) Indiquez pour chacun le principe technique mis en œuvre pour réaliser la portance (maintien) et celui pour réaliser la propulsion.

Fonctions techniques	Principes mis en œuvre
Maintien (portance)	Câble porteur ou contact avec le sol (ski ou roues)
Propulsion	Moteur et câble ou Moteur et crémaillère

c) Regroupez les cinq objets en trois groupes ayant les mêmes principes techniques.

J'applique mes connaissances

4] Situer dans le temps des objets en fonction d'inventions

a) Identifiez les principes techniques de propulsion des différentes voitures.
b) Regroupez les objets selon leur principe de propulsion.

Voiture de Cugnot 1762 (Moteur à la vapeur)	Voiture vers 1950 (moteur à essence)
Voiture actuelle (moteur à Gazole)	Voiture électrique actuelle

c) Indiquez pour chaque voiture, dans un tableau, les inventions liées à son évolution.

Inventions : Moteur à explosion de Lenoir (1860), Pile électrique Daniel (1836), Moteur Diesel (1898), Moteur électrique Fontaine (1873), Matière plastique bakélite (1907), Roulement à billes Suriray (1869), Lampe à incandescence Edison (1878), Dynamo électrique Gramme (1869).

5] Comparer des moyens de déplacement

a) Après avoir comparé ces deux images, dressez la liste des véhicules présents.
b) Indiquez les changements constatés.
c) Expliquez cette évolution en vous aidant de l'annexe 1.

Rue de Grenoble, vers 1950.

Rue de Paris, 2001.

J'utilise l'ordinateur

6] Suivre l'évolution chronologique du tramway

Vous devez retracer l'histoire du tramway situé dans la grande ville la plus proche de votre collège.

a) Connectez-vous au site du musée des Transports urbains, rubrique Dossiers :
http://www.amtuir.org/dossiers/index.htm.
Consultez suivant la situation géographique de votre collège :
- « Tramways français » ;
- « Tramways parisiens » ;
- « Tramways européens ».

b) Relevez les dates les plus marquantes et les systèmes mis en service pour les différentes installations de votre région.

Étapes période historique	Date	Systèmes (voies, réseau électrique, matériel roulant...)
Avant le tramway		
Construction du tramway		
Évolution		

c) Consultez la partie « Renouveau du tramway en France » pour la période contemporaine.
- Si des tramways sont mis en service dans la grande ville la plus proche de votre collège, complétez le tableau.
- Si les tramways ont disparu, indiquez par quel type de transport urbain ils ont été remplacés.

Étapes période contemporaine	Date	Systèmes (voies, réseau électrique, matériel roulant...)

Chapitre 8

Les représentations

CE QUE VOUS ALLEZ APPRENDRE À FAIRE

- Décoder un plan de montage, un schéma, un dessin en vue éclatée et la nomenclature associée.
- Identifier et repérer les éléments qui composent un objet.

Interroger une situation technologique

1] Précisez le nombre de représentations différentes présentes sur ces documents.

2] Dites quels sont les outils qui ont pu être utilisés pour les réaliser.

3] Recherchez le nom des métiers des personnes qui les ont faites.

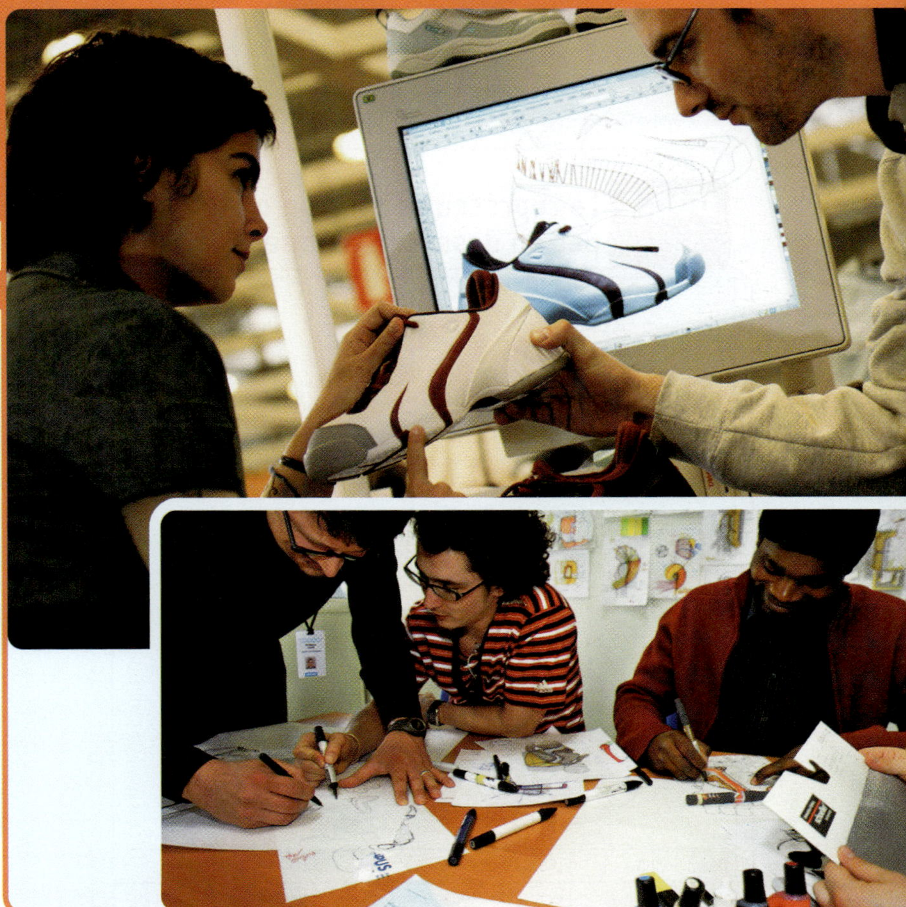

Centre de recherche et développement et studio de création.

▸ Identifier des problèmes technologiques

- Comment représenter un objet en tout ou en partie pour : le concevoir, expliquer son fonctionnement, le fabriquer, l'assembler, le vendre ?
- Quels outils de représentation utiliser ?
- Quels codes faut-il connaître ?

▶1 Des représentations pour identifier un objet

Pour présenter un objet ou les éléments qui le composent, on peut avoir recours à des documents : ce sont des représentations. Comment réaliser une représentation ? Avec quels outils ?

DOC 1 L'utilisation de la photographie

Cet objet est présenté dans le catalogue d'une chaîne de magasins de sports : tel que le consommateur le trouvera en rayon, et tel qu'il pourra l'utiliser.

Perspective
Dessin représentant une forme en volume. Elle donne un aspect réaliste des objets.

Axe
Dans un dessin, ligne imaginaire autour de laquelle des éléments peuvent tourner.

DOC 2 La représentation d'un objet par un dessin en perspective éclatée

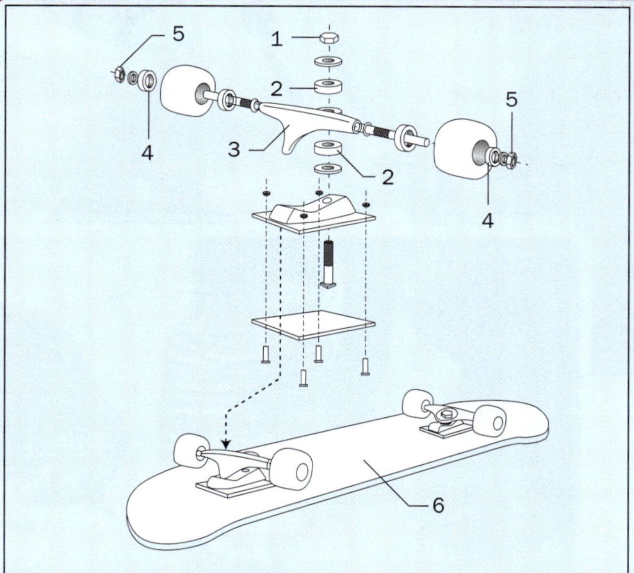

Nomenclature

Repère	Nombre	Désignation	Matière
6	1	planche	bois
5	4	écrou de blocage des roues	acier
4	8	roulement à billes	acier
3	2	essieu	aluminium
2	4	coussin amortisseur	plastique
1	2	écrou de fixation de l'essieu	acier

Cartouche

Échelle :	SKATE Junior 12	Dessinateur :
A4		Date : 20 mars

Repère
Numéro qui sert à désigner un élément sur un dessin et qui renvoie à la nomenclature.

Cartouche
Tableau rassemblant toutes les informations nécessaires à l'identification d'un dessin (nom, date, échelle…).

Ce dessin d'ensemble permet de repérer les différents éléments de l'objet, dessinés séparément en **perspective**. Ils sont reliés par des traits d'**axes** communs qui indiquent leur position les uns par rapport aux autres. Des **repères** et un tableau de **nomenclature**, qui précise le nom et le matériau de la pièce, complètent le dessin. Un **cartouche** permet d'identifier et d'utiliser ce document.

DOC 3 La représentation par un dessin de style

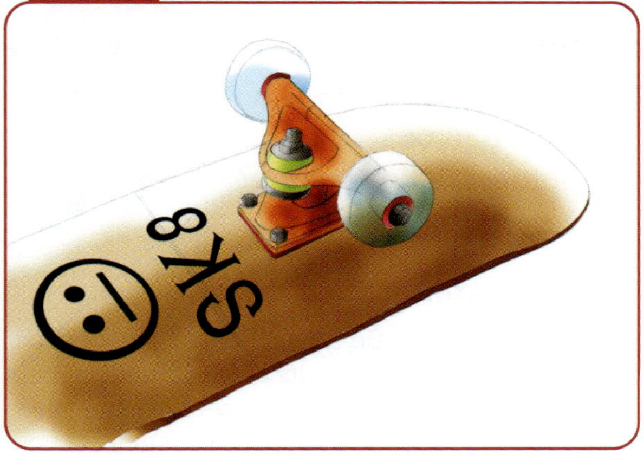

Ce dessin est appelé *rough*, il met en évidence le style de l'objet : formes, couleurs, graphismes, rendu des matériaux. Il est réalisé lors de la **conception** de l'objet.

Conception
Étape antérieure à la fabrication qui consiste à rechercher et proposer des solutions pour le futur produit.

DOC 4 L'outil informatique

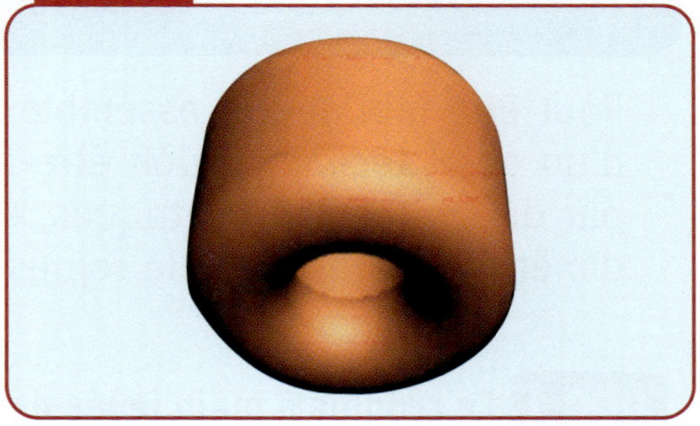

Maquette numérique d'une roue.

Ce dessin est réalisé par ordinateur, à l'aide d'un logiciel de **CAO**. Il permet de définir très précisément une pièce. La maquette numérique ainsi réalisée peut être utilisée pour commander une machine de fabrication.

CAO
Conception **A**ssistée par **O**rdinateur : nom donné aux logiciels informatiques spécialisés dans la conception de pièces.

▸ L'évolution des techniques

La Renaissance, une période importante pour la représentation

Autrefois, l'ouvrier, celui qui « œuvre », transmettait son savoir-faire par la parole et le geste. Puis dessiner des objets apparut nécessaire. Dessins, études, maquettes permettaient d'apporter les éléments utiles à la fabrication.
Au XVe siècle, les « artistes-ingénieurs » de la Renaissance italienne produisaient de véritables peintures sous forme de traités qui présentaient des machines dessinées, avec des commentaires sur leurs matériaux, dimensions et moyens de construction. La mise au point des règles de la perspective par Brunelleschi (1377-1446) fut une étape importante dans la représentation des objets.

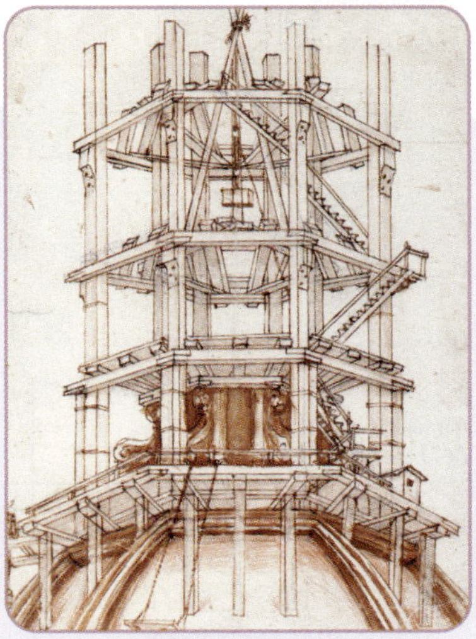

Lanternon dessiné par Brunelleschi.

questionnement

1] Nommez l'objet technique représenté en tout ou partie sur ces deux pages. (Doc. 1 à 4)

2] Classez ces représentations de la plus réaliste à la plus schématique. (Doc. 1 à 4)

3] Donnez la liste des représentations de l'objet utilisées dans chaque cas. (Doc. 1 à 4)

4] Expliquez en quoi la nomenclature est complémentaire du dessin. (Doc. 2)

5] Expliquez pourquoi certaines pièces sont dessinées le long d'un même trait d'axe. (Doc. 2)

6] Nommez l'élément ayant le repère 4, et justifiez son nombre. (Doc. 2)

7] Désignez le matériau utilisé pour le coussin d'amortisseur et expliquez ce choix. (Doc. 2)

8] Indiquez quelle fonction (usage ou estime) est représentée par ce dessin. (Doc. 3)

9] Précisez quel est l'intérêt de l'utilisation d'un ordinateur pour représenter un objet. (Doc. 4)

10] Justifiez la double appellation « artiste-ingénieur ». (Encadré)

» Annexes 2, 3, pages 134-135

▶2 Des représentations pour définir et fabriquer

Pour être fabriqué et assemblé aux autres, chaque élément d'un objet technique doit être défini de manière précise, par des formes géométriques, et complété par des dimensions. Comment le représenter? Selon quelles règles?

DOC 1 Le croquis à main levée de pièces d'un patin

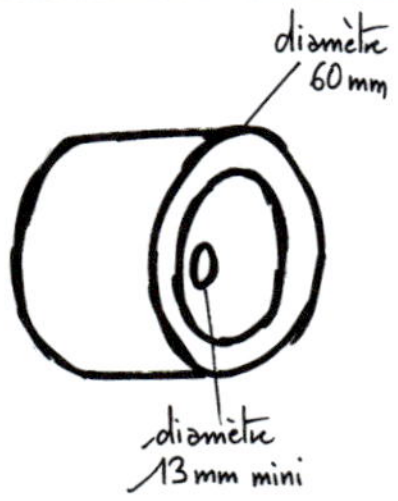

Une roue.

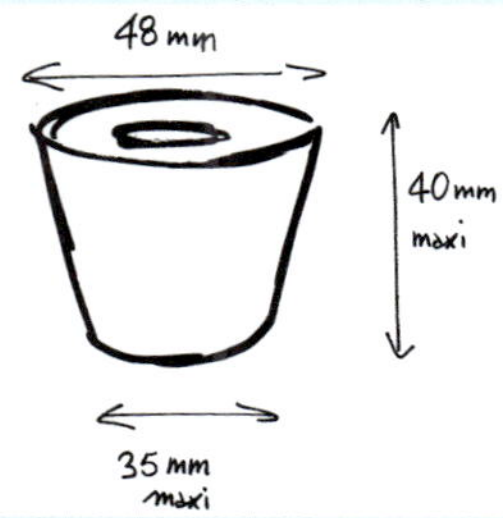

Un frein de patin.

Ce type de dessins peut servir d'ébauche à un dessin plus précis qui sera réalisé avec des outils professionnels.

DOC 2 Le dessin de définition d'un frein de patin à roulettes

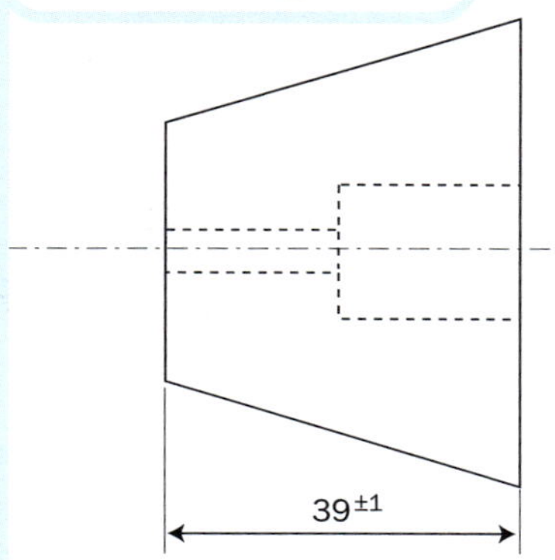

Vue de face.

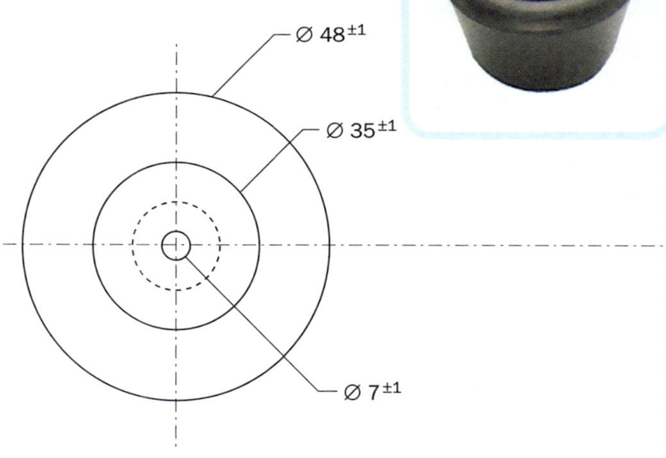

Vue de gauche.

L'objet est dessiné en **projection** selon deux points de vue différents (vue de face et vue de gauche). Chaque dimension ou **cote** est donnée par un nombre suivi d'une tolérance qui indique l'écart en plus ou en moins qui peut exister, après réalisation, sur la pièce réelle. Toutes les cotes sont portées en millimètres.

Projection
Dessin qui représente la vue d'une seule face de la pièce.

Cotation
Ensemble d'indications ajoutées à un dessin qui permet de préciser les cotes (dimensions) utiles.

DOC 3 L'indication de la tolérance pour assurer un bon fonctionnement

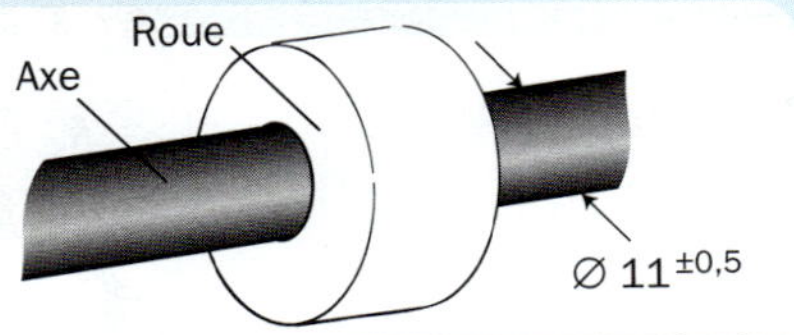

La roue et son axe.

Patin à roulettes (1950).

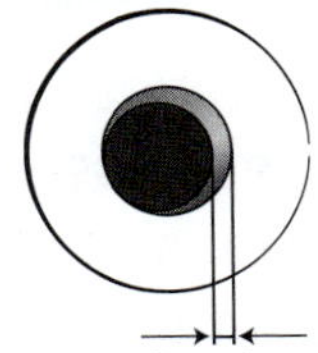

La roue et son axe : jeu de fonctionnement.

Pour permettre le mouvement de rotation de la roue autour de l'axe, il doit exister un espace entre ces deux pièces. Cet espace, appelé **jeu fonctionnel**, est nécessaire au fonctionnement de l'objet.
Les pièces doivent donc être définies avec précision, et la fabrication doit respecter les dimensions et leur **tolérance**, figurant sur le dessin de définition.

Jeu fonctionnel
Différence de dimension entre deux pièces qui permet d'assurer un mouvement de l'une par rapport à l'autre juste suffisant à leur fonctionnement.

Tolérance
Différence entre la dimension maximale (maxi) et la dimension minimale (mini) acceptée lors de la fabrication d'une pièce.

Une solution technique
Comment représenter l'intérieur des objets ?

Pour voir l'intérieur des pièces et mieux comprendre leur constitution, les surfaces extérieures sont souvent gênantes. On a alors imaginé de retirer aux objets leur « peau », et dessiné ce qui était caché en dessous : ce type de dessin est appelé « écorché », il est emprunté à la médecine.
Une représentation plus spécifique au technicien existe : c'est la coupe. Les pièces complexes, comprenant des parties creuses, sont dessinées en projection, mais comme si elles avaient été coupées. Les formes intérieures sont nettement plus visibles.

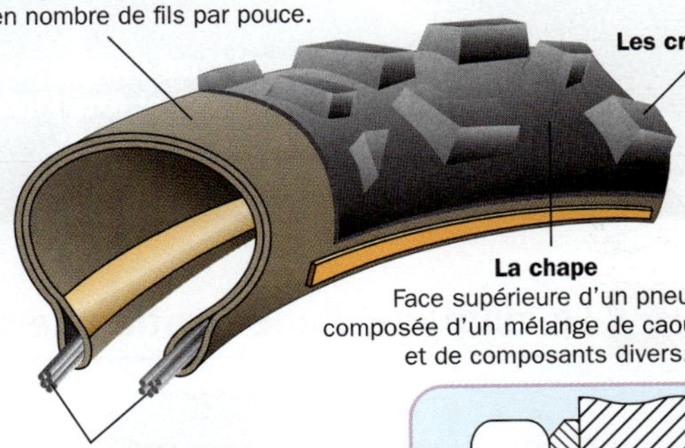

Pneu vu en écorché.

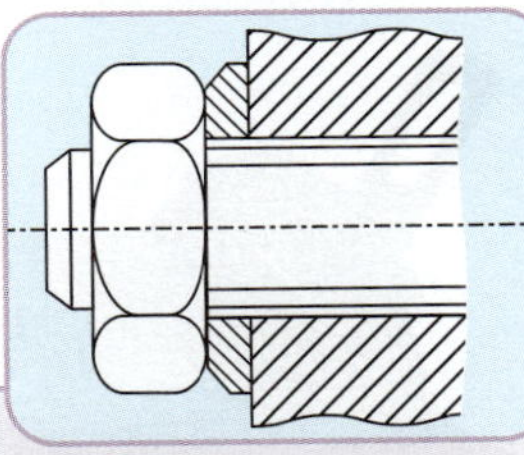

Assemblage vu en coupe.

questionnement

1] Donnez le nom des deux éléments dessinés et détaillez les différentes informations. (Doc. 1)
2] Expliquez l'annotation « 40 maxi ». (Doc. 1)
3] Énoncez un inconvénient de ce type de dessins. (Doc. 1)
4] Expliquez la mention ± à la suite de la cote. (Doc. 2)
5] Expliquez pourquoi les diamètres ne sont pas précisés sur la vue de face. (Doc. 2)
6] Expliquez pourquoi différents types de traits sont utilisés. Trouvez leur signification. (Doc. 2)
7] Calculez la dimension mini et la dimension maxi du diamètre de l'axe. (Doc. 3)
8] Expliquez les conséquences sur le fonctionnement de la roue si : a) le diamètre de l'axe est égal au diamètre du moyeu ; b) le diamètre de l'axe est nettement inférieur. (Doc. 3)
9] Précisez le rôle des hachures (traits parallèles) sur le dessin en coupe. (Encadré)
10] Expliquez pourquoi l'écorché est préférable à la coupe pour le pneu. (Encadré)

» Annexes 2, 3, pages 134-135

▶3 Des représentations pour expliquer un montage

Quand toutes les pièces d'un objet sont fabriquées, il est nécessaire d'expliquer leur assemblage par une représentation. Par quels moyens expliquer l'ordre des opérations lors d'un montage? Comment représenter un assemblage? Par quel type de documents ?

DOC 1 Les instructions de montage d'une fixation de ski

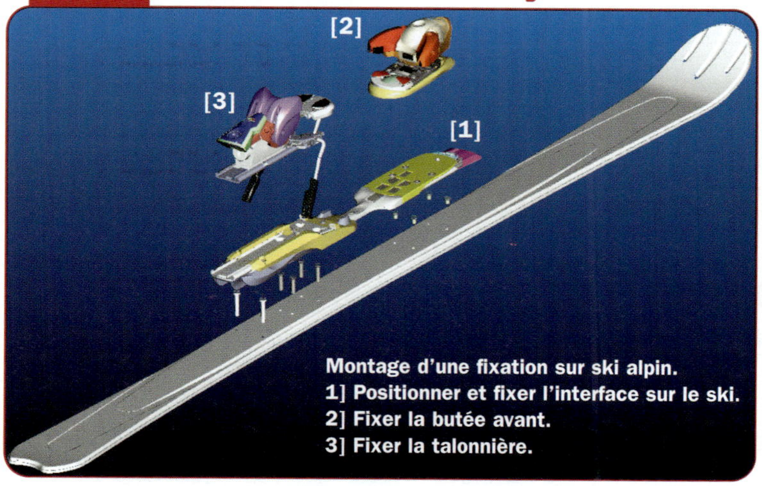

L'ordre des opérations d'assemblage des principaux éléments, pour assurer le montage de l'objet, est précisé sur un dessin, accompagné d'**instructions**.

Instruction

Indication (ordre) donnée pour effectuer une étape de réalisation (assemblage, fabrication...).

Procédure

Suite d'instructions à suivre pour obtenir le résultat souhaité (assemblage, fabrication...).

DOC 2 Le montage d'une fixation de snow-board étape par étape

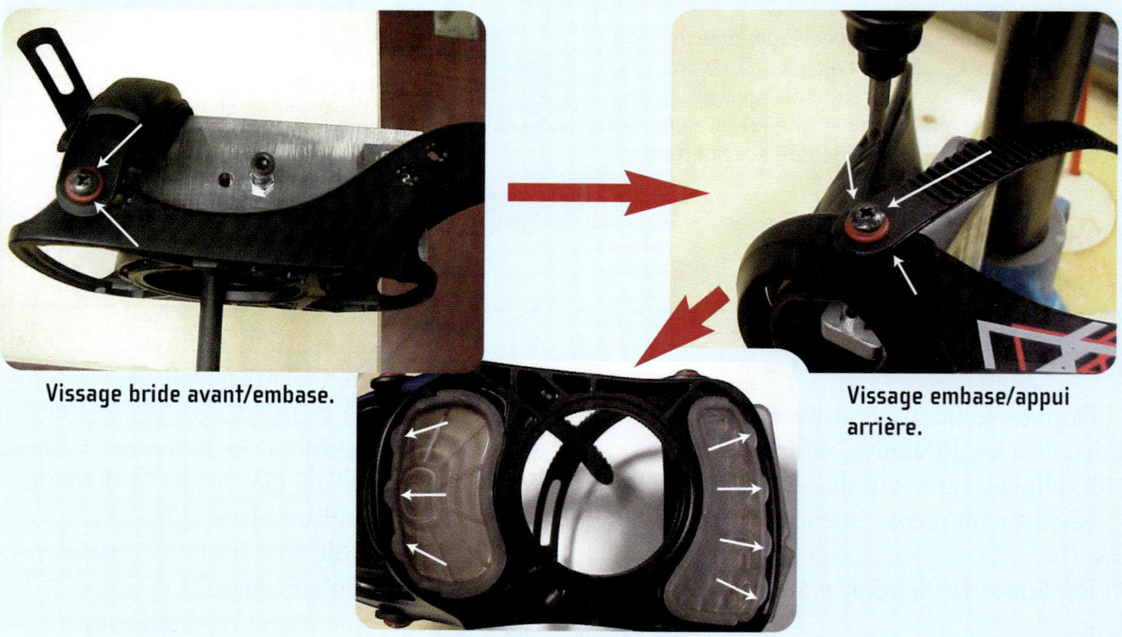

Vissage bride avant/embase.

Vissage embase/appui arrière.

Clipsage coussins/embase.

La **procédure** à suivre pour monter un ensemble peut être représentée par une suite ordonnée de photographies ou de schémas, chacun(e) décrivant un assemblage particulier.

DOC 3 Extrait de l'organigramme d'assemblage d'une fixation de snow-board

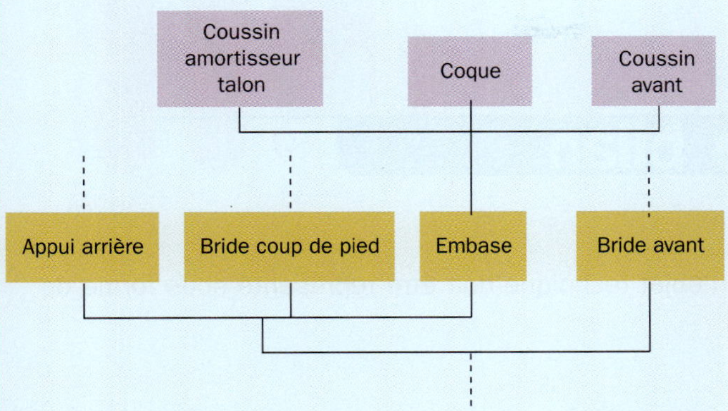

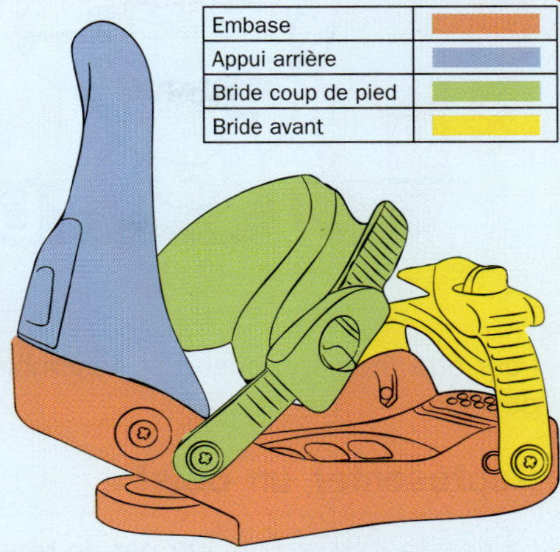

L'organigramme permet de représenter l'ensemble des assemblages. Chaque élément à monter figure dans une case. L'assemblage de plusieurs pièces forme un sous-ensemble désigné par un nom (exemple : embase). L'assemblage final conduit à assembler plusieurs sous-ensembles entre eux.

▸ L'évolution technique

Le document multimédia pour expliquer un montage

Après les notices ou livrets en papier pour expliquer un montage arrivent les versions numériques. Dans le domaine informatique, notamment, pour expliquer le branchement des différents appareils ou pour installer un nouveau périphérique, les fabricants fournissent un cédérom à la place d'un livret : une page-écran à chaque étape, parfois associée à un commentaire sonore.

Autre nouveauté, des entreprises proposent un service aux fabricants d'objets prêts à monter : concevoir des documents multimédias explicatifs qu'elles mettent en ligne sur leur site. Le consommateur n'a plus ni livret ni cédérom, mais simplement l'adresse d'un site Internet.

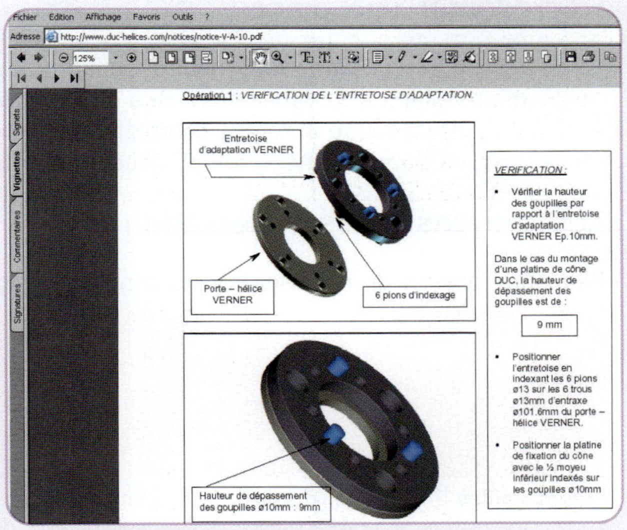

Une notice de montage sur Internet.

Questionnement

1] Expliquez pourquoi un seul schéma est nécessaire. (Doc. 1)

2] Déterminez la différence de signification entre les numéros des instructions données dans la procédure et ceux d'une nomenclature. (Doc. 1)

3] Expliquez pourquoi plusieurs photographies sont nécessaires. Indiquez à quoi correspond chacune d'elles. (Doc. 2)

4] Listez les sous-ensembles de la fixation du snow-board et ceux du ski alpin. (Doc. 1 et 3)

5] À partir de l'organigramme, énoncez les éléments qui composent l'embase. (Doc. 3)

6] Expliquez comment est représenté sur l'organigramme l'assemblage de deux éléments. (Doc. 3)

7] Expliquez pourquoi certaines lignes de l'organigramme sont en pointillés. (Doc. 3)

8] Comparez le sens de lecture des documents. (Doc. 2 et 3)

9] Dressez la liste des avantages et des inconvénients des supports multimédias pour l'entreprise fabricante et pour le consommateur. (Encadré)

» Annexes 2, 3, pages 134-135

Le bilan

Pour être étudié, fabriqué et assemblé, l'objet technique doit être représenté sous forme de dessins.

Représenter un objet

Le **dessin d'ensemble** permet de représenter l'objet dans sa totalité. Tous les éléments qui le composent sont détaillés dans une **nomenclature** : c'est un tableau qui apporte des précisions sur chacun d'eux, comme leur numéro de repère, leur matériau, et leur nombre. Les informations nécessaires à l'identification du document sont réunies dans un cadre appelé **cartouche** (nom, date d'exécution, échelle...).

Représenter une pièce

Le **dessin de définition** permet, pour chacune des pièces de l'objet, d'apporter tous les renseignements utiles à sa fabrication. Ses dimensions réelles (ou **cotes**) y figurent, exprimées en millimètres. Chaque cote est complétée par une indication de **tolérance** : c'est la différence, en plus ou en moins, que l'on accepte à la fabrication de la pièce.

Les moyens de représentation

Plusieurs moyens de représentations sont utilisés dans les dessins.

Moyens de représentation / Remarques	Perspective	Perspective éclatée	Projection	Maquette numérique
Particularités	Impression de volume	Impression de volume avec détail des pièces	Une seule face visible à la fois, à plat	Impression de volume, en couleur
Utilisation dans les documents techniques	Dessin d'ensemble	Dessin d'ensemble	Dessin de définition de chacune des pièces	Dessin d'ensemble et de définition
But	Présenter l'objet	Repérer, montrer l'assemblage	Fabriquer	Fabriquer

Représenter une procédure d'assemblage

Une **procédure** d'assemblage détermine la suite d'opérations à effectuer dans un ordre précis pour monter un objet. Elle peut se décrire par des schémas successifs, une liste d'instructions écrites ou un organigramme.
Un **organigramme** est un outil graphique qui donne l'ordre d'assemblage des éléments simples en sous-ensembles, puis des sous-ensembles entre eux.

Exercices

Je teste mes connaissances

1] Identifier les principales représentations

a) Nommez chaque représentation de ce signal lumineux pour roller.

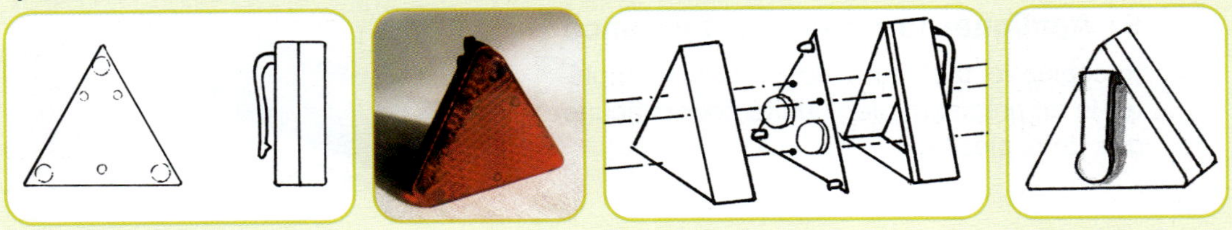

1 2 3 4

b) Nommez celle qui montre le mieux tous les éléments.
c) Nommez celles qui permettent de connaître le mode de fixation.

2] Utiliser le vocabulaire technique

a) Recopiez cette grille, puis remplissez-la à l'aide des définitions suivantes.

1. liste des éléments d'un objet technique.
2. le patin à roulettes en est un.
3. type de dessin qui représente les éléments séparés, mais reliés par des axes d'assemblage.
4. dimensions portées sur un dessin.
5. permet d'indiquer les dimensions.
6. éléments d'un objet.
7. variation de dimension acceptée sur une pièce.
8. numéro qui désigne un élément.
9. figure dans le cartouche.

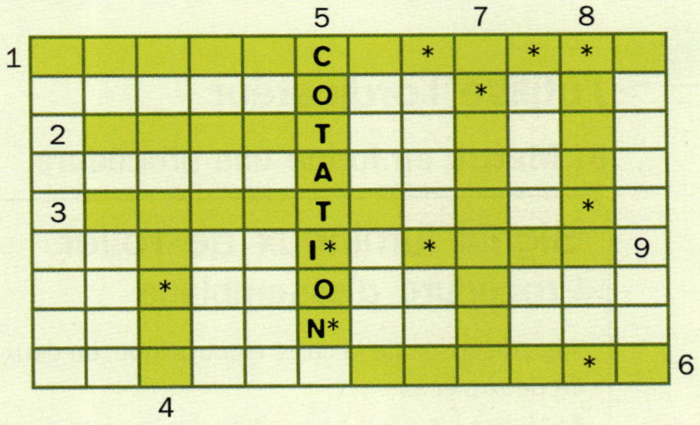

b) En remettant dans l'ordre les lettres cochées d'un *, retrouvez un outil qui permet de réaliser des dessins.

J'applique mes connaissances

3] Lire un document technique

a) Déterminez combien de pièces différentes composent cette roue (cf. dessin page 88).
b) Indiquez le repère du moyeu.
c) Déterminez combien il y a de roulements à billes par roue.
d) Précisez si tous les éléments sont dessinés en perspective éclatée. Justifiez votre réponse.
e) Indiquez le matériau de la roue (partie en contact avec le sol).

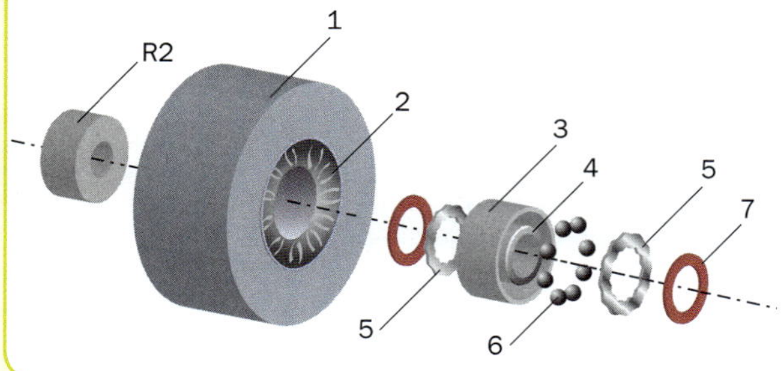

Repère	Nombre	Désignation	Matière
R2	1	2e roulement	Acier
7	2	Flasques de protection	Acier
6	8	Billes	Acier
5	2	Cage	Acier
4	1	Bague interne	Acier
3	1	Bague externe	Acier
2	1	Moyeu	Plastique
1	1	Roue	Plastique
Roue de roller			

4] Exploiter un document technique

Réalisez un organigramme de montage de la roue de roller présentée ci-dessus, en créant des sous-ensembles.

5] Appliquer la notion de tolérance

Recopiez le tableau ci-dessous et complétez-le en précisant bien l'unité pour chacune des deux pièces.

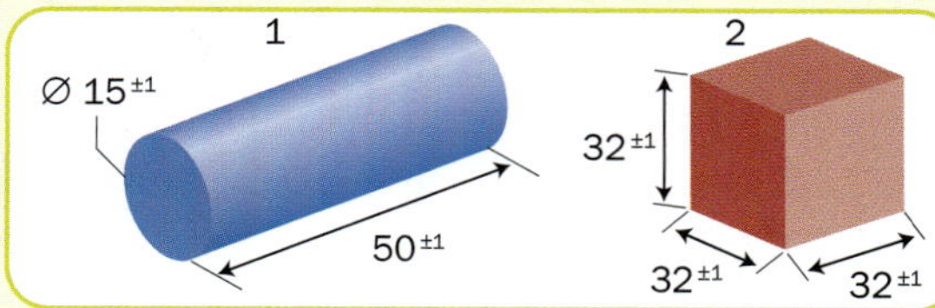

N°	Forme géométrique	Longueur maxi	Longueur mini	Diamètre maxi	Diamètre mini
1					
2				—	—

J'utilise l'ordinateur

6] Mettre en forme une procédure

> **Signal lumineux de roller**
> **Procédure d'assemblage**
>
> Vous disposez de la carte électronique, de deux piles, d'un boîtier composé de deux pièces.
>
> **1]** Mettre les piles en position sur la carte électronique. Attention au sens !
> **2]** Vérifier le fonctionnement en exerçant une pression sur le poussoir.
> **3]** Positionner le circuit dans le fond du boîtier.
> **4]** Refermer avec le couvercle par emboîtement.
> **5]** Vérifier à nouveau le bon fonctionnement.

Ouvrez le fichier « signal procédure » à l'aide de votre traitement de texte.
Mettez en forme la procédure en suivant le modèle ci-contre.

7] Réaliser un document de montage

a) Lancez votre logiciel de traitement de texte et ouvrez le fichier AUTO.
b) Remettez dans l'ordre les vignettes qui illustrent les opérations de montage.
c) Complétez le document en écrivant dans les emplacements prévus :
- le titre : **Les grandes étapes du montage d'un véhicule automobile**
- les légendes suivantes dans l'ordre : assemblage par soudure des éléments de carrosserie/montage du capot, du coffre et des portes/assemblage carrosserie et transmission/pose du pare-brise/montage des roues, sièges et garnitures/sortie de chaîne

d) Terminez en saisissant votre nom, prénom, classe, date.

Chapitre 9

La fabrication d'une pièce

CE QUE VOUS ALLEZ APPRENDRE À FAIRE

- Effectuer une opération de réalisation en suivant une procédure.
- Organiser et vérifier un poste de travail, les conditions de sécurité et la propreté.
- Utiliser rationnellement une machine-outil et des outillages pour mettre en forme des matériaux.

Interroger une situation technologique

1] Indiquez l'opération réalisée.

2] Repérez comment la carrosserie est maintenue et plongée dans le bain.

3] Indiquez un élément qui assure la sécurité de l'opératrice.

4] Déterminez si cette opération se situe avant ou après celle de soudure et celle de peinture de la carrosserie.

Un poste de fabrication : l'opératrice plonge la carrosserie dans un bain anti-corrosion.

▸ Identifier des problèmes technologiques

- Comment déterminer les façonnages à réaliser sur une pièce ?
- Quel type de façonnage choisir en fonction d'une forme à réaliser ?
- Comment choisir l'ordre des opérations de façonnage d'une pièce ?
- Comment supprimer les risques d'accident lors de l'utilisation d'une machine sur un poste de travail ?

▶1 La préparation de la fabrication

Une pièce mécanique est dessinée selon certaines formes et certaines dimensions. Pour réaliser ces formes, il faut mettre en œuvre des façonnages et des moyens techniques. Comment déterminer l'ordre chronologique des opérations à réaliser et les moyens techniques nécessaires?

DOC 1 Les formes d'une pièce mécanique

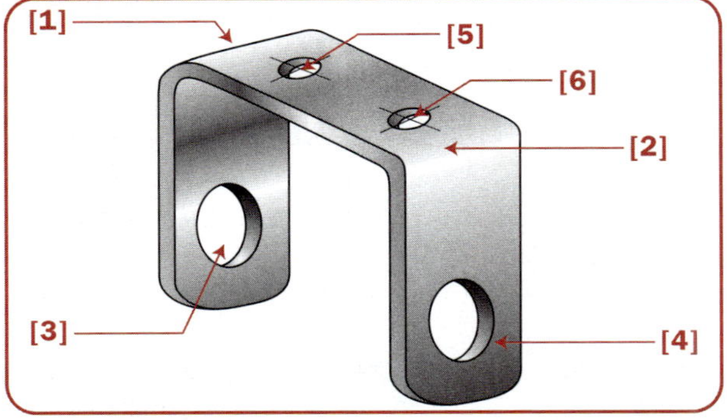

Le support d'essieu est composé de formes simples:

- deux **plis [1]** et **[2]** suivant un même angle;
- deux **trous** de diamètre 5 millimètres (**[3]** et **[4]**);
- deux autres trous d'un diamètre plus petit: 2,5 millimètres (**[5]** et **[6]**).

DOC 2 Les opérations de façonnage d'une pièce

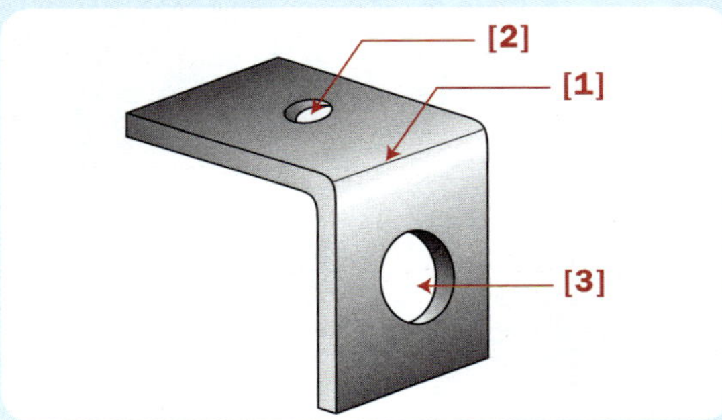

Pièce façonnée.

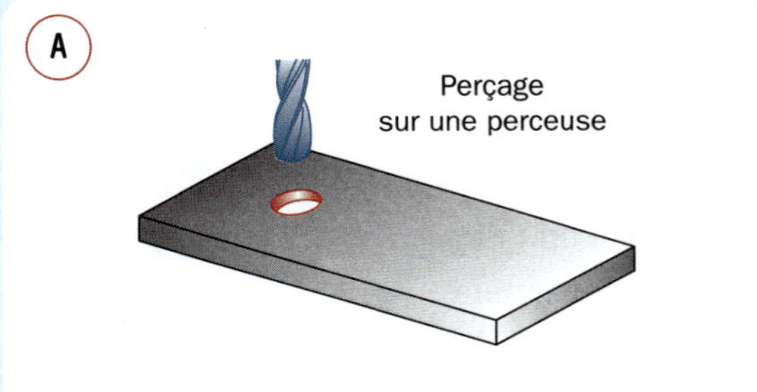

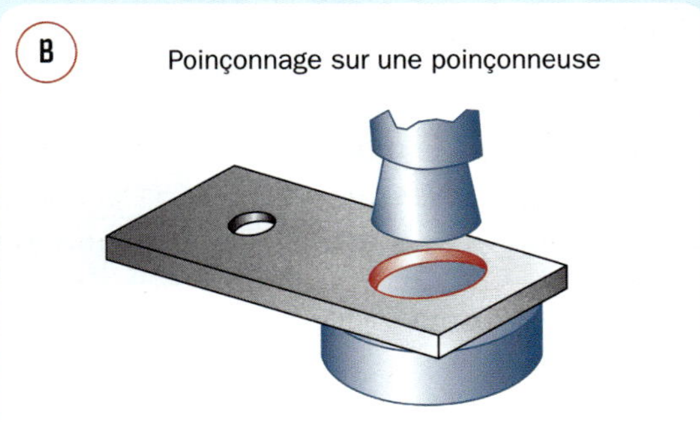

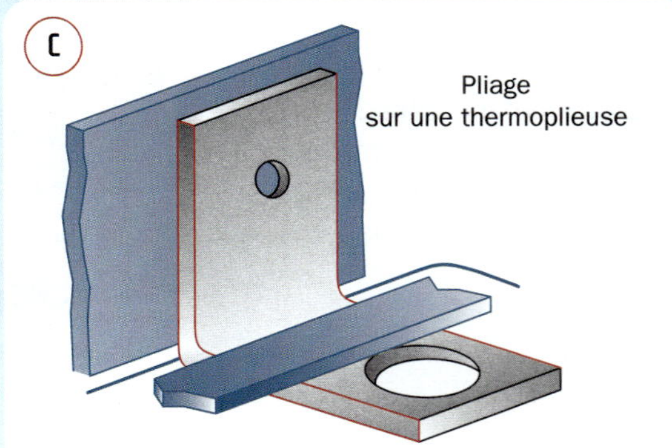

La fabrication des formes et des dimensions nécessite de déterminer les opérations de façonnage à exécuter.

Chaque **forme** (**[1]**, **[2]** et **[3]**) est réalisée par une ou plusieurs **opérations de façonnage** sur une machine déterminée (A, B, C).

Une même forme peut être réalisée par des procédés de façonnage différents (**[2]** et **[3]**).

DOC 3 La symbolisation d'une opération de façonnage

[1] 20	PERÇAGE [2]
Trou de ∅ 10 débouchant	[3]
Perceuse	[4]

L'opération de façonnage est représentée par une boîte qui comprend quatre parties :

- **[1]** le numéro d'ordre de l'opération ;
- **[2]** l'opération de façonnage utilisée ;
- **[3]** le détail des opérations réalisées ;
- **[4]** la machine utilisée.

Cisaillage

Opération de découpage par enlèvement de matière qui consiste à séparer une feuille en plusieurs parties.

DOC 4 L'ordre des opérations de façonnage d'un pare-chocs

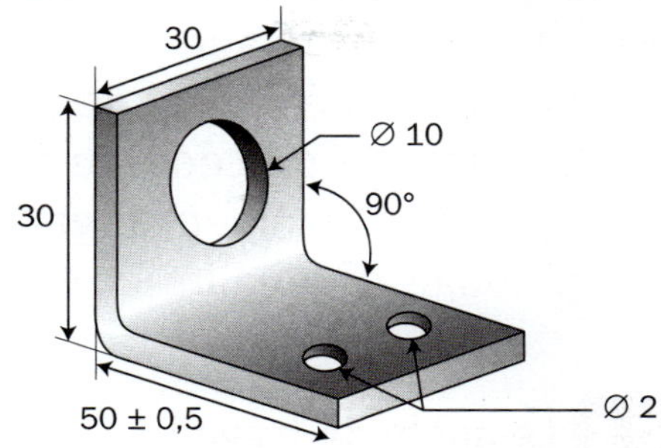

Les opérations de réalisation de l'équerre de renfort en plastique d'un pare-chocs sont faites dans l'ordre suivant :

1. débit de la pièce par un **cisaillage** aux dimensions de 30 x 80 millimètres ;

2. réalisation du trou de diamètre 10 millimètres par **perçage** ;

3. réalisation des trous de diamètre 2 millimètres par perçage ;

4. réalisation du pli de 90° par thermopliage en respectant précisément la dimension de 50 ± 0,5 millimètres.

DOC 5 La chronologie des opérations de façonnage

Pièce N° 10 Équerre

10	CISAILLAGE
Rectangle de 80 x 30 mm	
Cisaille guillotine	

20	PERÇAGE
Trou de ∅ 10 débouchant	
Perceuse	

30	PERÇAGE
2 trous de ∅ 2 débouchants	
Perceuse	

40	PLIAGE
Pli à la cote de 50 ± 0,5 angle de 90°	
Thermoplieuse	

Contrôle

Cet **organigramme** des opérations de façonnage de l'équerre se lit de gauche à droite. La succession des boîtes indique l'ordre des opérations. Les opérations 20 et 30 sont placées l'une au-dessus de l'autre, car leur ordre de réalisation est indifférent. Le **pliage** est la dernière opération de façonnage car il est plus simple de percer les trous avant de le réaliser.

questionnement

1] Indiquez combien de formes simples composent la pièce. (Doc. 1)

2] Associez à chaque forme de la pièce le procédé de mise en forme et la machine utilisée. (Doc. 2)

3] Indiquez lequel des deux façonnages, perçage ou poinçonnage, est réalisé avec un foret. (Doc. 2)

4] Indiquez le nom de l'opération de façonnage. (Doc. 3)

5] Expliquez pourquoi l'opération de cisaillage est réalisée en premier. (Doc. 4)

6] Recherchez si les trous de diamètre 2 millimètres peuvent être façonnés avant le trou de diamètre 10 millimètres, justifiez votre réponse. (Doc. 4)

7] Relevez le nombre d'opérations de façonnage que comprend l'organigramme. (Doc. 5)

8] Donnez le numéro de l'opération de pliage de la pièce. (Doc. 5)

9] Indiquez avec quelle machine est réalisée l'opération de cisaillage. (Doc. 5)

» Annexes 5, 12, 13, pages 137, 144, 145

▶2 L’organisation du poste de travail

Un poste de travail sur machine est organisé de façon à réaliser des opérations de façonnage. L’utilisateur du poste doit connaître le procédé de fabrication et les moyens mis en œuvre. Comment organiser le poste pour assurer un façonnage de qualité et en toute sécurité?

DOC 1 Le poste de travail

Le poste de travail comprend deux zones d’activité:
- la **zone de travail** est l’espace où sont installés la machine, les outillages et les pièces à façonner de manière à faciliter le travail de l’**opérateur** et à assurer sa sécurité;
- la **zone d’information** regroupe l’ensemble des documents (fiches de postes) qui informent l’opérateur sur l’organisation du poste, les consignes de sécurité et les **procédures** nécessaires à la réalisation de l’opération.

Opérateur
Personne qui travaille sur un poste de travail pour effectuer une opération.

Procédure
Suite d’instructions à suivre pour obtenir le résultat souhaité.

DOC 2 La mise en position et le maintien d’une pièce

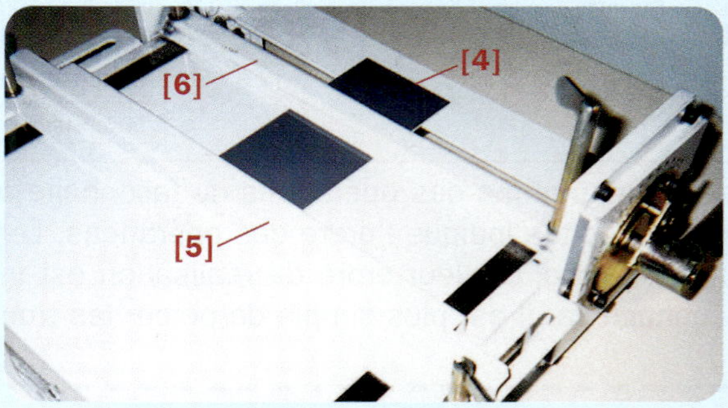

Une thermoplieuse.

La pièce **[1]** est positionnée et maintenue en position grâce à un **porte-pièce** comprenant un étau **[2]** et une **butée** **[3]** fixés sur la table de la machine.
La pièce **[4]** est positionnée et maintenue en position à l’aide de la butée arrière **[5]** et du serre flanc **[6]** de la machine.
Ces dispositifs de **positionnement** et de **maintien en position** permettent de réaliser des façonnages identiques, au même endroit sur les pièces et sans procéder à de nouveaux réglages.

Porte-pièce
Dispositif de mise en position et de maintien d’une pièce sur une machine.

Butée
Élément mécanique réglable d’un porte-pièce qui assure le positionnement de la pièce lors d’un façonnage.

Une solution technologique

Un poste de soudage

L'activité des personnes sur les postes de travail doit se faire dans de bonnes conditions de position, de déplacement, de mouvements, de sécurité et d'hygiène, pour garantir leur santé et éviter les maladies professionnelles.

il s'équipe pour le soudage

DOC 3 Les dangers sur les machines

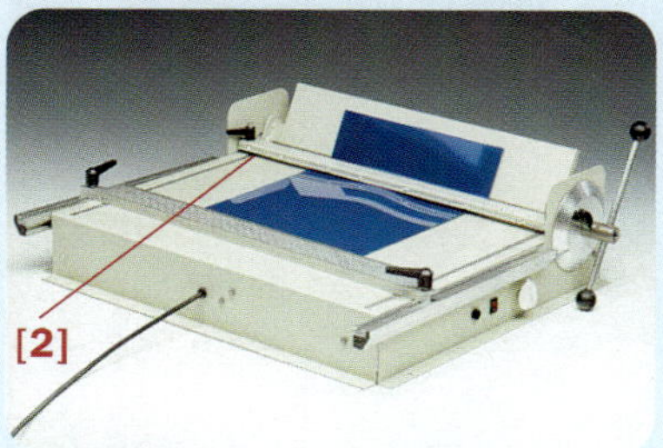

Thermoplieuse.

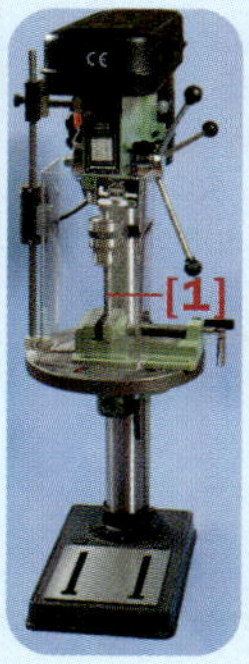

Perceuse sensitive.

Les machines comportent différentes parties dangereuses pour l'opérateur.
L'outil coupant [1] de la perceuse est animé d'un mouvement de rotation très rapide.
Toute partie mécanique d'une machine qui tourne ou se déplace peut provoquer coupures, pincements, écrasements…
Le fil chauffant de la thermoplieuse **[2]** peut atteindre une température de 700 °C.
Toute partie mécanique qui chauffe peut provoquer de graves brûlures.

DOC 4 Le respect des consignes de sécurité

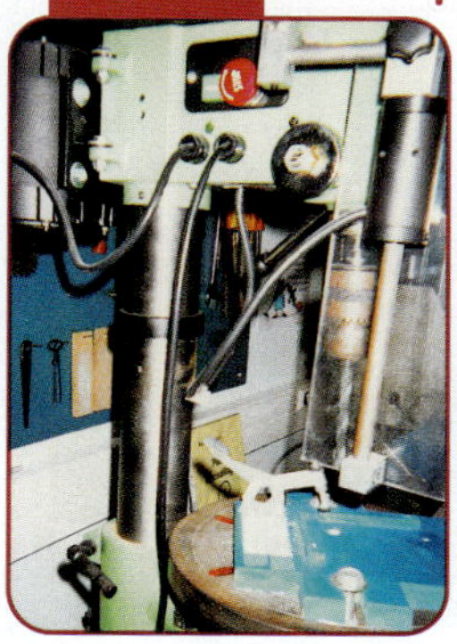

La machine comporte des dispositifs de sécurité :
- le **capot de protection** empêche l'opérateur de toucher les parties en mouvement ;
- le **bouton d'arrêt d'urgence** ou « **coup-de-poing** » permet de couper l'alimentation électrique de la machine pour un arrêt immédiat.

L'opérateur doit se protéger directement en portant des équipements :
- des **gants anti-chaleur** contre les brûlures aux mains ;
- des **lunettes de protection** contre les projections dans les yeux.

Questionnement

1] Indiquez le nom de la machine sur ce poste de travail. (Doc. 1)
2] Donnez le nombre de zones distinctes que compte un poste de travail. (Doc. 1)
3] Relevez dans le texte les types d'informations données par les fiches de poste. (Doc. 1)
4] Précisez le nom des éléments qui assurent le maintien en position de la pièce dans les deux exemples. (Doc. 2)
5] Citez les principaux risques d'accidents lors de l'utilisation d'une machine. (Doc. 3)
6] Indiquez comment identifier les principaux dangers que présente une machine. (Doc. 3)
7] Précisez le rôle du bouton d'arrêt d'urgence sur une machine. (Doc. 4)
8] Indiquez le rôle des lunettes de sécurité et des gants anti-chaleur. (Doc. 3 et 4)
9] Indiquez les protections dont est équipé l'opérateur. (Encadré)
10] Précisez le rôle du masque dont est muni l'opérateur. (Encadré)

» Annexes 5, 12, 15, 19, pages 137, 144, 147, 151

▸3 Le fonctionnement des machines de mise en forme

Le façonnage d'une pièce a pour but de lui donner une forme. Les moyens techniques mis en œuvre sont différents selon la forme à exécuter. Quelle machine utiliser pour réaliser un type de façonnage? Comment utiliser une machine pour réaliser une opération de mise en forme?

DOC 1 L'utilisation d'une cisaille guillotine pour découper une plaque

Principe	Positionnement	Opération
La **cisaille guillotine** exécute un **découpage** grâce à deux lames travaillant en opposition.	La plaque **[1]** est placée sur la **table** contre la **règle de guidage [2]**. La position de la coupe est fixée par la **butée [3]**, située à l'arrière de la machine, sur laquelle la plaque est appuyée.	L'opérateur abaisse le **levier de commande** qui assure la descente de la **barre de serrage** de la pièce **[4]** et de la **lame mobile**. La plaque est séparée en deux éléments : la pièce et la **chute**.

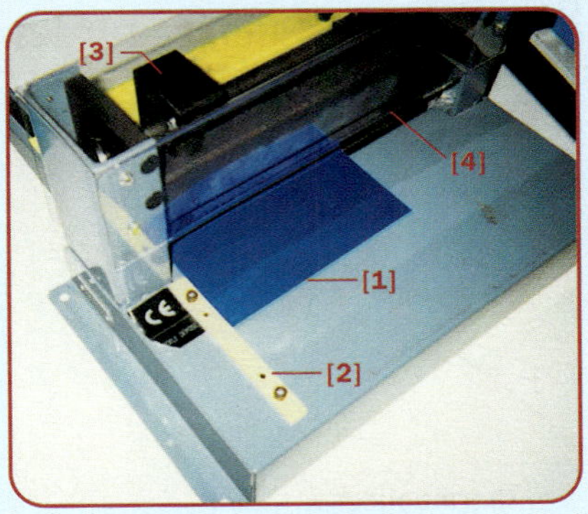

DOC 2 L'utilisation d'une perceuse sensitive pour réaliser un trou

Principe	Positionnement	Opération
La **perceuse sensitive** exécute un **usinage** à l'aide d'un outil tranchant qui pénètre la pièce et en détache des **copeaux**.	La pièce **[1]** est positionnée et maintenue en position dans le **porte-pièce [2]** (un étau).	L'opérateur pivote le **capot de protection [3]** et actionne le bouton **marche-arrêt** pour mettre en rotation le **foret [4]**. Il actionne la **manivelle de commande [5]** pour faire pénétrer l'outil dans la pièce. Il dégage l'outil en remontant la manivelle.

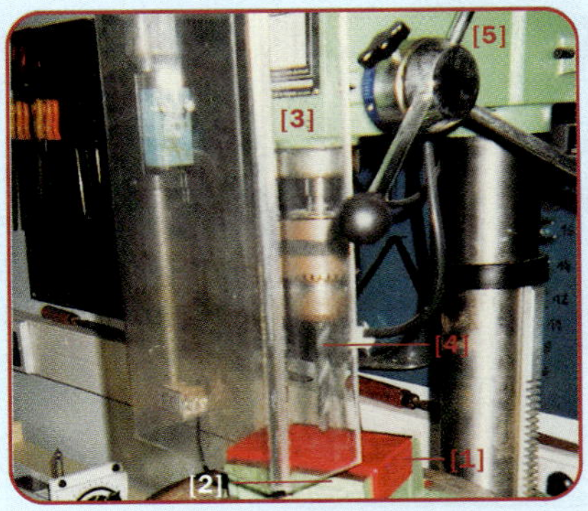

DOC 3 L'utilisation d'une thermoplieuse pour réaliser un pliage

Principe	Positionnement	Opération
Une **plieuse** exécute le pliage d'une partie de pièce d'un certain angle par rapport à l'autre partie maintenue immobile. La **thermoplieuse** réalise la même opération après avoir ramolli par chauffage le matériau au niveau du pli.	La pièce **[1]** est placée sur la table de la machine en appui sur la **butée [2]** ajustée à une distance précise grâce à la **règle [3]**. La pièce est maintenue en position par la **barre de serrage [4]**. Le réglage de la **butée d'angle [5]** permet de fixer l'angle de pliage.	L'opérateur actionne le bouton **marche-arrêt [6]** et règle le temps de chauffage de la **minuterie [7]**. Le **fil chauffant** ramollit la zone de pliage. Une fois le temps écoulé, l'opérateur actionne le **levier [8]** et rabat le **tablier [9]** jusqu'à la **butée d'angle**.

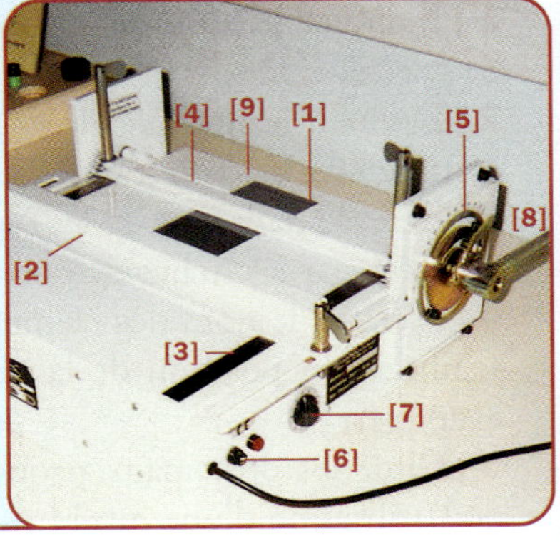

DOC 4 L'utilisation d'une machine à commande numérique pour détourer une pièce

Principe	Positionnement	Opération
La **fraiseuse à commande numérique** exécute de nombreuses opérations d'usinage (perçage, fraisage, contournage, rainurage, gravure, etc.) à l'aide d'un outil tranchant qui pénètre la pièce et en détache des copeaux. Elle comprend deux parties: la **fraiseuse [1]** qui réalise les usinages; l'**ordinateur [2]** qui commande le déplacement de l'outil grâce à un programme informatique.	La pièce **[4]** est positionnée et maintenue en position sur la table **[5]** de la machine. L'usinage à réaliser est programmé dans un fichier informatique d'usinage **[3]** affiché à l'écran de l'ordinateur.	L'opérateur pivote le **capot de protection [7]** et actionne le bouton **marche-arrêt [6]**. Il lance l'usinage depuis l'ordinateur. L'outil commandé par le programme informatique exécute l'usinage de la pièce dont l'opérateur contrôle le déroulement. En cas de problème, il appuie sur le bouton d'arrêt d'urgence.

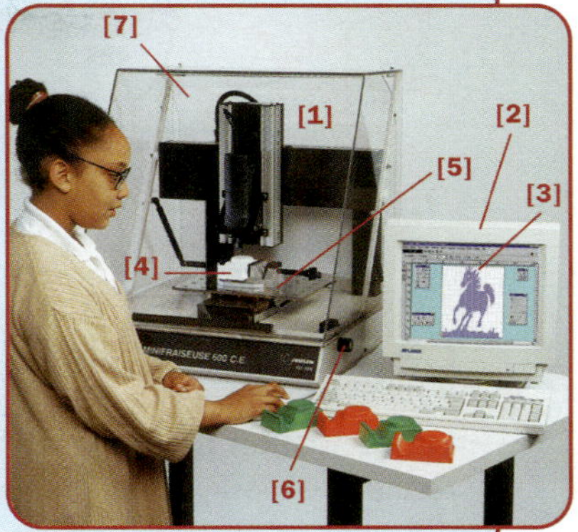

Usinage

Façonnage par enlèvement de matière à l'aide d'un outil tranchant qui produit des copeaux.

Une solution technologique

Les machines à commande numérique dans l'industrie

Les secteurs d'activité liés à l'industrie mécanique dans le domaine des transports sont nombreux: aéronautique, automobile, construction navale, motocycles et cycles, matériel ferroviaire, etc. Tous ces secteurs d'activités façonnent des matériaux qu'ils utilisent pour assembler leurs produits.

Les pièces mécaniques (pièces de réacteurs d'avions, boîtes de vitesses de voitures…) ont des formes de plus en plus complexes et nécessitent une très grande précision de leurs dimensions. Pour obtenir cette qualité, les entreprises utilisent des machines à commande numérique.

Fabrication d'une boîte de vitesses.

Questionnement

1] Indiquez ce qui se passe si la plaque à découper n'est pas correctement placée contre la règle de guidage. (Doc. 1)

2] Déterminez les risques principaux d'accidents lors de l'utilisation de la machine. (Doc. 1)

3] Citez le nom de l'outil tranchant fixé dans le porte-outil de la perceuse. (Doc. 2)

4] Indiquez le nom de la forme généralement réalisée sur une perceuse. (Doc. 2)

5] Expliquez pourquoi l'opérateur pivote le capot de protection avant d'exécuter son usinage. (Doc. 2)

6] Expliquez ce qui se passe si la pièce n'est pas correctement appuyée sur la butée. (Doc. 3)

7] Citez les deux principales parties qui composent une machine à commande numérique. (Doc. 4)

8] Indiquez quelle doit être la réaction de l'opérateur en cas de problème pendant l'usinage. (Doc. 4)

9] Expliquez pourquoi les industries mécaniques utilisent de plus en plus de machines à commande numérique. (Encadré)

» Annexes 5, 12, 15, pages 137, 144, 147

Le bilan

La préparation de la fabrication d'une pièce

La fabrication d'une pièce impose de déterminer préalablement les différentes opérations à réaliser et leur ordre d'exécution, de la première à la dernière. Pour cela, il est nécessaire d'établir la **chronologie des opérations** (succession logique des opérations dans le temps). Celle-ci peut être représentée par différents moyens (tableaux, organigrammes, etc.).

Le poste de travail

Sur le poste de travail, des documents (fiches de poste) décrivent :
- l'ordre des **opérations** à réaliser et des outils à utiliser ;
- les **consignes de sécurité** à respecter.

Le poste de travail est préparé avec soin et nettoyé après utilisation.

La sécurité sur les machines-outils

La machine qui équipe un poste de travail comporte des **dispositifs de sécurité** :
- un **capot de sécurité** ;
- un bouton **d'arrêt d'urgence** « coup-de-poing » reconnaissable à sa couleur rouge.

Ces dispositifs de sécurité :
- évitent que l'opérateur puisse être en contact avec les **zones dangereuses** (parties coupantes, parties en mouvement, parties chaudes, etc.) ;
- permettent à l'opérateur d'arrêter la machine rapidement **en cas de danger** (bouton d'arrêt d'urgence).

Les machines-outils de fabrication

La mise en forme d'une pièce utilise différents procédés depuis le débit du matériau jusqu'à sa finition, formant une succession d'opérations de réalisation (cisaillage, perçage, thermoformage...).

Les **machines-outils à commande manuelle** sont conçues pour réaliser un type d'opérations de façonnage particulier (découpage ou cisaillage sur une cisaille guillotine ; poinçonnage sur une poinçonneuse ; perçage sur une perceuse ; pliage sur une plieuse ou une thermoplieuse...).

La pièce est **maintenue en position** sur la machine. **L'opérateur déplace l'outil** ou la pièce pour réaliser le façonnage.

Les **machines-outils à commande numérique** peuvent effectuer plusieurs types d'usinages (perçage, fraisage, contournage, rainurage...).

La pièce est **maintenue en position** sur la machine. **Un ordinateur commande les déplacements de l'outil** ou de la pièce selon un programme déterminé (fichier d'usinage).

Exercices

Je teste mes connaissances

1] Déterminer des opérations de façonnage

a) Indiquez pour chaque pièce les formes à réaliser.
b) Précisez pour chaque forme l'opération de façonnage à exécuter.

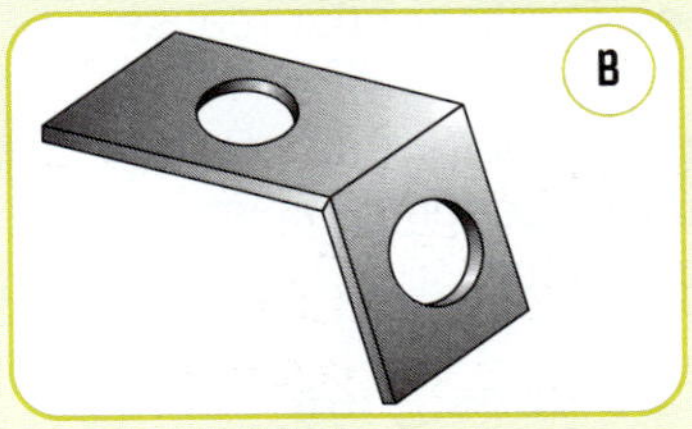

2] Compléter l'ordre des façonnages d'une pièce

a) Dessinez les boîtes d'opérations dans l'ordre chronologique d'exécution de la pièce.
b) Écrivez le numéro de chaque opération dans la boîte qui convient.

Pièce N° 2 en plastique thermoformable épaisseur 2 mm

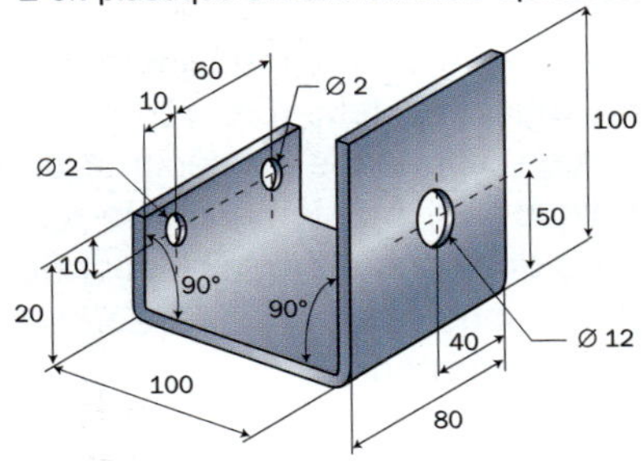

PLIAGE Pli à la cote de 20 mm, angle de 90° Thermoplieuse	PERÇAGE Trou Ø 12 débouchant Perceuse
CISAILLAGE Découpe à la cote de 220 mm Cisaille guillotine	PLIAGE Pli à la cote de 100 mm, angle de 90° Thermoplieuse
CONTRÔLE	PERÇAGE 2 trous Ø 2 débouchants Perceuse

3] Respecter la sécurité sur les machines

a) Précisez pour chaque machine les risques d'accidents.
b) Indiquez pour la cisaille quel organe de sécurité est visible.
c) Recherchez pour la thermoplieuse l'équipement de sécurité que l'opérateur doit porter.

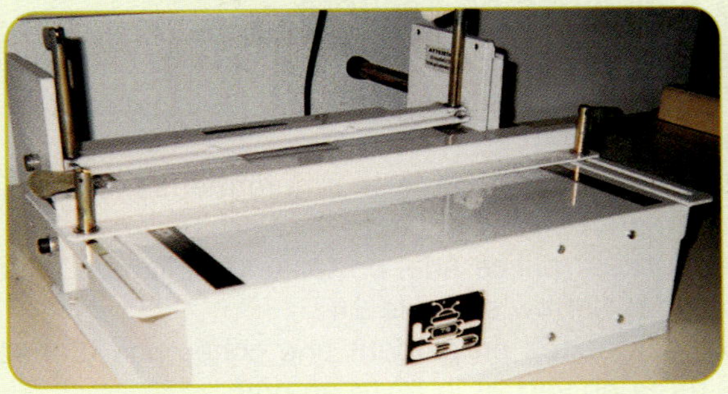

Thermoplieuse.

Cisaille.

4] Identifier les machines d'atelier

En vous reportant au bilan du chapitre 5 (page 56), reproduisez et complétez le tableau ci-dessous en écrivant le nom des machines que vous connaissez qui correspondent au type d'opération de façonnage décrit.

Opérations de façonnage par enlèvement de matière avec formation de copeaux (usinage).	Opérations de façonnage par enlèvement de matière sans formation de copeaux (découpage).	Opérations de façonnage par déformation.

J'applique mes connaissances

5] Déterminer l'ordre des façonnages sur une pièce

a) Repérez sur la pièce les différentes opérations de façonnage à exécuter à partir de la pièce brute.
b) Déterminez les machines à utiliser pour réaliser les façonnages.
c) Dessinez sous la forme de boîtes d'opération l'ordre chronologique pour l'exécution complète de la pièce jusqu'à son contrôle final.

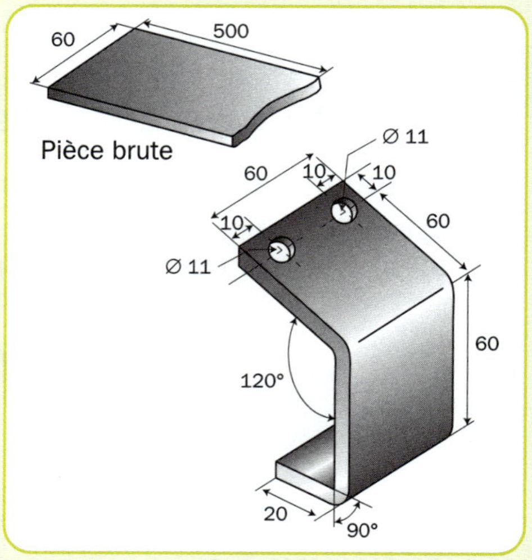

6] Rédiger une fiche de consignes de sécurité de machine

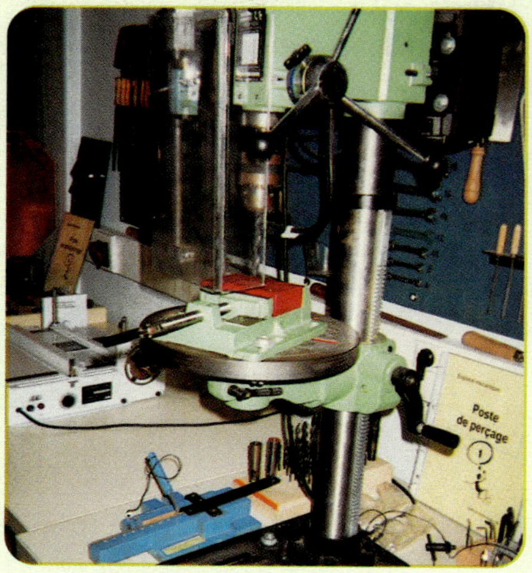

Élaborez une fiche de consignes de sécurité en trois parties pour une perceuse sensitive.
a) Indiquez en première partie les dangers que peut causer la machine sous le titre « Les dangers de la machine ».
b) Indiquez en seconde partie les organes de sécurité sur la machine, leur rôle et leur utilisation, sous le titre « Les dispositifs de sécurité de la machine ».
c) Indiquez en troisième partie les équipements de sécurité dont doit se munir l'opérateur pour utiliser la machine sous le titre « Les équipements de protection de l'opérateur ».

J'utilise l'ordinateur

7] Mettre en page une fiche de consignes de sécurité

À l'aide de la fiche de consignes de sécurité manuscrite de la thermoformeuse remise par votre professeur, réalisez une fiche informatisée à l'aide d'un logiciel de traitement de texte.
a) Créez un nouveau fichier de traitement de texte.
b) Saisissez le titre « Fiche de consignes de sécurité de la thermoformeuse », en lui appliquant une police Arial, en taille 22, en caractères gras et centré.
c) Saisissez chaque sous-titre des trois parties : police Arial en taille 16, aligné à gauche.
d) Saisissez le corps des textes : police Arial Narrow en taille 14.
e) Appliquez de la couleur à l'ensemble des textes en gardant une cohérence d'ensemble : par exemple le titre en rouge, les sous-titres en vert et le texte en noir.
f) Enregistrez et imprimez le document une fois la mise en page terminée.

Chapitre 10

La réalisation d'un objet technique et de sa notice

CE QUE VOUS ALLEZ APPRENDRE À FAIRE

- Repérer l'ordre de montage d'un objet technique.
- Vérifier l'organisation d'un poste de travail.
- Identifier et classer les contraintes de fonctionnement, d'utilisation, de sécurité.
- Utiliser rationnellement matériels et outillages.
- Rédiger une notice d'emploi.

Interroger une situation technologique

1] Précisez la situation de départ du montage du moteur et son but.

2] Expliquez le travail à réaliser.

3] Indiquez des types d'erreurs à éviter lors du montage.

4] Proposez un moyen ou une organisation permettant d'éviter ces types d'erreurs.

Les pièces d'un moteur automobile.

Identifier des problèmes technologiques

- Comment déterminer l'ordre d'assemblage des éléments d'un objet?
- Comment s'organiser pour assembler un objet technique?
- Comment réaliser l'assemblage d'un objet technique?
- Quelles informations sont nécessaires à la réalisation d'un objet technique?

▶1 La préparation du montage d'un objet

Pour monter un objet technique comportant de nombreux éléments, il faut connaître précisément l'ordre d'assemblage des pièces qui le constituent. Comment déterminer cet ordre pour monter un objet sans erreur? Comment présenter une procédure permettant de le décrire?

DOC 1 Le repérage des pièces à assembler

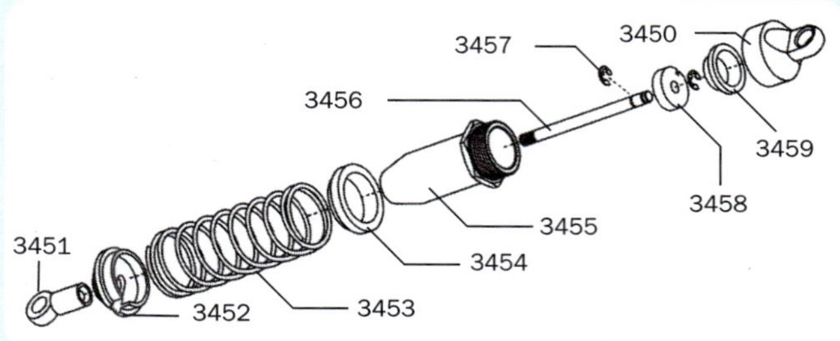

Cet amortisseur de voiture radio-commandée possède de nombreuses pièces dont certaines se ressemblent. Chaque pièce comporte un numéro pour faciliter son repérage.

DOC 2 La recherche de sous-ensembles

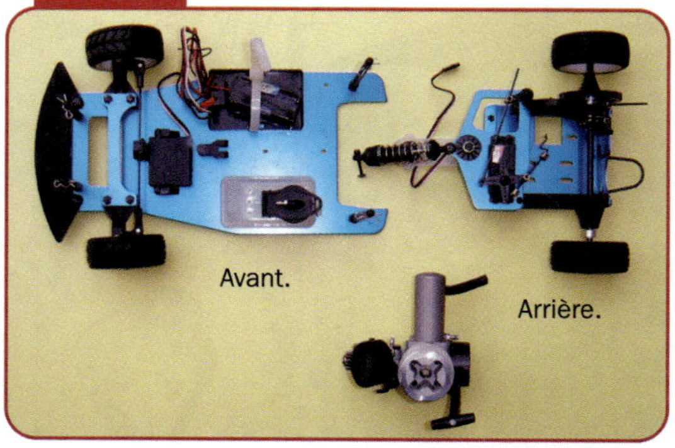

Deux sous-ensembles d'un châssis.

Ce châssis de voiture radio-commandée est formé de deux **sous-ensembles** qui sont des parties pouvant être assemblées indépendamment l'une de l'autre. Chaque sous-ensemble comporte un nombre important de pièces. L'objet définitif est obtenu par l'assemblage de ses sous-ensembles.

Antériorité
Elle indique, pour un assemblage, son ordre de montage par rapport aux autres.

Procédure
Suite d'opérations à respecter pour obtenir le résultat souhaité (montage).

Chronologie des opérations
Ensemble d'opérations présentées dans l'ordre de leur succession dans le temps.

DOC 3 La recherche d'antériorités dans l'assemblage

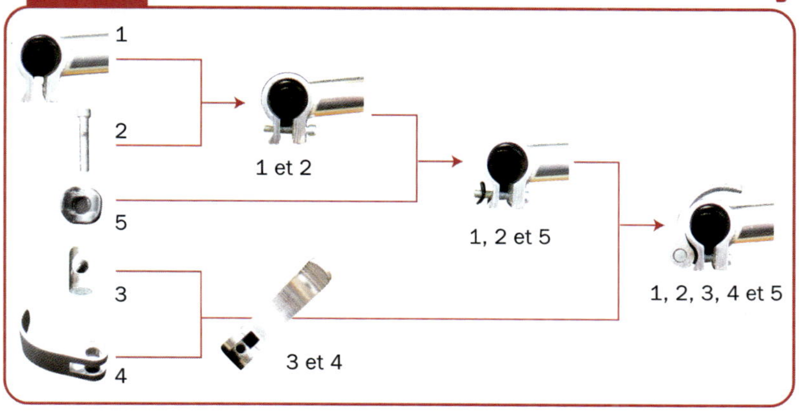

Ce dispositif de maintien en position d'un guidon de trottinette comporte peu de pièces, une simple observation permet de déterminer l'**antériorité** de montage de chaque pièce. Il indique la **procédure** à suivre.
Ce graphe décrit la **chronologie des opérations**.

DOC 4 La préparation du contrôle d'un jeu fonctionnel

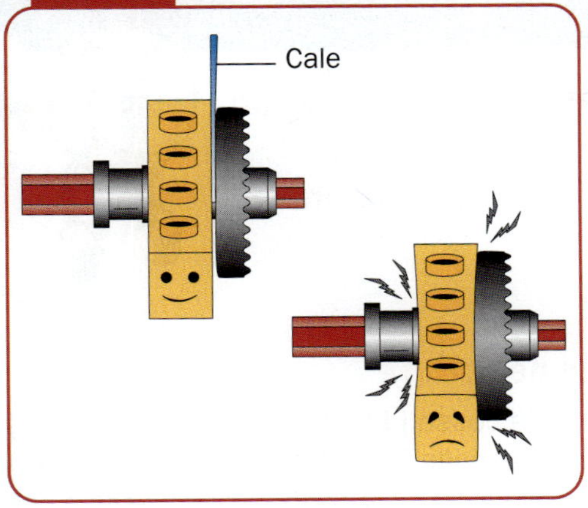

Ce dessin est extrait d'une notice de montage d'un jouet mécanique. Pour assurer une rotation convenable de l'axe rouge, la pièce jaune ne doit pas être trop serrée. Le **jeu fonctionnel** indiqué sera respecté lors du montage par l'utilisation d'une cale d'épaisseur connue.

Jeu fonctionnel

Espace entre deux pièces d'un objet lui permettant de fonctionner correctement.

Un outil informatique

La réalisation d'un document décrivant une procédure d'assemblage

À partir d'une représentation en trois dimensions lisible par une visionneuse et d'un logiciel de traitement de texte, il est possible de réaliser un document décrivant un ordre d'assemblage.

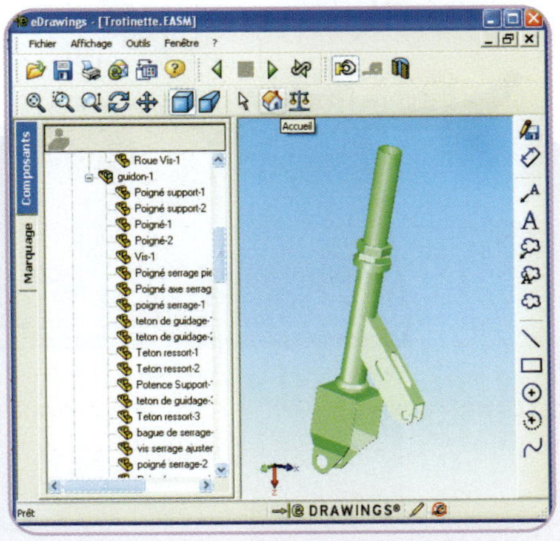

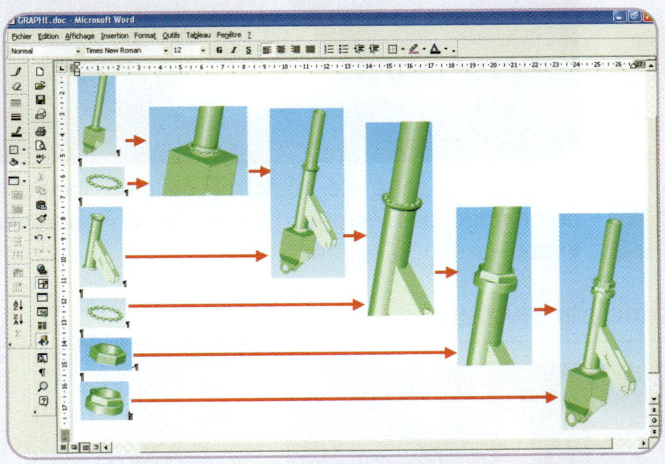

▲ **Étape 1 : Avec le logiciel de visualisation, sélectionner la pièce et l'enregistrer**
a. sélectionner une pièce et l'isoler du reste de la représentation ;
b. l'agrandir avec la commande « Zoom » ;
c. l'enregistrer dans un format d'image compatible avec le traitement de texte (exemple : jpeg).

◀ **Étape 2 : Avec le logiciel de traitement de texte, insérer l'image et la positionner**
d. insérer l'image dans le document ;
e. adapter sa taille au document avec les poignées ;
f. placer l'image à l'endroit souhaité.

Questionnement

1] Indiquez ce qui permet de différencier visuellement la pièce 3459 de la pièce 3454. (Doc. 1)

2] Précisez l'intérêt, lors du montage, de pouvoir décomposer cet objet en deux sous-ensembles. (Doc. 2)

3] Indiquez le nombre de pièces à assembler. (Doc. 3)

4] Relevez à quel moment est placée la pièce 5. (Doc. 3)

5] Tracez un graphe permettant de monter ce guidon avec une autre chronologie des opérations. (Doc. 3)

6] Précisez les conséquences pour le fonctionnement de cet objet si la cale n'est pas utilisée. (Doc. 4)

7] Indiquez le type de logiciel utilisé à chaque étape. (Encadré)

» Annexes 2, 3, pages 134-135

▶2 Les opérations d'assemblage

Une opération d'assemblage permet de maintenir en position deux pièces entre elles. Elle nécessite la mise en œuvre d'une procédure précise. Comment établir cette procédure et la décrire par un document?

DOC 1 L'assemblage réversible d'une batterie de voiture

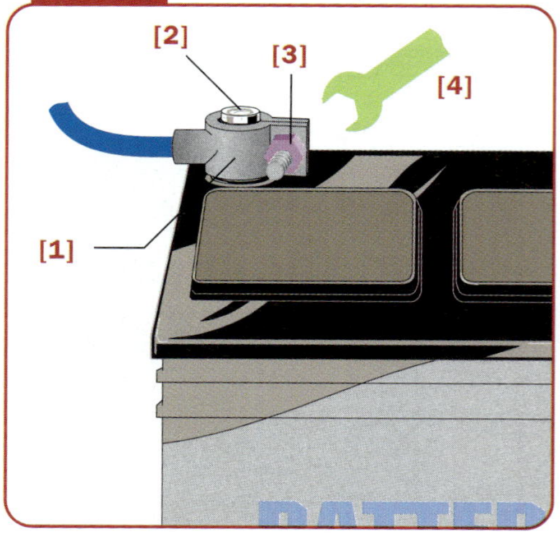

L'assemblage de la cosse **[1]** à la borne de batterie **[2]** est réalisé par le vissage d'un écrou sur une vis **[3]** à l'aide d'une clé plate **[4]**. Ce système facilite le montage et le démontage de la batterie.

Assemblage réversible
Maintien de pièces entre elles pouvant être démontées.

Assemblage irréversible
Maintien de pièces entre elles ne pouvant pas être démontées.

DOC 2 Le choix d'un outil pour démonter une roue

Le choix de cette clé en forme de croix facilite le démontage des écrous d'une roue, en particulier lorsqu'ils sont bloqués.

DOC 3 Un assemblage irréversible par rivetage

Avant. Pendant. Après.

L'assemblage définitif des pièces **[1-2]** est obtenu par la déformation à chaud d'un rivet **[3]** en acier. Ce procédé est aujourd'hui le plus souvent remplacé par un collage.

DOC 4 Un assemblage irréversible par brasage

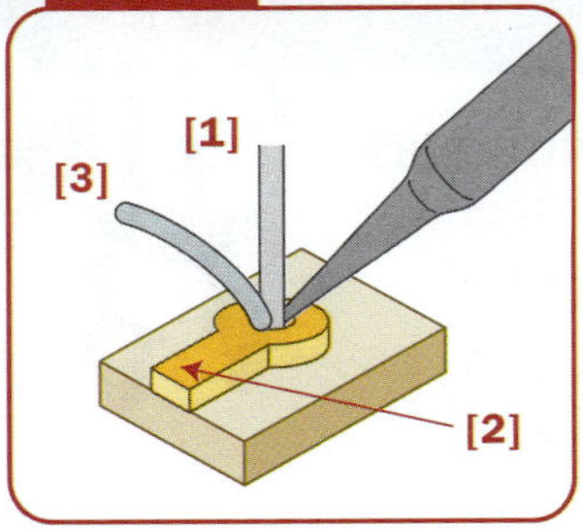

L'assemblage des fils et composants électroniques **[1]** sur le **circuit imprimé** **[2]** est réalisé par brasage. L'opérateur dépose un métal d'apport **[3]** chauffé à sa température de fusion permettant d'assurer la liaison électrique (continuité du circuit) et la liaison mécanique (assemblage) entre les éléments.

Composant de surface
Composant électronique de taille réduite.

Circuit imprimé
Plaquette constituée d'un matériau isolant et d'un conducteur.
Il permet de fabriquer des circuits électroniques.

DOC 5 Une fiche de poste pour décrire une procédure

Placement résistance R2		
1	Mettre en marche la pompe à aspirer.	
2	Prendre la résistance repérée « 101 » dans la boîte verte.	
3	Positionner R2 comme indiqué sur le schéma d'implantation.	Schéma d'implantation 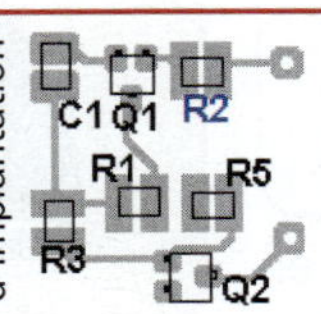
4	Désactiver la pompe à aspirer.	

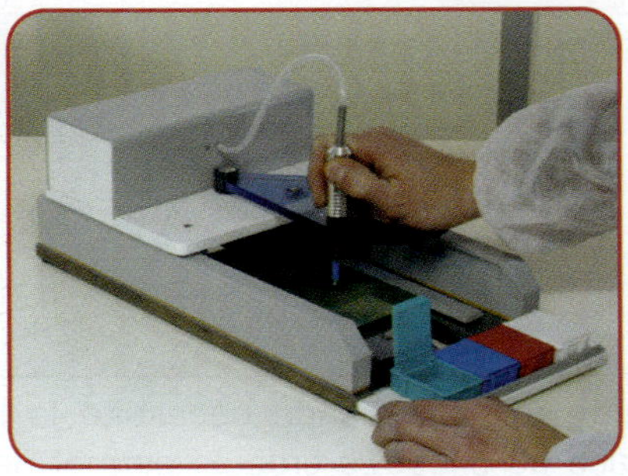

Station de placement manuel de composants électroniques de surface (CMS).

Cette fiche de poste indique à un opérateur la suite d'instructions à respecter pour placer des composants de surface sur un circuit imprimé. Elle précise la procédure à suivre pour prendre un composant et le déposer sur le circuit.

La sécurité sur le poste de travail

Pour réduire les accidents du travail, les entreprises mettent en place certaines actions en modifiant l'organisation des postes de travail et en rendant obligatoire le port d'équipements de sécurité. Un organisme, l'INRS, aide les entreprises en leur donnant des conseils et en leur fournissant de la documentation.

questionnement

1] Indiquez le système d'assemblage utilisé. (Doc. 1)

2] Expliquez à l'aide d'un schéma comment la cosse est maintenue à la borne par le vissage. (Doc. 1)

3] Déterminez pourquoi il est nécessaire de faciliter le montage et le démontage d'une batterie par un assemblage réversible. (Doc. 1)

4] Expliquez l'avantage pour l'utilisateur d'utiliser une clé en forme de croix. (Doc. 2)

5] Indiquez à quelle condition on peut démonter cet assemblage. Justifiez le terme « irréversible ». (Doc. 3)

6] Déterminez les deux fonctions de la brasure dans cet assemblage. (Doc. 4)

7] Indiquez d'après le texte le danger principal du brasage. (Doc. 4)

8] Précisez l'importance des boîtes de rangement de couleurs différentes situées devant l'opérateur. (Doc. 5)

9] Précisez clairement le risque dénoncé par cette affiche. (Encadré)

» Annexes 8, 9, 19 pages 140-141, 151

▶3 La notice d'emploi

La notice qui accompagne un produit précise les contraintes de fonctionnement et de sécurité à respecter par l'utilisateur. Quelles informations doit-on indiquer dans une notice? Comment rédiger et illustrer une notice pour être bien compris de l'utilisateur?

DOC 1 Un croquis décrivant la mise en place de piles

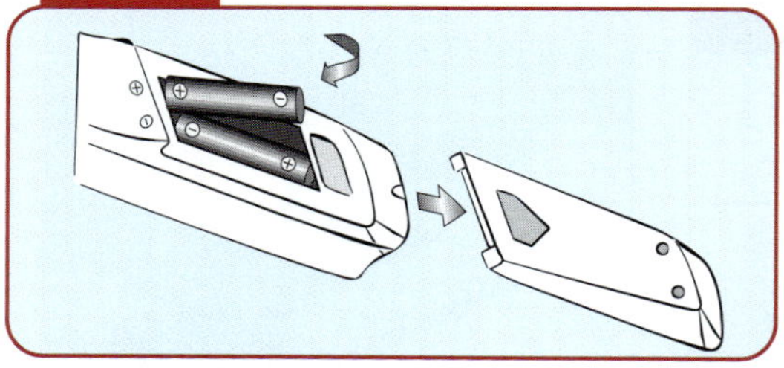

Cette télé-commande nécessite la mise en place de piles. Le croquis permet de mettre en évidence le sens dans lequel elles doivent être montées.

DOC 2 Un dessin repérant les éléments d'une radio-commande

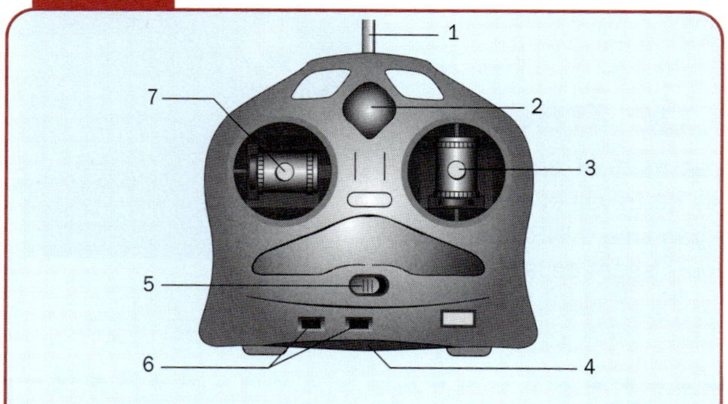

1. Antenne télescopique 2. Indicateur de charge 3. Fonction 1 : Direction 4. Prise de charge	5. Interrupteur Marche/Arrêt 6. Commutateurs d'inversion de sens 7. Fonction 2 : Régime moteur

Un dessin avec des repères et une nomenclature indique le rôle des différents éléments d'une radio-commande.

Notice d'emploi

Document livré avec un produit qui explique sa mise en service, son entretien et les règles de sécurité à respecter lors de son utilisation.

DOC 3 Une photo et une légende pour régler un carburateur

Le réglage initial doit être de 2,5 tours (vissez complètement le pointeau, puis dévissez de 2,5 tours).

Cette photo permet de repérer la vis de réglage du débit d'essence située sur le carburateur. La légende précise l'opération à effectuer.

DOC 4 Un texte donnant des règles de sécurité

CHOISISSEZ UN ENDROIT APPROPRIÉ POUR VOLER

Vous pouvez faire voler votre planeur sur le terrain du club local. Sinon, choisissez un grand terrain dégagé, libre de tout obstacle et assez éloigné des habitations.

PROCÉDEZ À UNE VÉRIFICATION DE SÉCURITÉ AVANT LE VOL

Avant chaque vol, procédez à une inspection complète de votre avion. Vérifiez l'état des charnières, assurez-vous que toutes les transmissions sont bien connectées.

ASSUREZ-VOUS QUE LA FRÉQUENCE DE VOTRE RADIO SOIT LIBRE AVANT DE L'UTILISER

Différentes fréquences sont utilisées pour la radiocommande des modèles réduits. Attention, deux installations ne peuvent pas fonctionner sur une même fréquence en même temps. Avant de brancher votre émetteur, assurez-vous que votre fréquence ne soit pas déjà utilisée par quelqu'un d'autre.

NE JAMAIS VOLER À PROXIMITÉ DES LIGNES À HAUTE TENSION

Les lignes à haute tension provoquent des interférences radio. Pour les éviter, il vaut mieux éviter de voler à leur proximité.

Extrait d'une notice d'emploi d'un planeur radio-commandé.

DOC 5 Un tableau d'aide au dépannage d'un éclairage de vélomoteur

Éclairage			
Causes			**Remèdes**
1. Ampoules	Filament	*Coupé ou à la masse*	Enlever l'optique de phare pour remplacer l'ampoule défectueuse. Les caractéristiques de l'ampoule sont 6V 1A.
2. Fils conducteurs		*Coupés effilochés*	Remplacer le fil défectueux.
3 Circuit à la masse		*Faux contact*	Vérifier l'isolement de tous les éléments du circuit par rapport au cadre du vélomoteur.
4. Interrupteur		*Encrassé*	Nettoyer les contacts de l'interrupteur et des bornes d'éclairage (phare, feu arrière).

Ce tableau figure dans une notice d'entretien d'un vélomoteur. Il permet à l'utilisateur de repérer rapidement les causes possibles de non fonctionnement de son éclairage et d'y remédier.

Un outil informatique

L'appareil photo numérique

De nombreuses notices sont illustrées par des photographies réalisées avec un appareil photo numérique.

Une fois la photo prise, celle-ci est stockée dans une **carte mémoire** sous la forme d'un fichier. Pour pouvoir l'insérer dans un document, il faut la transférer sur le disque dur de l'ordinateur.

De nombreux logiciels, souvent livrés avec l'appareil photo, permettent ce transfert. Quel que soit le logiciel utilisé, le principe est identique :

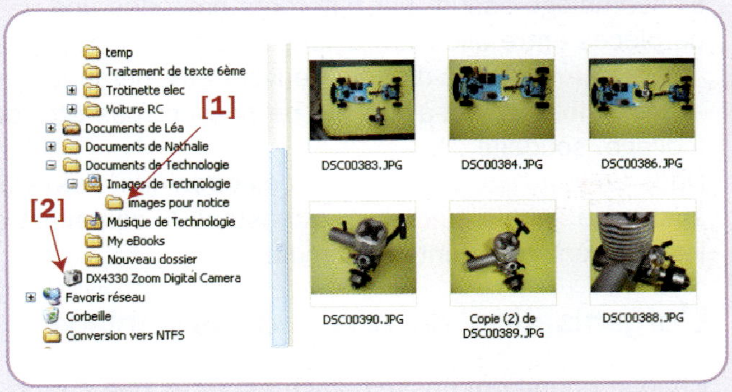

- créer un répertoire sur le disque dur **[1]** ;
- connecter l'appareil photo à l'unité centrale avec le câble livré (certains ordinateurs disposent de connecteurs permettant le branchement direct de la carte mémoire) ;
- afficher le contenu de la carte mémoire **[2]** ;
- transférer les fichiers de la carte mémoire au disque dur.

Carte mémoire

Support amovible permettant de stocker des fichiers informatiques.

questionnement

1] Indiquez les détails de ce croquis qui permettent de visualiser le sens d'installation des piles. (Doc. 1)

2] Précisez le rôle du voyant [2] et de l'interrupteur [5]. (Doc. 2)

3] Repérez ce qui permet de mettre en évidence la vis de réglage dans cette photo. (Doc. 3)

4] Indiquez comment sont mises en évidence les rubriques de ce texte. (Doc. 4)

5] Citez l'opération à effectuer si l'interrupteur est encrassé. (Doc. 5)

6] Précisez l'importance de créer un répertoire ou un dossier avant d'effectuer le transfert des photos. (Encadré)

» Annexes 2, 3, 22, pages 134, 135, 154

Le bilan

La préparation du montage d'un objet

Le montage d'un objet est réalisé à partir de toutes les pièces qui le composent. Un ordre d'assemblage est indispensable pour être certain de monter les pièces comme il faut. Chaque pièce, sauf la première, ne peut pas être assemblée avant une autre, c'est son **antériorité** de montage.
L'ordre d'assemblage des différentes pièces forme la **chronologie des opérations** d'assemblage, c'est-à-dire leur succession logique dans le temps. Cette chronologie peut être représentée sous différentes formes (liste, tableau, organigramme...).

Les opérations d'assemblage

L'assemblage assure par différents procédés une **liaison mécanique** qui permet le maintien de pièces entre elles. On distingue des assemblages :
- **réversibles**, c'est-à-dire qui peuvent être démontés (vissage...) ;
- **irréversibles**, c'est-à-dire qui ne peuvent pas être démontés sans endommager les pièces (collage, soudage...).

Dans un **montage électrique** ou électronique, l'assemblage crée une liaison mécanique mais aussi une **liaison électrique** qui assure la continuité du passage du courant électrique entre les différents éléments du circuit.

L'organisation du poste d'assemblage

Chaque opération d'assemblage est effectuée sur un poste de travail préparé avec soin pour la réaliser en toute sécurité. Ce poste comporte :
- les **outils** d'assemblage (clés, tournevis, fer à souder...) ;
- les **montages** nécessaires pour tenir les pièces pendant l'assemblage (pince, étau, supports...) ;
- les **protections de sécurité** indispensables (gants, paires de lunettes...) pour travailler en toute sécurité ;
- une **fiche de poste** qui indique la procédure à respecter (suite chronologique d'instructions).

Les contraintes d'utilisation

Les **contraintes d'utilisation** sont précisées dans la **notice d'emploi** qui accompagne un objet technique. Le respect de ces contraintes permet d'utiliser l'objet dans de bonnes conditions. Elles concernent la préparation du produit, les **réglages**, la **mise en fonctionnement**, les **règles de sécurité**, l'**entretien**...

Exercices

Je teste mes connaissances

1] Repérer des opérations d'assemblage

Précisez pour chacun des assemblages suivants s'ils sont réversibles ou irréversibles.
a) Roues de rollers avec le support (platine).
b) Tubes d'aluminium permettant de réaliser un cadre de vélo.
c) Grip antidérapant sur une planche de skate-board.
d) Moteur de scooter sur son cadre.
e) Pot d'échappement avec moteur.

2] Identifier des éléments d'un poste d'assemblage

Un poste d'assemblage dispose du matériel suivant. Précisez pour chaque élément s'il s'agit d'outils d'assemblage, de supports de montage ou de protections de sécurité.
a) pince, **b)** gants, **c)** tournevis, **d)** étau, **e)** clé, **f)** lunettes, **g)** clé 6 pans, **h)** fer à souder

3] Classer les contraintes d'utilisation

Une notice d'hélicoptère radio-commandé est composée de deux chapitres :
- Chapitre 1 Utilisation et fonctionnement.
- Chapitre 2 Règles de sécurité.

Classez les phrases suivantes dans le bon chapitre.
a) Remplir le réservoir d'essence au niveau maximum.
b) Vérifier le serrage de tous les écrous.
c) Ne pas toucher le moteur après utilisation.
d) Choisir un grand terrain dégagé.
e) Vérifier la connexion des éléments électriques.
f) Actionner la manette pour diriger.

J'applique mes connaissances

4] Décoder un schéma de câblage

Ce schéma permet le câblage des différents éléments électriques d'un modèle réduit de locomotive à un connecteur.
a) Repérez sur ce schéma les éléments désignés ci-dessous en vous aidant de l'*Annexe 18*.

Désignation	Repère(s)
Éclairage (lampes)	
Klaxon (haut-parleur)	
Moteur électrique	

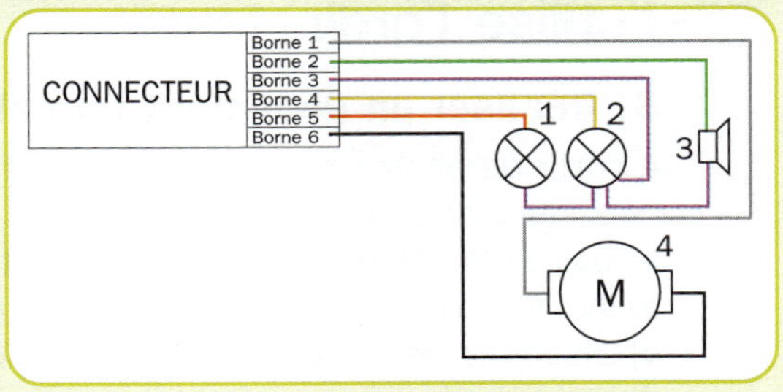

b) Précisez la couleur du fil à relier à la borne 2 du connecteur.
c) Indiquez le nombre de fils de couleur violette à préparer avant de réaliser le câblage.

5] Décoder un dessin éclaté et la nomenclature associée

Complétez la nomenclature de ce train arrière de voiture en indiquant le repère de chaque pièce.

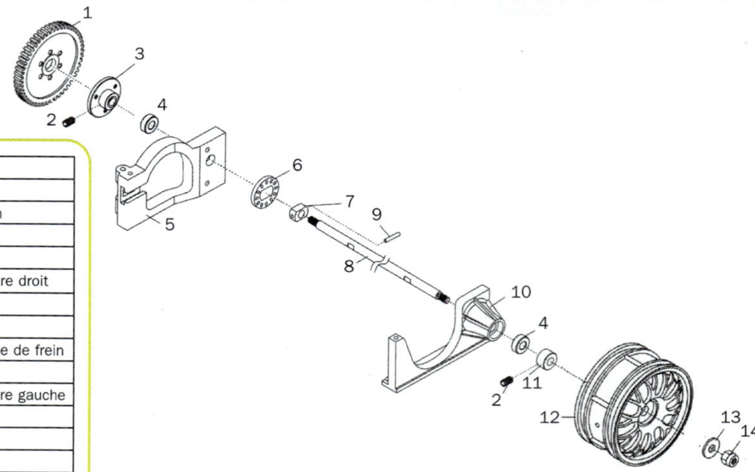

Repère	Quantité	Désignation
	1	Roue dentée 85 dents
	2	Vis HCmétrique ∅ 3 longueur 6 mm
3	1	Support de roue dentée
	2	Bague
5	1	Support arbre de transmission arrière droit
6	1	Disque de frein
	1	Moyeu de disque de frein
	1	Axe de maintien du moyeu de disque de frein
	1	Axe de transmission
10	1	Support arbre de transmission arrière gauche
11	1	Butée réglable
	1	Roue
	1	Rondelle ∅ 5
	1	Écrou ∅ 5

6] Définir une chronologie des antériorités

Complétez le graphique précisant l'ordre de montage des cinq pièces.

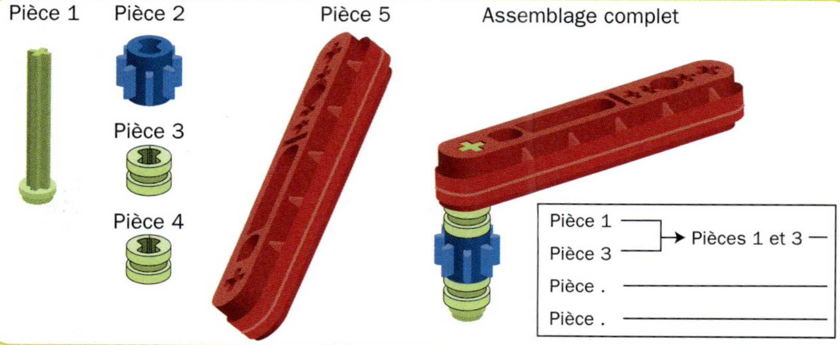

7] Choisir le bon outil

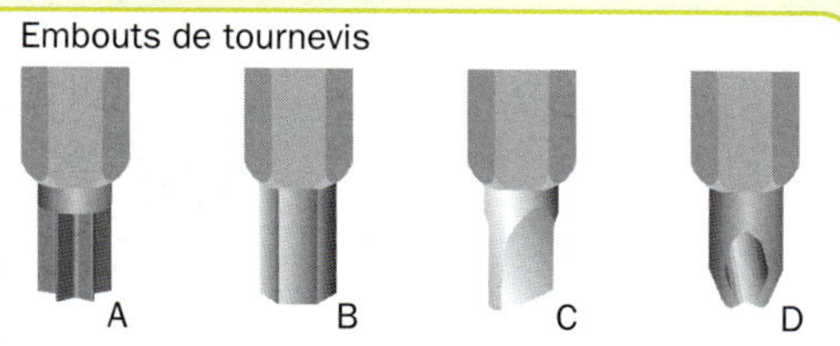

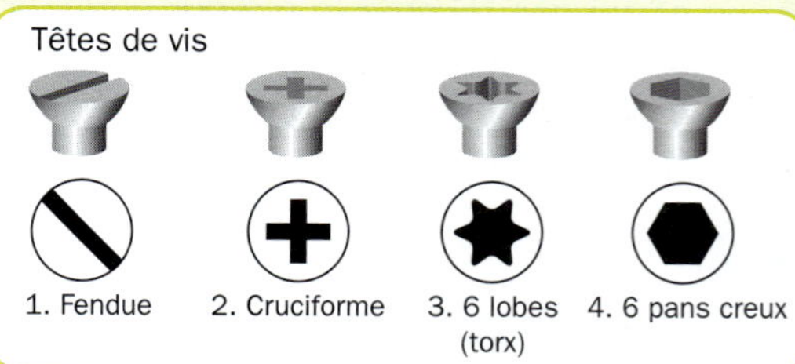

Associez l'embout de tournevis à la tête de vis correspondante.

J'utilise l'ordinateur

8] Réaliser un document formalisant une procédure d'assemblage

À partir de photos représentant les différentes étapes d'assemblage d'une partie d'une voiture, réalisez un document présentant la chronologie des opérations de montage.

a) Ouvrez le fichier « voiture train-avant » où sont les photographies.

b) Indiquez votre nom, votre classe et enregistrez le fichier.

c) Disposez les images et tracez les flèches.

d) Imprimez le document obtenu.

Chapitre 11

Le contrôle des fabrications

CE QUE VOUS ALLEZ APPRENDRE À FAIRE

▸ Contrôler à l'aide d'un gabarit, d'instruments de mesure.

Un contrôle anti-pollution.

Interroger une situation technologique

1] Déterminez quel est le contrôle effectué sur ce véhicule.

2] Expliquez pourquoi ce contrôle est obligatoire.

3] Imaginez deux autres types de contrôles des performances techniques à effectuer obligatoirement sur un véhicule automobile.

▸ Identifier des problèmes technologiques

- Comment peut-on contrôler une dimension ?
- Comment peut-on contrôler une forme ?
- Comment mesurer les performances techniques d'un objet lors de son utilisation ?

▶1 Le contrôle et la mesure des dimensions

Une pièce mécanique est fabriquée en respectant des dimensions précises qui doivent être conformes à celles indiquées sur son dessin de définition. Quels sont les différents moyens utilisés pour contrôler ces dimensions?

DOC 1 La tolérance d'une grandeur

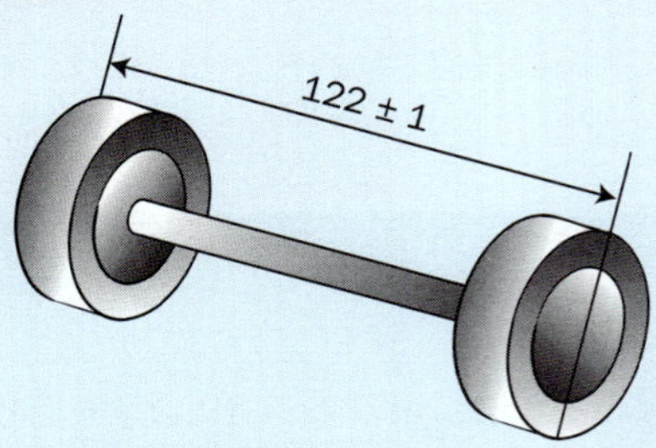

La longueur de la pièce inscrite sur le dessin de définition est de 122 **millimètres**. Cette dimension a une valeur minimale de 121 millimètres et une valeur maximale de 123 millimètres, données par l'**intervalle de tolérance**.
Toutes les pièces fabriquées dont la largeur contrôlée est comprise entre 121 et 123 millimètres sont considérées comme réussies, les autres sont rejetées.

DOC 2 La mesure ou la comparaison d'une grandeur

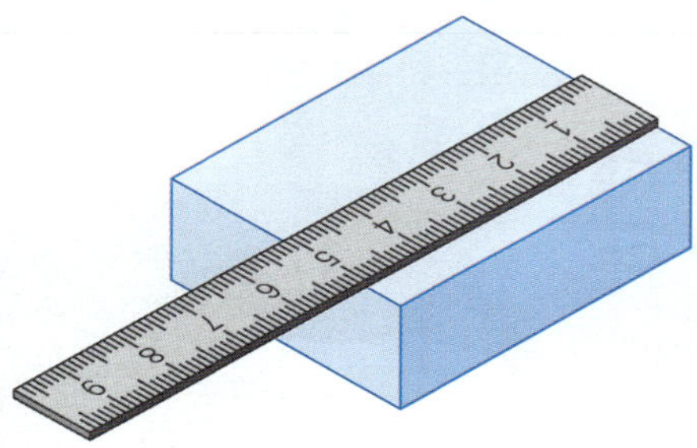

Une mesure.

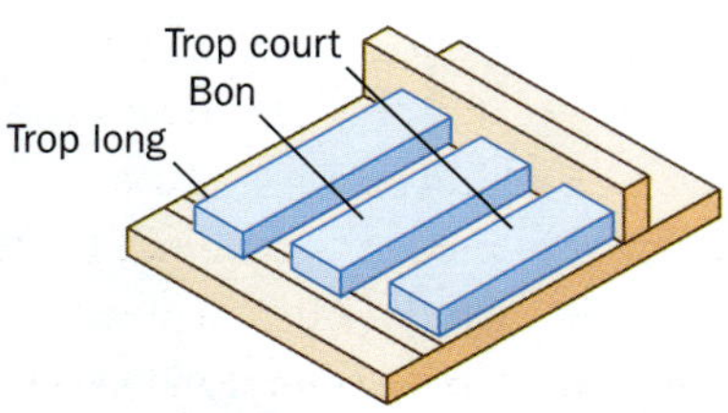

Une comparaison.

▸ L'utilisation d'un instrument de mesure, ici un **réglet**, permet de lire sur une graduation la grandeur de la dimension contrôlée et donc de connaître sa valeur réelle.
▸ L'utilisation d'un modèle de contrôle, ici un **gabarit**, permet par comparaison de contrôler la dimension. Sa valeur n'est pas mesurée; elle est simplement jugée bonne ou mauvaise.

DOC 3 La mesure à l'aide d'un réglet

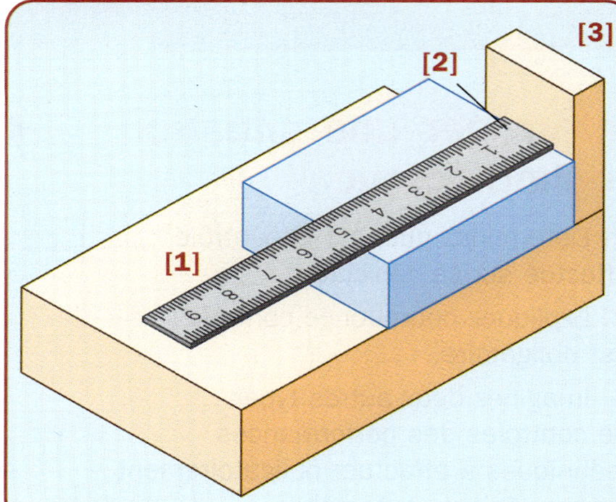

Le réglet **[1]** est un instrument de contrôle formé d'une lame métallique souple graduée en millimètres ou en demi-millimètres. L'origine de la graduation (le zéro) **[2]** est située à une extrémité du réglet. La pièce à mesurer et l'extrémité du réglet sont en contact sur une butée **[3]**.

Millimètre
Sous-multiple du mètre (sa millième partie). C'est l'unité utilisée en technologie pour mesurer des dimensions.

Gabarit
Instrument de contrôle par comparaison d'une dimension ou d'une forme.

DOC 4 La mesure à l'aide d'un calibre à coulisse

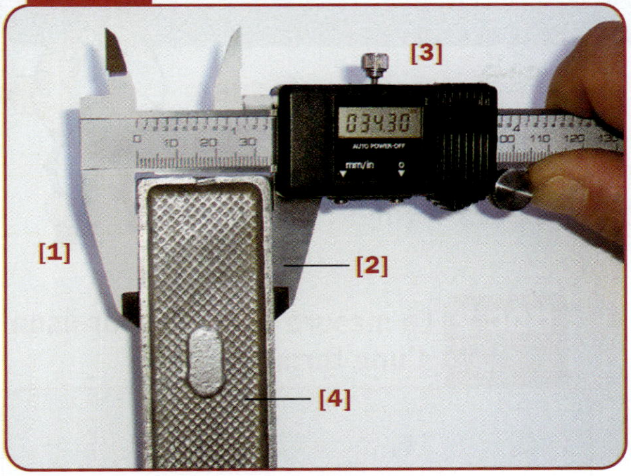

Le calibre à coulisse numérique est un **instrument** de contrôle formé de deux parties : un bec fixe **[1]** et un bec mobile **[2]** sur lequel est placé un afficheur digital **[3]**, qui affiche la valeur mesurée.
La pièce à mesurer **[4]** est en contact avec les deux becs, pour assurer une prise de mesure correcte.

DOC 5 La comparaison à l'aide d'un calibre

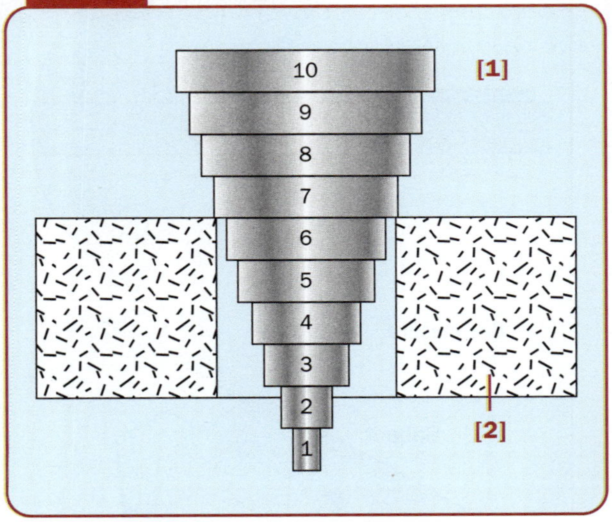

Le **calibre** **[1]** est constitué de plusieurs cylindres étagés (de 1 à 10) de diamètre très précis. Il permet de déterminer rapidement par comparaison si le diamètre de perçage de la pièce **[2]** est compris dans l'intervalle de tolérance prévu par le dessin de définition.

Calibre
Appareil fabriqué avec précision, utilisé comme modèle pour contrôler des dimensions.

Questionnement

1] Donnez la valeur de l'intervalle de tolérance de la dimension de 122 millimètres. (Doc. 1)

2] Indiquez si la mesure de 121,4 millimètres est comprise dans l'intervalle de tolérance et déduisez-en si la pièce est considérée comme bonne ou mauvaise. (Doc. 1)

3] Indiquez la différence principale entre un contrôle par mesure et un contrôle par comparaison. (Doc. 2)

4] Déterminez la précision maximale pouvant être mesurée par le réglet. (Doc. 3)

5] Déterminez la précision maximale pouvant être mesurée par le calibre à coulisse numérique. (Doc. 4)

6] Dites s'il est possible de mesurer une dimension dont l'intervalle de tolérance est de 0,5 millimètre à l'aide d'un calibre à coulisse. (Doc. 4)

7] Indiquez si la pièce est bonne, sachant que le diamètre repéré 5 du calibre doit entrer dans le trou et que celui repéré 6 ne doit pas entrer dans le trou. (Doc. 5)

8] Indiquez si la pièce est bonne, sachant que le diamètre repéré 6 du calibre doit entrer dans le trou et que celui repéré 7 ne doit pas entrer dans le trou. (Doc. 5)

» Annexes 16, 17, pages 148-149

▸2 Le contrôle et la mesure des formes

Une pièce mécanique est fabriquée en respectant des formes plus ou moins complexes qui doivent être conformes à celles indiquées sur son dessin de définition. Quels sont les différents moyens utilisés pour contrôler ces formes?

DOC 1 La tolérance d'une forme

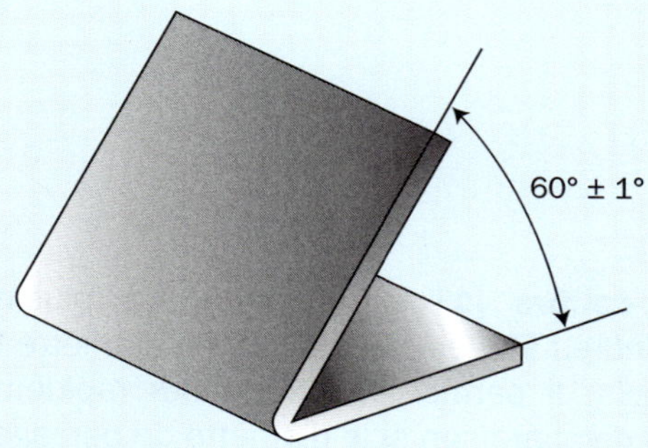

Le dessin de définition indique un **pli** d'une valeur de 60° (**degré**). L'intervalle de tolérance détermine une valeur minimale tolérée de 59° et une valeur maximale tolérée de 61°.

Toutes les pièces fabriquées dont la valeur angulaire est comprise entre 59° et 61° sont considérées comme réussies. Les autres sont rejetées.

DOC 3 La mesure à l'aide d'un rapporteur d'angle

Le rapporteur d'angle **[1]** est un outil de contrôle métallique réglable gradué en degrés **[2]**.

L'angle à mesurer sur la pièce **[3]** est juxtaposé au rapporteur à l'angle, sa position angulaire est bloquée à l'aide d'une vis de serrage **[4]**, la valeur angulaire mesurée est lue sur la graduation **[5]**.

DOC 2 La mesure ou la comparaison d'une forme

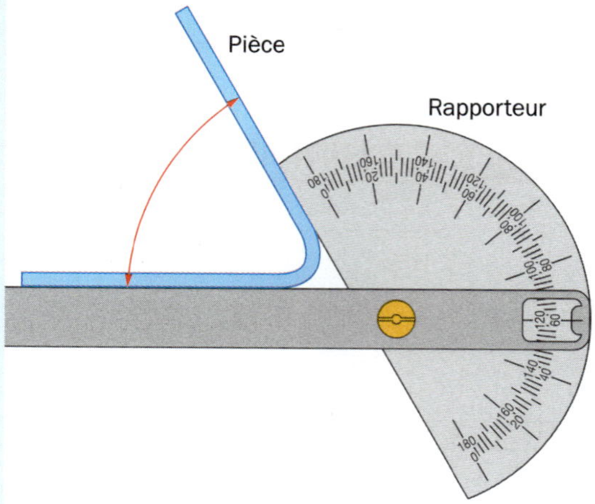

Une mesure.

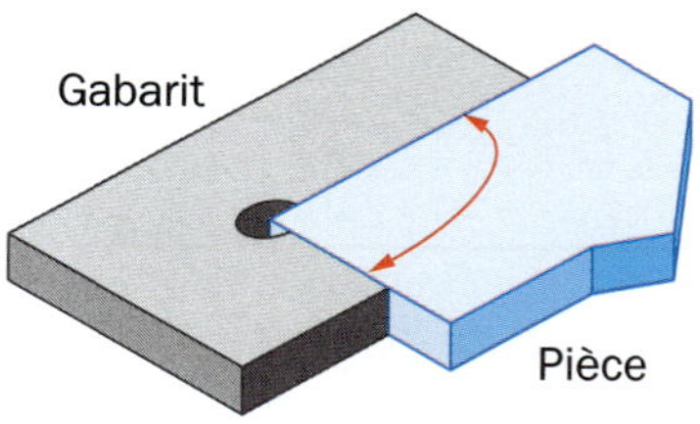

Une comparaison.

▸ L'utilisation d'un instrument de mesure, un **rapporteur** d'angle, permet de lire sur une graduation la valeur contrôlée de l'angle et donc de connaître sa valeur réelle.

▸ L'utilisation d'un modèle de contrôle, un **gabarit**, permet par comparaison de contrôler la valeur de l'angle. La valeur angulaire n'est pas mesurée, elle est simplement jugée bonne ou mauvaise.

Pli

Angle formé par deux surfaces d'une pièce.

Degré

Unité de mesure des angles.

DOC 4 La comparaison à l'aide d'une équerre

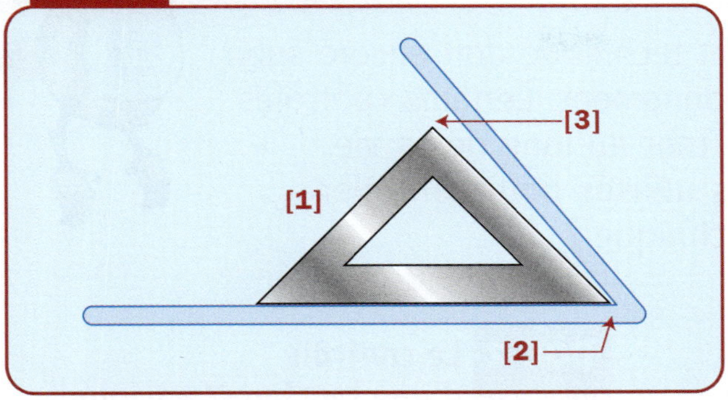

L'équerre **[1]** est un instrument calibré de contrôle métallique utilisé pour vérifier principalement des angles d'une valeur fréquemment fabriquée sur les pièces **[2]** : 45°, 60°, 90°, etc.
Les deux côtés de l'angle de la pièce se positionnent en appui sur les deux côtés de l'équerre. Le **défaut angulaire** **[3]** est visible par comparaison au modèle.

Défaut angulaire
Valeur hors des limites de tolérance d'un angle.

DOC 5 La comparaison à l'aide d'un gabarit d'angle

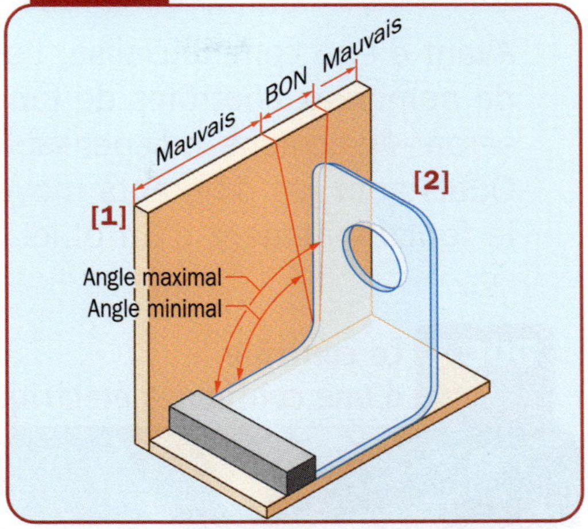

Le gabarit d'angle **[1]** est un objet technique de contrôle spécialement réalisé pour vérifier un angle façonné sur une pièce **[2]**. Il permet de comparer la valeur de l'angle fabriqué en vérifiant que celle-ci se positionne entre les deux formes limites inscrites.

L'évolution technique
Le contrôle d'une forme complexe

Pour contrôler une forme complexe, il est possible de relever les coordonnées dans l'espace de ses points principaux et de les comparer à un modèle.
Détail du travail effectué :
- Relevé des points de la pièce avec un palpeur **[1]**.
- Comparaison, à l'aide d'une carte d'erreur, par rapport au dessin.

Il est possible de déterminer, grâce aux résultats donnés par la carte d'erreur, si l'on valide le prototype ou au contraire s'il faut renvoyer la pièce pour modification. Comme on connaît précisément la localisation des défauts de forme, la modification éventuelle est facilitée.

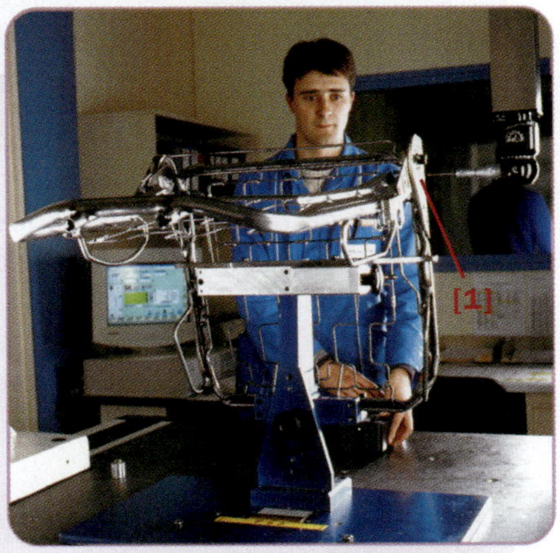

Contrôle de la structure d'un siège automobile.

Questionnement

1] Indiquez si un angle de 63,5° est compris dans l'intervalle de tolérance et si la pièce est bonne ou rejetée. (Doc. 1)

2] Donnez la tolérance du secteur angulaire de 60°. (Doc. 1)

3] Déterminez, entre ces deux moyens, le plus simple à utiliser pour contrôler un grand nombre de pièces. (Doc. 2)

4] Déterminez la précision maximale pouvant être mesurée par le rapporteur d'angle. (Doc. 3)

5] Relevez à un degré près la dimension de la grandeur mesurée. (Doc. 3)

6] Indiquez si l'utilisation d'une équerre permet un contrôle d'une très grande précision. (Doc. 4)

7] Indiquez si la pièce est bonne, sachant que le pli doit se trouver entre les deux formes limites inscrites sur le gabarit. (Doc. 5)

8] Expliquez quels sont les moyens utilisés pour contrôler le siège. (Encadré)

9] Expliquez pourquoi le siège peut être renvoyé pour modification. (Encadré)

» **Annexes 16, 17, pages 148-149**

▶3 Le contrôle de fonctionnement

Avant d'être commercialisé, l'objet technique doit encore subir de nombreux contrôles de fonctionnement. Certains contrôles seront également indispensables tout au long de sa vie. Quels sont les différents moyens utilisés pour contrôler le fonctionnement d'un objet technique ?

DOC 1 Le contrôle d'une continuité électrique

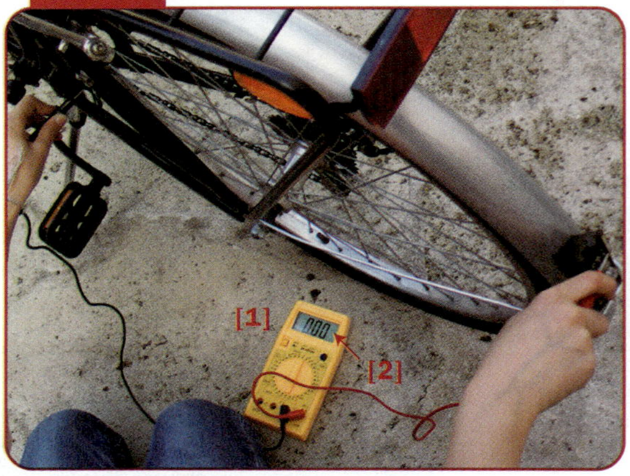

Le **multimètre [1]** en fonction ohmmètre est un instrument de mesure et de contrôle électrique qui permet de vérifier s'il existe des coupures de pistes et de fils conducteurs ou des **courts-circuits** dans un circuit électrique. Le contrôle est affiché en **ohms** sur l'**afficheur digital [2]** de l'appareil.

DOC 2 Le contrôle d'une tension électrique

Le multimètre en fonction voltmètre permet d'effectuer des contrôles et des mesures de tension. On peut ainsi comparer les valeurs mesurées aux valeurs déterminées qui garantissent le bon fonctionnement du circuit. La valeur mesurée est affichée en **volts**.

DOC 3 Le contrôle du fonctionnement d'un éclairage

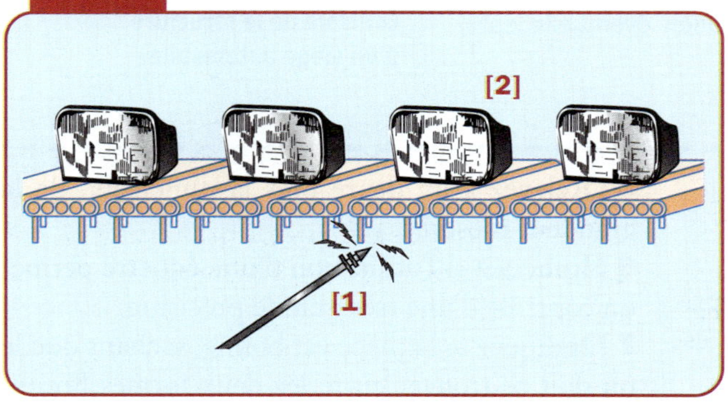

Un détecteur d'éclairement **[1]** est placé à la fin de la chaîne d'assemblage des phares d'automobiles **[2]**, pour un contrôle final de fonctionnement. Les phares sont placés les uns à côté des autres sur un tapis et se présentent allumés face au détecteur d'éclairement, qui contrôle si la valeur de l'éclairage est comprise entre deux valeurs (maximale et minimale).

Court-circuit
Liaison électrique non désirée entre deux conducteurs électriques.

Ohm
Unité de la résistance électrique.

Volt
Unité de la tension électrique.

Afficheur digital
Appareil qui affiche directement une grandeur par des chiffres (par opposition à la lecture avec aiguille sur une graduation).

DOC 4 Le contrôle final du fonctionnement

Après l'assemblage de la voiture, une contrôleuse démarre le véhicule, accélère plusieurs fois, freine ; le feu stop arrière s'allume. Elle allume les feux de croisement, les feux de route, puis elle contrôle les clignotants. Une fois l'ensemble des tests validés, le véhicule est prêt à être expédié chez un revendeur.

▶ Une solution technique

Les contrôles destructifs pour la sécurité

Les ingénieurs tentent, par divers moyens, de réduire les conséquences d'un choc en voiture. Ils étudient la manière dont l'énergie provoquée par l'impact se dissipe dans le véhicule.

L'objectif principal étant de protéger le chauffeur et ses passagers, l'habitacle doit rester intact lors de l'impact : si le choc se produit de face, l'avant du véhicule doit se déformer progressivement (de même pour la partie arrière si le choc se produit à l'arrière).

De nombreux tests et contrôles sont réalisés en poussant des véhicules à l'aide d'un moteur sur rail contre un mur. Chaque test est minutieusement analysé : zones de déformation, état de l'habitacle, déclenchement de l'airbag, etc.

Un crash-test.

questionnement

1] Relevez la valeur affichée par l'afficheur numérique. (Doc. 1)

2] Commentez le résultat du contrôle, sachant que si le circuit électrique est ouvert, l'afficheur doit indiquer « 1 ». (Doc. 1)

3] Indiquez la grandeur physique mesurée à l'aide de l'appareil de contrôle. (Doc. 2)

4] Relevez le symbole de l'unité de la tension électrique. (Doc. 2)

5] Expliquez le rôle du détecteur d'éclairement. (Doc. 3)

6] Expliquez ce qui devra se passer si le détecteur d'éclairement signale une valeur d'éclairage trop faible. (Doc. 3)

7] Lors des tests, l'échappement du véhicule est raccordé à l'extérieur du bâtiment. Expliquez pourquoi. (Doc. 4)

8] Indiquez ce qui devra se passer si le clignotant avant droit ne fonctionne pas. (Doc. 4)

9] Expliquez ce qui se produirait si, lors d'un choc de face, l'avant du véhicule ne se déformait pas. (Encadré)

10] Indiquez pourquoi le véhicule ne peut pas être réutilisé pour un autre contrôle. (Encadré)

» Annexes 16, 17, pages 148-149

Le bilan

La précision de la mesure d'une grandeur ou d'une forme

La **tolérance** de fabrication fixe à la dimension ou à la forme réalisée une **valeur minimale** et une **valeur maximale**, entre lesquelles la valeur mesurée doit se situer pour être jugée bonne. L'instrument de contrôle choisit doit être adapté à la précision à contrôler.

Le contrôle par mesure des dimensions et des formes

Le **réglet** est un instrument de mesure et de contrôle qui permet de mesurer des surfaces planes. La précision de la mesure ne peut pas être inférieure au **demi-millimètre**.
Le **calibre à coulisse numérique** est un instrument de mesure qui permet de mesurer des dimensions extérieures, des dimensions intérieures et des profondeurs. Il permet de mesurer des surfaces de formes diverses. La précision de mesure ne peut pas être inférieure au **centième de millimètre**.
Le **rapporteur d'angle** est un instrument de mesure qui permet essentiellement de mesurer des angles. Par exemple, la **valeur angulaire** d'un pli façonné sur une pièce. La précision ne peut pas être inférieure au **demi-degré**.

Le contrôle par comparaison des dimensions et des formes

Le **calibre** et le **gabarit d'angle** sont des outils de contrôle qui permettent, par **comparaison** à deux **valeurs fixes**, de déterminer si une dimension ou une forme angulaire est bonne ou mauvaise sans avoir à effectuer une mesure.
L'équerre est un instrument calibré qui permet de contrôler la valeur d'un angle sans avoir à la mesurer.

Le contrôle du fonctionnement d'un objet technique

Le **multimètre** est un appareil de mesure qui propose deux utilisations :
- en fonction **ohmmètre**, il permet de vérifier si un circuit électrique est ouvert ou fermé, donc s'il autorise la circulation du courant électrique entre les différents composants ;
- en fonction **voltmètre**, il permet entre deux points du circuit électrique de mesurer une grandeur appelée « tension ».

Pour contrôler le bon fonctionnement d'un objet technique, il est possible de tester diverses grandeurs telles que la vitesse, la pression, la température, la résistance aux chocs, l'éclairement, le temps, etc., en fonction de l'usage attendu de l'objet.

Exercices

Je teste mes connaissances

1] Déterminer la tolérance d'une dimension

a) Indiquez pour les dimensions suivantes leur valeur de tolérance.
b) Calculez la valeur maximale de chaque dimension.
c) Calculez la valeur minimale de chaque dimension.

1. 25 ± 1
2. 132 – 1 et 0
3. 142,5 + 1 et 0
4. 47,7 ± 0,5
5. 119,4 – 0,5 et + 0,2

2] Identifier un instrument de mesure

Indiquez le nom de chaque instrument de contrôle.

A

B

C

D

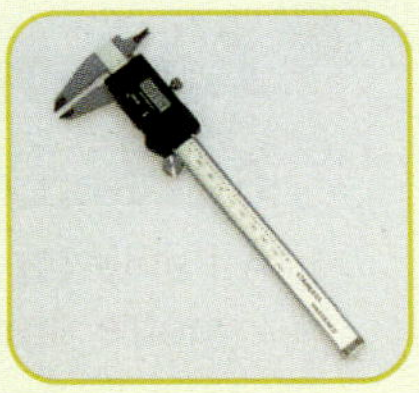
E

3] Identifier une prise de mesure correcte

a) Parmi ces trois situations de prise de mesure à l'aide d'un réglet, indiquez celle qui semble permettre la plus grande précision.
b) Expliquez votre choix et précisez le problème posé par les deux autres situations.

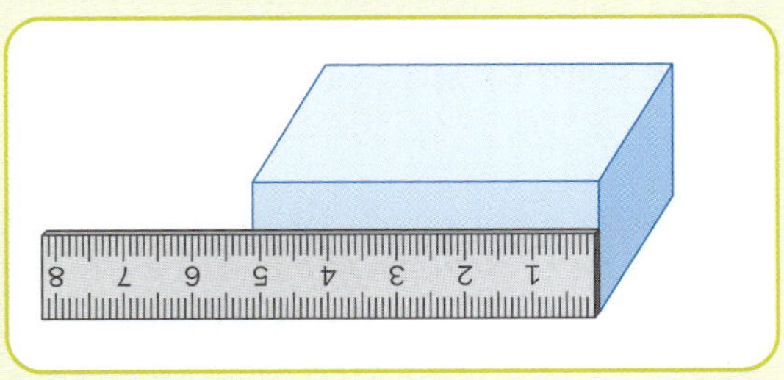
A

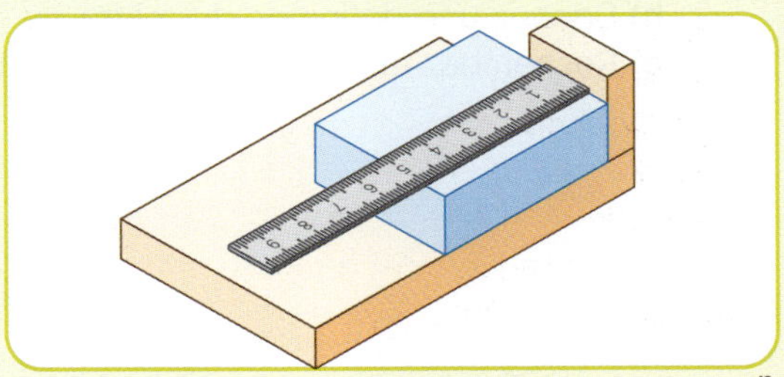
B

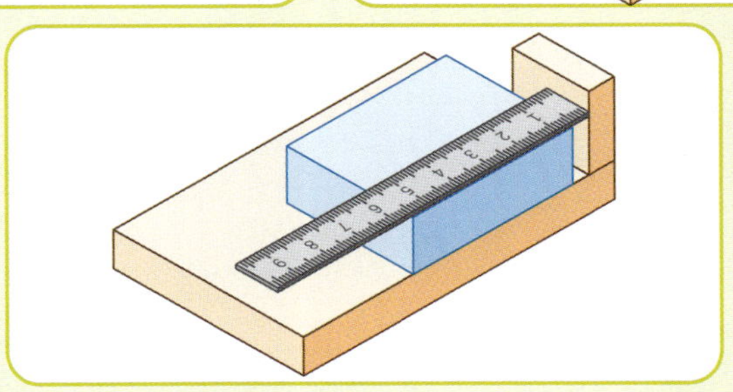
C

J'applique mes connaissances

4] Contrôler les dimensions et les formes d'une pièce

a) Déterminez pour chaque dimension à mesurer le moyen de contrôle à utiliser.

b) Réalisez pour la prise de mesure des dimensions de 20 ± 1 et 45 ± 0,2 un dessin très simple pour montrer la manière dont la prise de mesure sera effectuée.

c) Sachant que les mesures relevées sur la pièce sont 21 – 44,9 – 72,8 et 60,5°, indiquez si la pièce est bonne. Justifiez votre réponse.

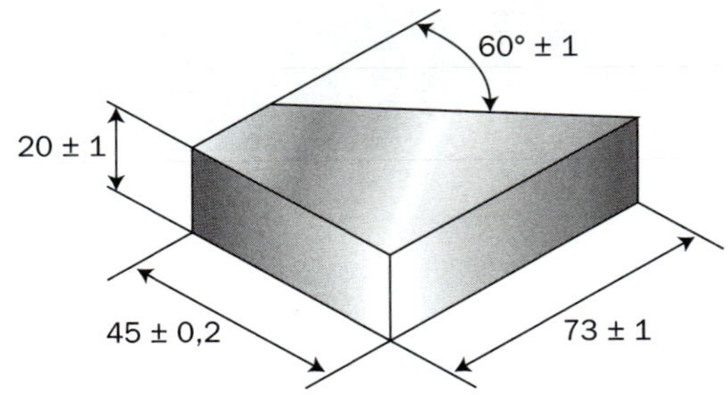

5] Contrôler des grandeurs électriques

Un véhicule électrique à contrôler est alimenté en 12 volts, le contrôle doit être effectué aux bornes de son alimentation.

a) En vous aidant de l'annexe 20 page 152, indiquez le type d'appareil à utiliser pour réaliser un contrôle de tension aux bornes de l'alimentation.

b) Indiquez la position de raccordement des touches tests rouge et noir sur l'appareil.

c) La valeur affichée sur l'afficheur digital est de 11,8. Commentez ce résultat et donnez une conclusion.

J'utilise l'ordinateur

6] Chercher des informations sur Internet

À l'aide du moteur de recherche de votre choix et en saisissant en mot-clé entre guillemets « mètre étalon » :

altavista — Google France — YAHOO! FRANCE

a) Recherchez en quelle année a été signée entre 17 États la convention du mètre.

b) Donnez une définition du mètre.

c) Recherchez en quel matériau est fait le mètre étalon.

Les technologies de l'information et de la communication

CE QUE VOUS ALLEZ APPRENDRE À FAIRE

acquisition et mémorisation des données

■ Je maîtrise suffisamment le clavier	Fiche 1
■ Je désigne les différents périphériques d'acquisition d'un ordinateur	Fiche 1
■ J'ouvre les fichiers et les dossiers de travail	Fiche 1
■ Je crée ou je classe mes fichiers dans un dossier ou un sous-dossier	Fiche 1
■ J'enregistre et j'imprime un fichier	Fiche 2

présentation et communication des données

■ Je me sers des fonctions élémentaires d'un traitement de texte	Fiche 3
■ J'emploie à bon escient les fonctions « couper », « copier », « coller » des logiciels	Fiche 3
■ J'insère des images dans un document	Fiche 3
■ J'identifie une adresse de site	Fiche 4
■ J'utilise un navigateur pour afficher un site Web	Fiche 4
■ Je me sers d'un moteur de recherche pour trouver des informations	Fiche 4
■ J'identifie une adresse de messagerie	Fiche 5
■ J'envoie un message électronique à des destinataires et je leur réponds	Fiche 5
■ J'ouvre et j'enregistre une pièce-jointe	Fiche 5

protection des données personnelles

■ J'identifie et je respecte le droit d'auteur (propriété intellectuelle)	Fiche 6
■ J'identifie et je respecte les données à caractère personnel	Fiche 6

Fiche 1

L'acquisition et l'utilisation de données

Les périphériques informatiques permettent d'acquérir des informations (textes, sons, images, etc.). Ces informations sont enregistrées sous la forme de fichiers. Les fichiers sont regroupés dans des dossiers et des sous-dossiers.

DOC 1 La saisie des informations par le clavier

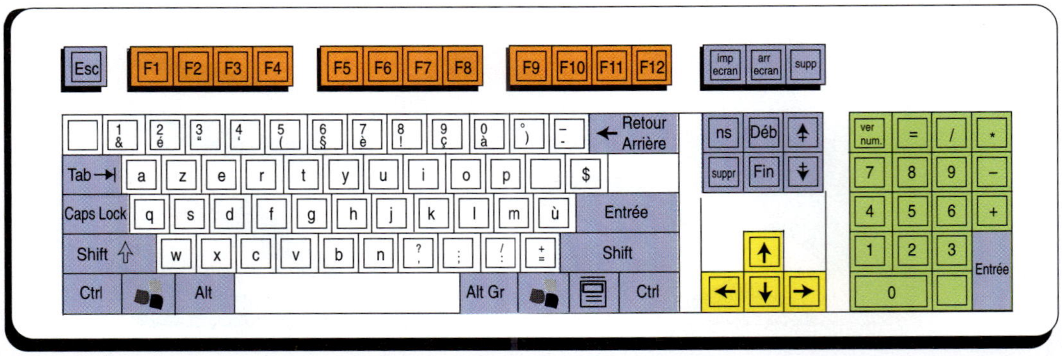

La zone principale est agencée comme le clavier d'une machine à écrire.
La zone numérique est organisée comme le clavier d'une calculatrice.
La zone des touches de fonctions est utilisée pour exécuter rapidement une action.
La zone des touches de déplacement facilite la navigation dans un document.
Remarque : Les touches de couleur bleue ont une fonction spécifique.

Certains caractères ou fonctions sont accessibles à l'aide d'une combinaison de touches :

Maj ou ⇧ Shift	Cette touche permet d'obtenir un caractère en majuscule. Quand il y a deux signes sur une touche, celui du haut s'obtient en appuyant sur « Maj » (par exemple les chiffres ou certains signes de ponctuation).
Ctrl	Elle permet en combinaison avec d'autres touches d'effectuer une action donnée (par exemple Ctrl+V active la commande « Coller » du menu Édition).
Caps Lock	Cette touche bloque le clavier en mode majuscule.

Le clavier et ses quatre zones de travail.

Le clavier est un **périphérique** qui permet la saisie de différents signes (lettres, chiffres, ponctuation, etc.) dans l'ordinateur. Il comporte plus d'une centaine de touches et il est divisé en quatre zones fonctionnelles.

Périphérique
Matériel interne ou externe à l'ordinateur qui permet d'entrer des informations ou de les restituer (sorties).

Numérisation
Action visant à récupérer des informations (images, sons, etc.) exploitables par l'ordinateur.

DOC 2 La numérisation d'informations

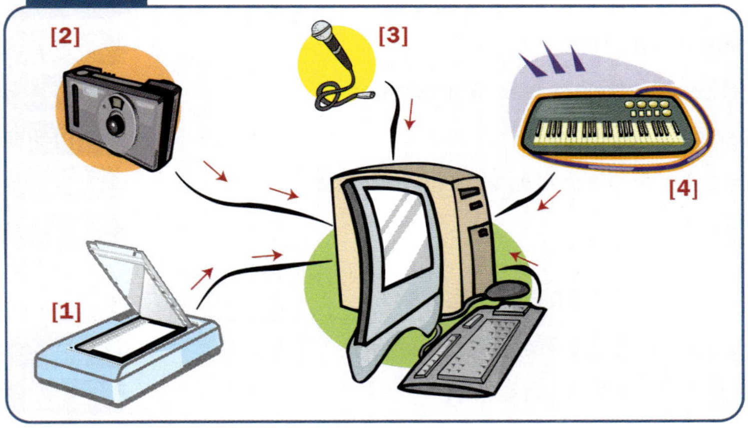

Le poste informatique et des périphériques numériques.

Le **scanneur [1]** et les appareils photos numériques **[2]** sont des périphériques qui permettent d'acquérir des images sur l'ordinateur.
D'autres périphériques facilitent la **numérisation** de sons : le microphone **[3]**, le clavier musical **[4]**, etc.

DOC 3 L'organisation des données saisies ou numérisées

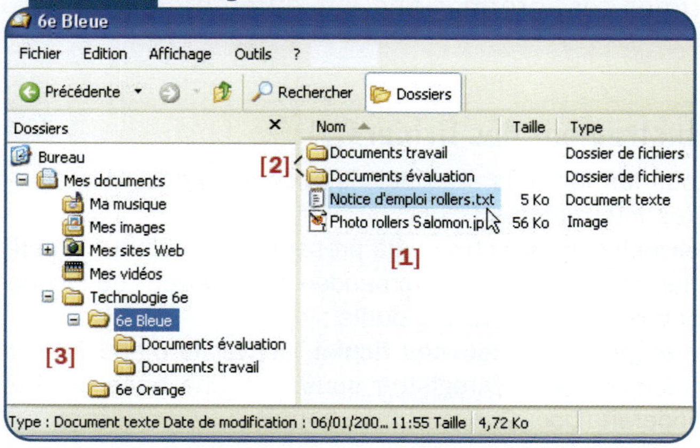

Les informations saisies ou numérisées sont regroupées dans des **fichiers** informatiques.

Les fichiers sont identifiés par un nom **[1]**. Pour les retrouver facilement, ils sont classés dans des **dossiers** ou **répertoires** de travail **[2]**.

Chaque dossier peut contenir un ou plusieurs **sous-dossiers**.

Cette organisation hiérarchique est représentée sous la forme d'une **arborescence [3]** : **le dossier racine** comprend une ou plusieurs branches (sous-dossiers), qui elles-mêmes comprennent une ou plusieurs branches, etc.

DOC 4 L'ouverture et la fermeture de fichiers

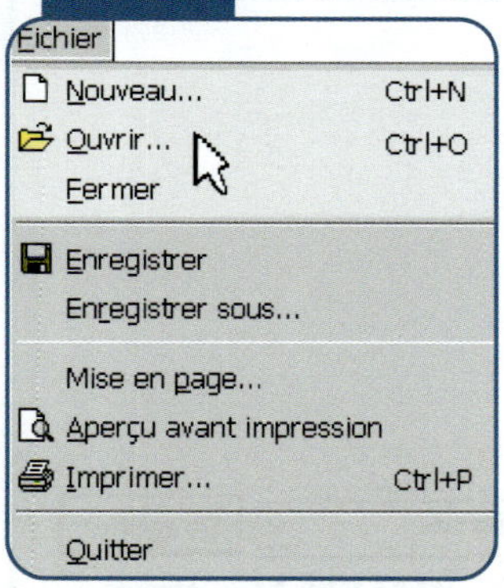

Le menu « fichier ».

Le menu « Fichier » des logiciels permet de :

- **saisir de nouvelles données** (textes ou images) (commande « Nouveau... ») ;
- **rappeler des données** saisies ou numérisées (commande « Ouvrir... ») ;
- **fermer un fichier** sans quitter le logiciel utilisé (commande « Fermer »).

Fichier

Les fichiers informatiques regroupent un ensemble d'informations. Ils servent à stocker des textes, des nombres, des images, des sons, etc.

Dossier

Outil de classement ou de regroupement de fichiers ou de messages.

Arborescence

Organisation hiérarchique des fichiers et des dossiers informatiques.

questionnement

1] Repérez les touches qu'il faut actionner pour obtenir le point d'interrogation « ? ». (Doc. 1)

2] Déterminez le nom de la touche qui permet de saisir un texte en majuscule. (Doc. 1)

3] Rappelez la fonction d'usage des périphériques numériques reliés à l'ordinateur. (Doc. 2)

4] Indiquez la nature des informations saisies ou numérisées dans les deux fichiers du dossier « 6e Bleue ». (Doc. 3)

5] Donnez le nom du dossier qui contient les documents des classes de sixième. (Doc. 3)

6] Expliquez la différence entre les commandes « Nouveau » et « Ouvrir » du menu Fichier. (Doc. 4)

» **Annexe 22 page 154**

Fiche 2

La mémorisation et l'impression des données

Les fichiers sont stockés de manière permanente sur différents supports de stockage. Il est possible d'imprimer ces informations sur différents supports et formats d'impression.

DOC 1 Les commandes d'enregistrement des fichiers

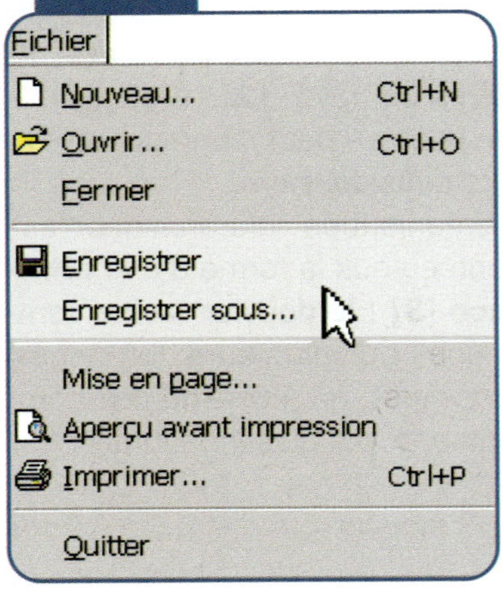

Le menu « fichier ».

Dans tous les logiciels, il existe deux commandes pour enregistrer les informations :

- **pour enregistrer un fichier** déjà présent sur l'ordinateur, activer le menu Fichier puis la commande « Enregistrer » ou l'icône correspondante de la barre d'outils ;
- **pour enregistrer un nouveau fichier**, activer le menu Fichier puis la commande « Enregistrer sous... ». Une boîte de dialogue apparaît (Doc. 2).

DOC 2 La boîte de dialogue « Enregistrer sous »

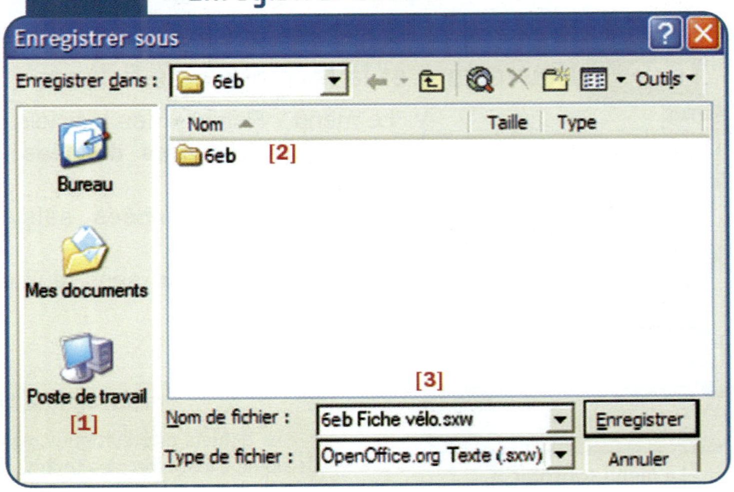

La boîte de dialogue « Enregistrer sous » permet de :

- choisir le périphérique de stockage (disquette, clé USB, disque dur, etc.) **[1]** ;
- sélectionner le dossier de travail **[2]** ;
- donner un nom et une **extension** au fichier **[3]**.

Extension

Seconde partie du nom d'un fichier (située après le point).
Elle renseigne sur le format d'origine du fichier et sur le logiciel qui a servi à le créer.

Octet

Unité standard informatique de mesure d'une quantité d'information.

DOC 3 Les unités standard de stockage des informations

Unité	Le Kilo-octet	Le Méga-octet	Le Giga-octet	Le téra-octet
Abréviation	Ko	Mo	Go	To
Poids	1 024 octets	1 048 576 octets	≃ 1 milliard d'octets	≃ 1 000 milliards d'octets
Équivalence		1 024 Ko	1 024 Mo	1 024 Go

La quantité d'informations contenues dans un fichier se mesure en **octet** : cette unité de mesure informatique correspond à la place occupée en mémoire par un caractère.

L'octet et ses multiples sont également utilisés pour mesurer la capacité de stockage des différents supports.

DOC 4 Les périphériques et supports de stockage

Périphériques de stockage	Supports de stockage	Capacités de stockage	Identification sur un « PC »
Lecteur de disquettes	Disquette	1,44 Mo	(A:) ou (B:)
Clé USB	Mémoires électroniques (puces)	De 128 Mo à 2 Go	De (D:) à (Z:)
Disque dur	Disques magnétiques	De 10 à 300 Go	De (C:) à (Z:)
Lecteur de disques optiques	CD-ROM – DVD	680 Mo/4,7 Go et 9,4 Go	De (D:) à (Z:)

Les **périphériques de stockage** servent à enregistrer les fichiers sur des **supports de stockage**. Chaque périphérique de stockage est identifié par une lettre.

DOC 5 L'impression en couleur dans une imprimante à jet d'encre

Tout document affiché à l'écran peut être imprimé à l'aide d'un **périphérique d'impression**.

L'impression d'un fichier informatique se fait en règle générale sur un support papier, souvent des feuilles blanches au **format** A4 (210 × 297 mm).

Pour des travaux plus spécifiques, on peut utiliser comme supports des transparents, du papier cartonné de couleur, du papier brillant de type photo, des enveloppes, etc.

DOC 6 La boîte de dialogue imprimer

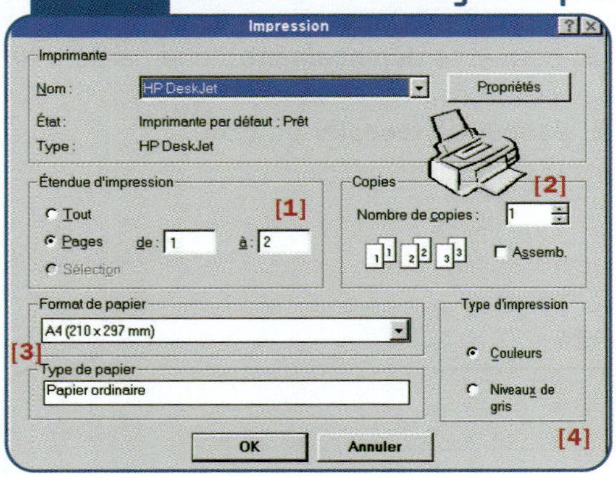

Pour imprimer un fichier, activer le menu Fichier puis la commande « Imprimer... » (Doc. 1).

Il faut ensuite sélectionner les paramètres d'impression :

- **[1]** indiquer le numéro de(s) page(s) à imprimer ;
- **[2]** sélectionner le nombre de copies ;
- **[3]** distinguer le format et le type de papier ;
- **[4]** désigner le type d'impression.

Support de stockage

Élément physique (disquette, cédérom, etc.) servant à stocker de manière permanente les fichiers.

questionnement

1] Expliquez la différence qui existe entre les commandes « Enregistrer sous... » et « Enregistrer ». (Doc. 1)

2] Repérez le nom du fichier enregistré et celui de son dossier d'enregistrement. (Doc. 2)

3] Calculez la capacité de stockage d'une disquette en kilo-octets. (Doc. 3 et 4)

4] Indiquez sur quel(s) support(s) de stockage il est possible d'enregistrer un fichier d'un poids de 4 méga-octets (Mo). (Doc. 3 et 4)

5] Recherchez les éléments (consommables) qui permettent d'obtenir toutes les couleurs dans une imprimante à jet d'encre. (Doc. 5)

6] À partir de la boîte de dialogue « Impression », indiquez les choix faits par l'utilisateur. (Doc. 6)

La présentation des informations

La création d'un document de communication comportant du texte et des images nécessite l'utilisation d'un logiciel de traitement de texte.

DOC 1 La création de documents de communication

La fenêtre d'un logiciel de traitement de texte.

La saisie d'un texte se fait par un logiciel de traitement de texte. Pour améliorer sa lisibilité, il faut le scinder en plusieurs **paragraphes**. Il est possible de changer de ligne et de commencer un nouveau paragraphe en appuyant sur la touche « Entrée » du clavier : le caractère fin de paragraphe « ¶ » apparaît.

> **Paragraphe**
> Dans un logiciel de traitement de texte, ensemble de lignes délimitées par le symbole fin de paragraphe « ¶ ».

DOC 2 Les commandes d'édition d'un traitement de texte

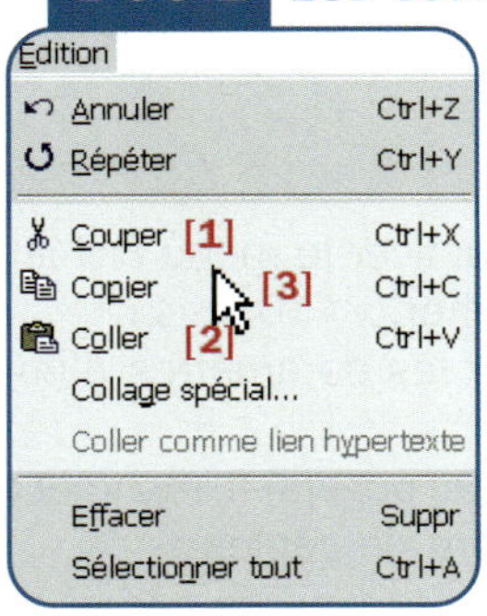

La **modification** d'un texte se traduit par les commandes suivantes :
- l'**insertion**, réalisée par une nouvelle saisie en un point désigné par le curseur (Doc. 1 **[1]**) ;
- la **suppression**, réalisée avec la touche « Suppr » (ou « Retour arrière ») ;
- « Couper » **[1]** « Coller » **[2]** permet le **déplacement** d'une partie d'un texte ;
- « Copier » **[3]** « Coller » **[2]** permet de **recopier** un texte.

DOC 3 La mise en forme des paragraphes

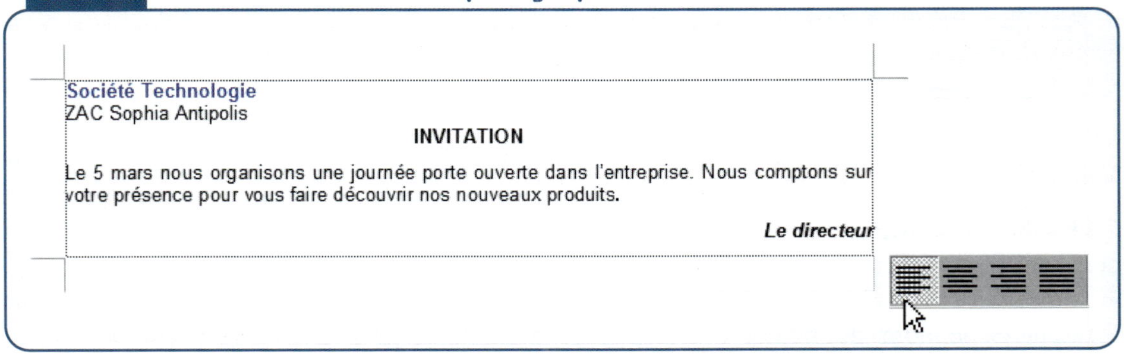

Afin de faciliter la lecture d'un document, les paragraphes peuvent être alignés de quatre manières différentes :
Aligné à gauche (par défaut), **Centré**, **Aligné à droite**, **Justifié**.

Icônes de mise en forme d'un paragraphe.

DOC 4 La mise en forme des caractères

Il est possible d'associer à une **police de caractères** les styles suivants, séparément ou conjointement : **Gras**, *italique*, ***gras-italique***, etc. et une taille mesurée en points **[1]**. La taille standard étant la taille 12.
On peut également lui appliquer des **effets** spéciaux ou **attributs** (souligné, ~~barré~~, etc.) et mettre en couleur un texte.
Pour obtenir une mise en forme, sélectionner la chaîne de caractères puis activer la commande « Police... » ou « Caractère... » dans la barre de menus (ou utiliser les icônes de mise en forme des caractères **[2]**).

DOC 5 L'insertion d'objets graphiques

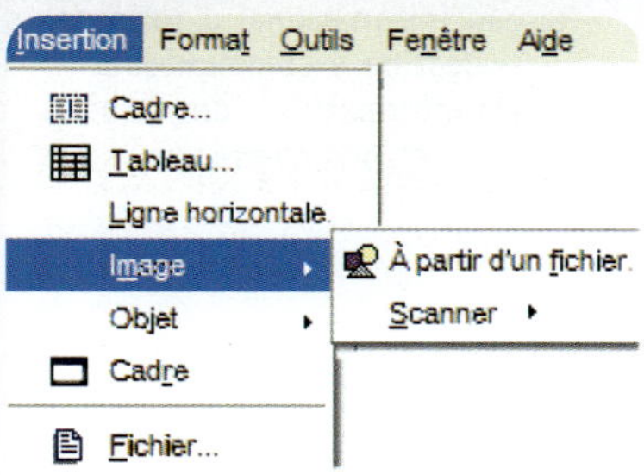

Pour insérer un objet graphique dans un document, activer le menu Insertion, la commande « Image » puis la commande « À partir d'un fichier » ou « Scanner ».
La taille des images est modifiable à l'aide des poignées présentes autour de celle-ci **[1]**.

Police de caractères
Ensemble de caractères (lettres, chiffres et symboles) ayant le même dessin. Chaque police porte un nom qui lui est propre.

questionnement

1] Repérez le nombre de paragraphes apparents dans la fenêtre du logiciel. (Doc. 1)
2] Expliquez la différence d'utilisation des commandes « Couper » et « Copier ». (Doc. 2)
3] Indiquez les différents types d'alignements utilisés pour présenter la carte d'invitation. (Doc. 3)
4] Repérez le nom des trois polices de caractères utilisées ainsi que les différents attributs ou effets appliqués à chaque groupe de mots. (Doc. 4)
5] Détaillez les deux solutions dont on dispose pour insérer une image dans un document. (Doc. 5)

» **Annexe 22 page 154**

Fiche 4

La recherche d'informations sur Internet

L'internaute se connecte au réseau Internet à l'aide d'un logiciel appelé navigateur.
Des sites Web, appelés moteur de recherche, facilitent l'accès aux informations.

DOC 1 La connexion à un site Internet

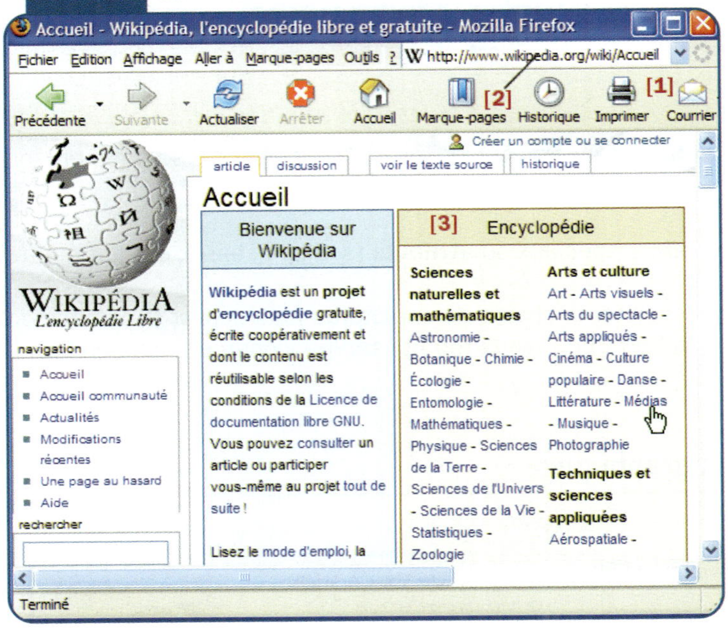

Le **navigateur** est un logiciel qui permet de se connecter au réseau **Internet** et de lire les pages des **sites Web**. Il comprend :
- une **barre d'icônes [1]** qui donne un accès direct aux principales fonctions de navigation ;
- une **zone d'adresses [2]** qui signale le nom du site consulté et de la page en cours ;
- une **zone principale [3]** qui affiche les pages du site.

Internet
Réseau international d'ordinateurs, destiné à communiquer des informations, des fichiers et des messages.

DOC 2 Les adresses de sites Web

[1] [2] [3] [4] [5]
http://www.lemonde.fr/web/article.htm

Les principaux suffixes de noms de domaine

Catégories		Pays	
.com	Commercial	.de	Allemagne
.net	Réseau	.es	Espagne
.org	Organisation	.fr	France
.edu	Éducation	.it	Italie
.gouv	Gouvernement	.ne	Pays-Bas
.info	Information	.pt	Portugal
.name	Personnel	.uk	Royaume-Uni

Pour accéder à un site Internet, il faut saisir son **adresse** à l'aide du clavier :
- le type de serveur **[1]** qui commence généralement par « **www.** » (*world wide web*, ou toile d'araignée mondiale) ;
- le nom de **domaine [2]** caractérisé par un **suffixe [3]**.

En fonction des pages consultées apparaît également dans la zone d'adresses :
- le **chemin d'accès** aux ressources **[4]** ;
- le nom du fichier de la page Web en cours **[5]** suivi de son extension.

Site Web
Ensemble de pages consultables à distance (Internet) à l'aide d'un navigateur.

Domaine
Suffixe d'une adresse de site Internet précisant l'origine géographique ou la principale activité d'un site.

DOC 3 La navigation sur un site

On découvre les différentes pages d'un site Web en cliquant sur des **liens**. Ces liens sont de deux types :

- **des liens textes** (rubriques, titres, mots, etc.). Ils sont soulignés et prennent une nouvelle couleur après leur utilisation ;
- **des liens images** (photos, symboles, icônes, etc.).

Lorsque l'on positionne la souris sur un lien, le pointeur prend généralement une nouvelle apparence (main).

Liens

Zones de texte ou images qui relient les différentes parties d'un ou de plusieurs sites.

Mot-clé

Terme permettant de faire une recherche sur un thème précis.

DOC 4 Les outils de recherche d'informations

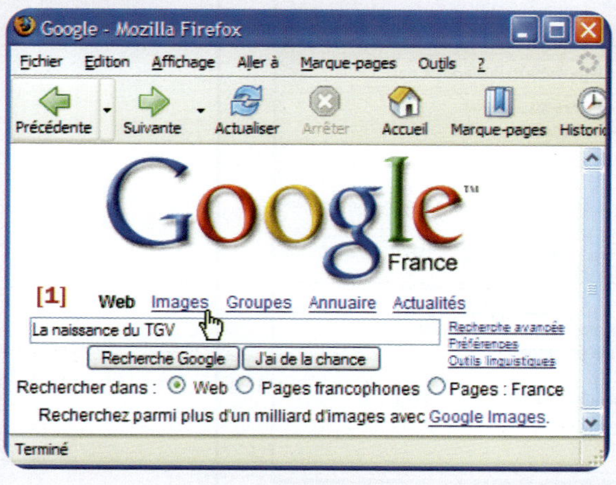

Les principaux moteurs de recherche

Nom du moteur	Adresse Web	Nb. de visites en 2005*
Google	www.google.fr	73,65 %
Yahoo	fr.yahoo.com	07,70 %
Voila	www.voila.fr	06,00 %
Msn	www.msn.fr	05,38 %
Aol	www.aol.fr	03,21 %
Free	www.free.fr	01,03 %
Altavista	www.altavista.fr	00,74 %

* Les moteurs de recherche sont classés en fonction du nombre de visites qu'ils ont généré sur les sites mesurés par l'institut Médiamétrie-estat.
D'après http://www.estat.com/

Les « **moteurs de recherche** » **sont des logiciels** qui référencent les **pages Web** et les **images** des sites de manière automatique.
Une **zone de saisie [1]** permet, à l'aide de **mots-clés**, de rechercher des adresses de sites.

questionnement

1] Détaillez les principales fonctions assurées par la barre d'icônes du navigateur. (Doc. 1)

2] Caractérisez les différentes parties de l'adresse wikipedia affichée dans le navigateur. (Doc. 1 et 2)

3] Précisez l'intérêt de distinguer les adresses des sites Web selon leur suffixe. (Doc. 2)

4] Repérez un mot et une image de cette page d'accueil qui servent de liens. (Doc. 3)

5] Indiquez le nom du lien qui permet de rechercher des images dans ce moteur de recherche. (Doc. 4)

Fiche 5

La communication d'informations par Internet

Les logiciels ou les sites Web de messagerie permettent d'envoyer ou de recevoir du courrier électronique. Ces courriers peuvent être accompagnés de fichiers (pièce-jointe).

DOC 1 La communication d'informations par Internet

[2]	[1]	[3]
collegeverne6eb	@	laposte.net
antonin.semelier	@	free.fr
service.clientele	@	kiloutou.fr

Trois adresses électroniques.

Pour correspondre par Internet, une **adresse électronique** est nécessaire. Cette adresse comprend le caractère **arobase « @ » [1]** qui provient du mot anglais « at », il signifie « **chez** ». Ce symbole sépare l'adresse en deux parties : le **nom du contact [2]** et celui du **serveur de courrier [3]**.

Les logiciels ou les sites Web de **messagerie** (Doc. 3) permettent de gérer le **courrier électronique** dans différents **dossiers ou boîtes** (Doc. 3 **[1]**).

DOC 2 La préparation et l'envoi d'un message

[4]

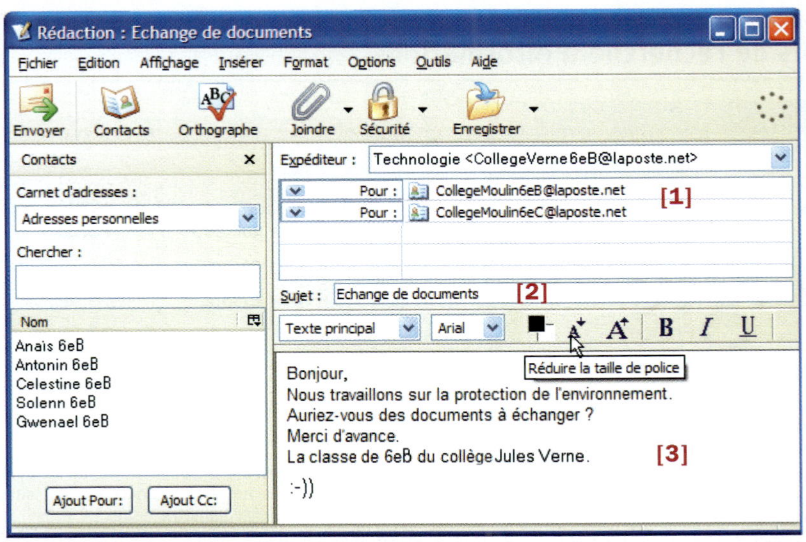

La composition d'un nouveau message.

Pour composer un nouveau message, il faut définir les informations d'envoi :
- le ou les correspondants (contacts) **[1]** ;
- le titre du message (objet ou sujet) **[2]** ;
- le corps du message **[3]**.

Pour envoyer le message, activer le menu Fichier et la commande « Envoyer » ou l'icône « Envoyer » **[4]**.

Messagerie

Logiciel ou site Web permettant l'envoi et la réception de courriers électroniques entre personnes connectées à un réseau informatique.

DOC 3 La réception d'un message

La boîte ou dossier de réception des messages.

Lorsque des messages nouveaux sont arrivés, l'application indique leur nombre **[1]** et les présente en mode épaissi (gras) **[2]**.
Pour imprimer un message reçu, il faut d'abord l'ouvrir puis activer le menu Fichier et la commande « Imprimer... ».
Certains messages électroniques (courriels) sont accompagnés de fichiers (textes, images, sons, etc.) appelés **pièces jointes**. Elles sont représentées sous la forme d'un trombone **[3]**.

Virus
Programme informatique malveillant qui s'installe à l'insu de l'utilisateur dans l'ordinateur.

DOC 4 L'exploitation d'une pièce jointe

L'ouverture et l'enregistrement d'une pièce-jointe.

Les pièces jointes peuvent être ouvertes à l'aide d'un logiciel **[1]** ou enregistrées dans un dossier spécifique **[2]**. Lorsque l'on ne connaît pas l'origine d'une pièce-jointe, il ne faut ni l'ouvrir, ni l'enregistrer ; elle peut en effet contenir un **virus** informatique, dangereux pour le fonctionnement de l'ordinateur.

questionnement

1] Précisez pour chaque adresse électronique la nature du contact. (Doc. 1)

2] Repérez les différentes parties qu'il faut compléter dans un message destiné à être envoyé. (Doc. 2)

3] Indiquez le nombre de nouveaux messages arrivés dans la boîte aux lettres. (Doc. 3)

4] Recherchez le nom du symbole qui indique qu'une pièce jointe est attachée au message. (Doc. 3)

5] Déterminez l'avantage de pouvoir joindre un fichier à un message. (Doc. 3)

6] Détaillez les deux actions que l'on peut mettre en œuvre lorsqu'un fichier est joint à un message. (Doc. 4)

Fiche 6

La protection des données personnelles

Les données disponibles sur ordinateur ou Internet sont, sauf exception, protégées par le droit d'auteur. Chaque personne reste libre de fournir et de contrôler les informations qu'elle a créées ou qui la concernent.

DOC 1 Le droit d'auteur

Ebooks Libres & Gratuits

Au programme... : ebooks gratuits * livres électroniques gratuits * free ebooks

Accueil | Ebooks | Adresses | Logiciels | News | Groupe

Présentation

Nous aimons la lecture, la littérature, et nous avons un ordinateur et/ou un PDA. Conséquence logique : nous aimons bien disposer de textes à lire, sur notre PDA ou notre ordinateur...

C'est à partir de cette motivation, toute simple, que nous avons créé le **groupe Yahoo Ebooks libres et gratuits.**

Notre but est la création et la publication d'ebooks - ou livres électroniques - gratuits, à partir de **textes libres de droit** ; nous sommes un groupe francophone, de nombreux pays étant représentés par nos membres, et le présent site est canadien. Ce groupe est un lieu d'échanges et de débats, et nous permet ainsi de mieux nous organiser pour l'édition et la publication des ebooks. Tous ceux qui sont intéressés par les ebooks sont invités à nous rejoindre.

Dernières parutions

- RENARD, JULES : **Poil de carotte**
  Mobipocket : 256 Ko | eReader : 211 Ko | PDF : 501 Ko | Source Word : 160 Ko | HTML : 518 Ko
- SÉGUR, MME LA COMTESSE DE : **L'auberge de l'Ange-Gardien**
  Mobipocket : 238 Ko | eReader : 199 Ko | PDF : 495 Ko | Source Word : 155 Ko | HTML : 525 Ko
- MAUPASSANT, GUY DE : **Contes La bécasse - Ce cochon de Morin Pierrot – Menuet - La peur - ...**
  Mobipocket : 193 Ko | eReader : 146 Ko | PDF : 415 Ko | Source Word : 144 Ko | HTML : 370 Ko

Livres électroniques (ebooks) à télécharger.

Les documents disponibles sur un ordinateur, un cédérom, un dévédérom ou Internet sont toujours la production de personnes qui en sont les propriétaires ou auteurs. Il n'est pas possible de reproduire librement un texte, une image ou un son sans le consentement de son auteur (**droit d'auteur**). Lorsqu'un texte a été publié, on ne peut en citer qu'un court extrait à condition d'indiquer le nom de l'auteur et la source. Un document n'est libre de droits et gratuit que si son auteur est mort depuis plus de 70 ans.

Le droit d'auteur

« L'auteur d'une œuvre de l'esprit jouit sur cette œuvre, du seul fait de sa création, d'un droit de propriété exclusif et opposable à tous. »

Les informations nominatives

Informations enregistrées dans un fichier qui permettent d'identifier la personne physique concernée.

DOC 2 Les informations nominatives

Fiche d'inscription – Association Sportive			
Nom*	Chapon	Situation familiale	
Prénom*	Célestine	Sexe*	
Adresse*		Religion*	
Code postal*		Opinion politique*	
Ville*		Âge	

Vous devez renseigner l'ensemble des champs obligatoires (*) ci-dessus pour pouvoir vous inscrire. Conformément à la loi n° 2004-801 du 6 août 2004 relative à l'informatique, aux fichiers et aux libertés, vous disposez d'un droit d'accès, de rectification et de suppression des données vous concernant.

En France, **la loi « Informatique et Libertés »** protège la vie privée des personnes et en particulier les informations à caractère personnel (**nominatives**) : « l'informatique doit être au service de chaque citoyen. [...], elle ne doit porter atteinte, ni à l'identité humaine, ni aux droits de l'homme, ni à la vie privée, ni aux libertés [...].
- Toute personne a le droit de savoir si elle est fichée ;
- Toute personne a la possibilité de s'opposer, pour des motifs légitimes, à figurer dans un fichier. »

questionnement

1] Recherchez la date de décès des trois auteurs à télécharger. (Doc. 1)

2] Précisez la raison pour laquelle il est possible de lire gratuitement sur ordinateur ces ebooks. (Doc. 1)

3] Repérez les informations nominatives qui peuvent porter atteinte aux droits de l'homme. (Doc. 2)

4] Recherchez sur Internet la signification de l'abréviation « CNIL ». (Doc. 2)

Annexes techniques

Annexe

1 ▸ L'évolution des transports

Période		Apparition* des moyens de transport		Solutions techniques	Sources d'énergie	Matériaux
Antiquité	- 10000	Les pirogues, radeaux de bois			Traction animale et humaine	Bois
	- 7000	Le ski				
	- 4000 avant JC	Le char		Roue pleine en bois – 2000 Roue à rayons en bois – 600 Ancre marine		– 3700 Cuivre – 3000 Verre – 2500 Bronze – 1500 Fer
	- 1000 avant JC	Le bateau à voile			Vent	
	- 400	Le surf (Polynésie)		– 400 Poulie – 200 Roue dentée, engrenages		
	100	La brouette (Chine)				
Moyen-Âge		1200 Brouette (France)		XIIe siècle Gouvernail arrière 1200 Bielle-manivelle		
		1400 Trois-mâts		Fin du XVe siècle : Dérive		
Période moderne	1624	Le sous-marin (Drebbel)		1602 Rails métalliques dans les mines anglaises 1673 Moteur à poudre à piston (Huygens) 1679 Machine à vapeur de Papin 1712 Moteur à vapeur (Newcomen)	Vapeur sous pression	
	1759	Les patins à roulettes				
	1762	La voiture à Vapeur	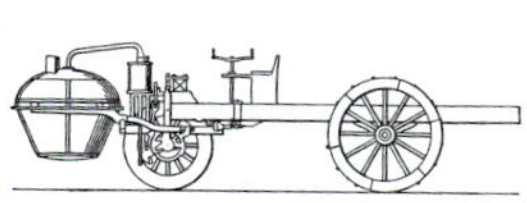	1769 Machine à vapeur de Watt		
	1775	Le tramway (tiré par des chevaux)				
		1777 Bateau à coque métallique				
	1783	La montgolfière				
		1799 Bateau à vapeur et roue à aubes de Fulton		1800 Pile Volta	Électricité	

* En rouge, l'apparition d'un moyen de transport. En bleu, ses évolutions successives.

L'évolution des transports

Annexe 1

Période		Apparition des moyens de transport		Solutions techniques	Sources d'énergie	Matériaux
Période contemporaine	1802	La locomotive à vapeur (Trevithick)				
	1817	La Draisienne	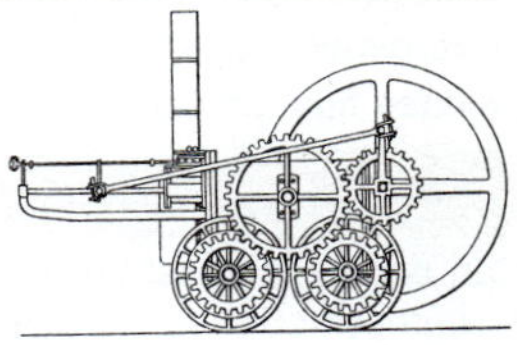	1822 Moteur électrique	Énergie solaire	
	1863	Le métro londonien		1839 Pile photovoltaïque		1844 Caoutchouc vulcanisé
		1865 vélocipède Michaux		1858 Rails en acier des chemins de fer		
		1871 Voilier avec quille				1860 Elastomères de synthèse
	1879	Le funiculaire				
		1879 La locomotive électrique		1859 Accumulateurs		1874 Verre trempé (sécurité)
	1885	Le motocycle		1860 Moteur 2 temps (Lenoir)		
	1886	L'automobile à moteur à essence		1869 Roulements à billes	Pétrole	1886 Aluminium
		1888 Tramway électrique				
	1890	L'avion d'Ader				
	1891	L'automobile électrique		1876 Moteur à 4 temps (Otto)		1895 Fibre artificielle Rayonne
	1900	Le dirigeable		1879 Chaîne pédalier de bicyclette		
		1900 Le métro parisien		1888 Pneumatiques Dunlop 1894 Moteur Diesel		
	1902	Le scooter		1902 Frein à disques		
		1903 L'avion (Wright)				
	1907	L'hélicoptère				
	1908	Le téléphérique				
	1910	Le char à voile				1913 PVC
		1912 La locomotive Diesel		1930 Moteur à réaction (turboréacteur)		1924 Plexiglas
	1936	Le bateau pneumatique		1942 Pile atomique		1937 Fibre synthétique Nylon
	1948	Le Deltaplane				
		1948 Ski avec fixation de sécurité			Énergie nucléaire	
		1954 Avion Boeing à turboréacteur				
		1955 Sous-marin à propulsion nucléaire				
	1957	La Fusée de mise sur orbite de satellite (Spoutnik)				
	1959	L'aéroglisseur				1961 Fibre de carbone
		1969 Avion supersonique *Concorde*				1964 Matériaux composites
	1973	Le surf des neiges				
		1974 VTT				
	1975	L'ULM				
	1978	Le parapente				
		1978 TGV				
		1979 Fusée Ariane				
		1980 Rollers en ligne				
	1981	La navette spatiale				
		1983 Robot marcheur				
		1989 Voiture électrique urbaine				

2 ▸ La représentation technique

Les types de traits

Les traits continus forts représentent les contours vus de l'objet.
Les traits interrompus courts fins représentent les contours cachés de l'objet.
Les traits mixtes fins représentent les axes de symétrie.

Le dessin en perspective cavalière et isométrique

[1]

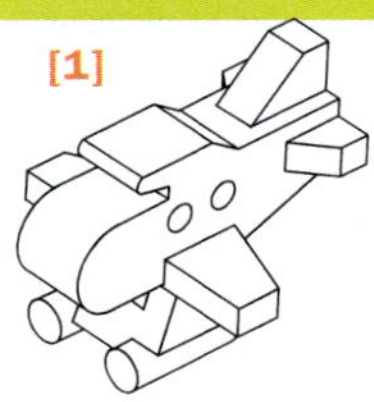

[2]

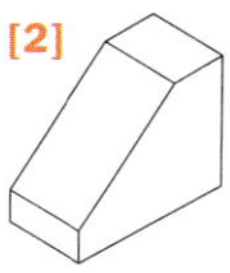

Le dessin en perspective est un dessin représentant une forme en volume. Il donne une représentation réaliste de l'objet, proche de la photographie.
Il permet de représenter l'objet dans son intégralité **[1]** mais aussi, individuellement, les différentes pièces **[2]** qui le composent.
La lecture de ce dessin ne nécessite aucun apprentissage. Il permet de comprendre facilement la forme d'une pièce.

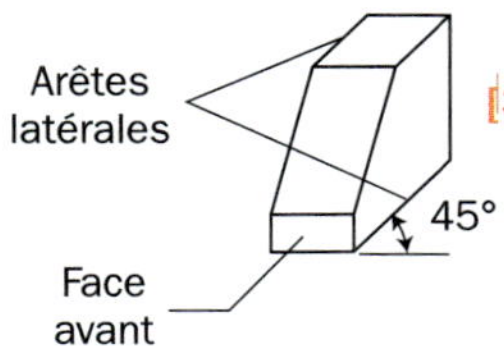

[3]

Le dessin en perspective cavalière [3]
La face avant de l'objet n'est pas déformée.
Les arêtes latérales forment un angle de 45° avec l'horizontale. Leur longueur est divisée par deux par rapport à la dimension réelle.

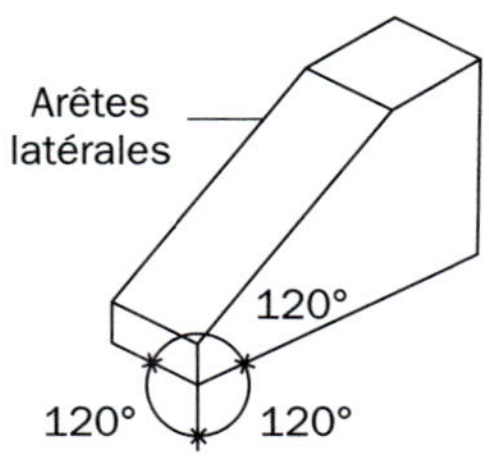

[4]

Le dessin en perspective isométrique [4]
Les arêtes latérales forment un angle de 120° entre elles. Leur longueur est égale aux dimensions réelles.

Le dessin en perspective éclatée

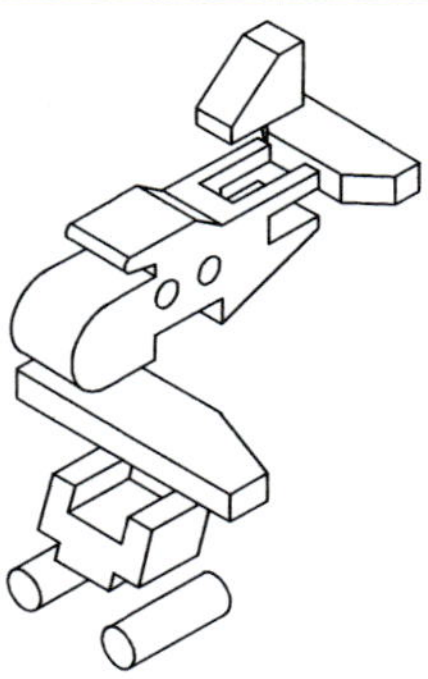

Le dessin en perspective éclatée est une représentation qui permet de visualiser la forme de chaque pièce de l'objet. Il permet également de situer les pièces les unes par rapport aux autres.
Ce type de dessin est très souvent utilisé dans les notices de montage et d'utilisation.

Les coupes

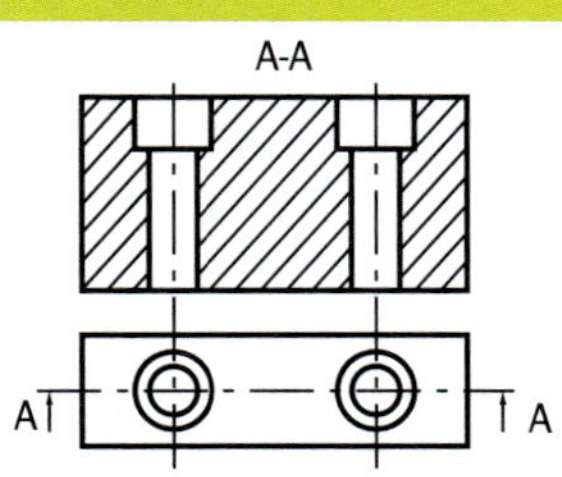

Pour réaliser une coupe, on scie mentalement l'objet suivant un plan appelé « plan de coupe ». Puis on enlève mentalement la partie de la pièce située entre le plan de coupe et l'observateur.
La vue obtenue par observation de la partie restante est la vue en coupe. Les parties « coupées » de la pièce sont indiquées par des traits fins parallèles.
Une coupe permet de montrer la forme intérieure d'une pièce creuse.

La communication technique

En mécanique, on utilise le dessin industriel normalisé. C'est un langage qui permet à tous les techniciens de communiquer. On distingue principalement les dessins d'ensemble et les dessins de définition.

Le dessin d'ensemble

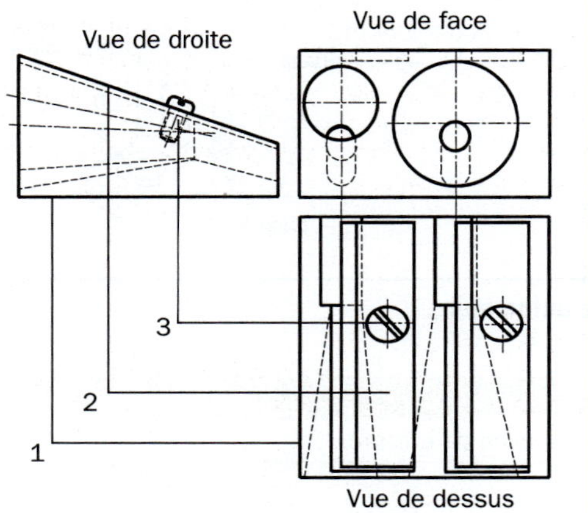

3	2	Vis	Laiton
2	2	Lame	Acier
1	1	Corps	Zamac
Rep.	Nombre	Désignation	Matière

Échelle 1	TAILLE-CRAYON
Jean Cliquet	
25/07/05	

Un dessin d'ensemble permet de représenter l'objet dans son intégralité.
La méthode des projections permet de faire des dessins d'ensemble, elle nécessite de représenter plusieurs vues de l'objet. Avec cette méthode, aucune face de l'objet n'est déformée. En général, on se contente de représenter deux ou trois vues qui doivent être les plus représentatives.
Une nomenclature indique le repère, le nombre, le nom et la matière de chacune des pièces constituant l'objet.
Un cartouche permet d'identifier le dessin en indiquant son nom, l'échelle de représentation, l'auteur, la date à laquelle il a été réalisé, etc.

Le dessin de définition

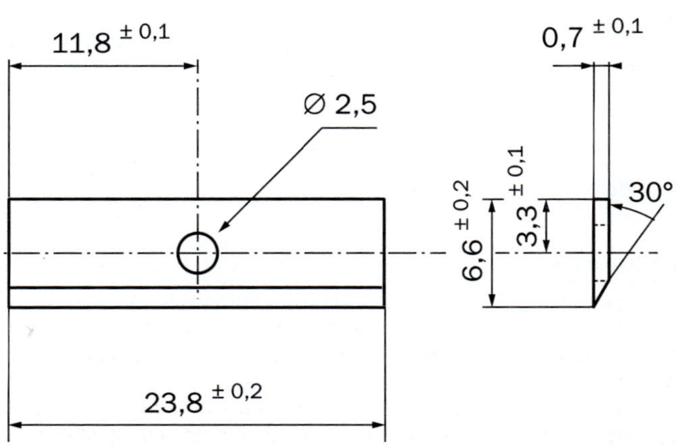

Échelle 2	LAME DE TAILLE-CRAYON
J.-M. BARON	
25/07/05	

Un dessin de définition permet de représenter une pièce d'un objet de façon très précise.

La cotation présente sur ce dessin indique les dimensions réelles de la pièce représentée. Elle est donnée en millimètres (mm).

La tolérance de fabrication donne la variation de forme ou de dimension possible pour la fabrication de cette pièce. Elle est calculée en faisant la différence entre la dimension maximale et la dimension minimale indiquées avec la cotation.

Exemple : 23,8 ± 0,2
- dimension maximale : 24 mm ;
- dimension minimale : 23,6 mm ;
- tolérance : 0,4 mm.

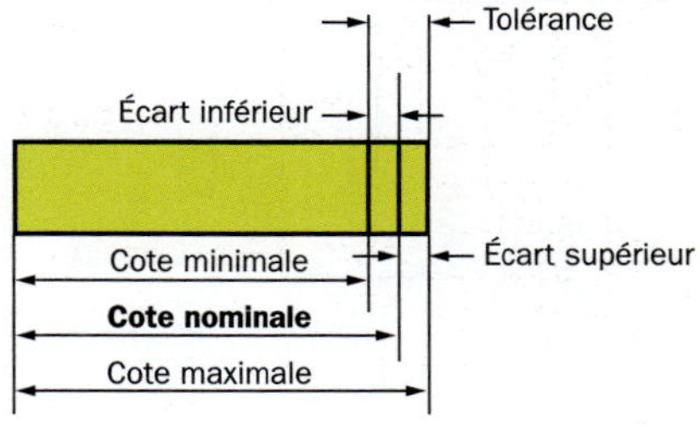

Le vocabulaire technique des formes des pièces

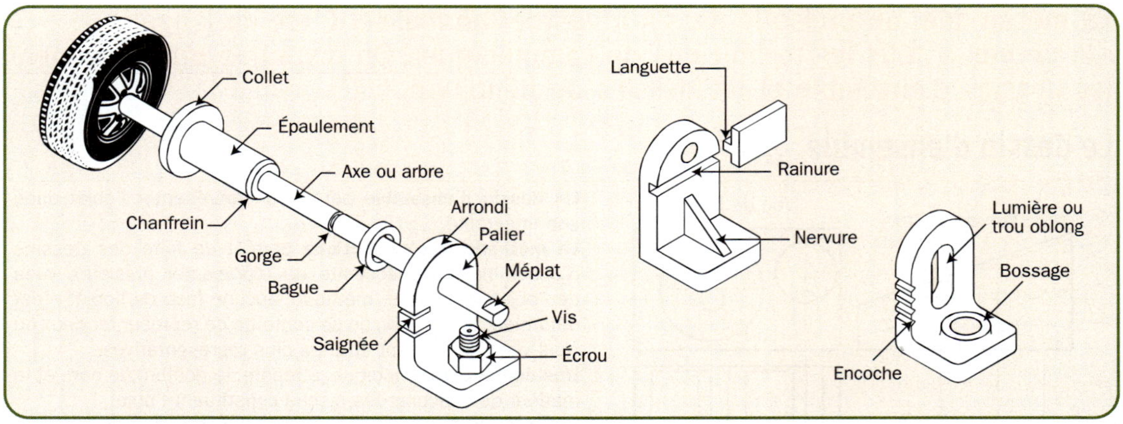

La préparation du montage des roues sur une maquette automobile.

Forme	Description
Arrondi	Raccordement de deux surfaces selon une section de cylindre.
Axe ou arbre	Pièce cylindrique.
Bague ou entretoise	Pièce cylindrique placée autour d'un arbre.
Bossage	Partie d'une pièce en relief destinée à la renforcer et à recevoir une autre pièce.
Chanfrein	Surface oblique cassant l'arête d'une pièce. Il permet d'éviter des angles vifs et coupants.
Collet	Couronne en relief sur une pièce cylindrique.
Écrou	Élément de serrage.
Encoche	Petite entaille.
Épaulement	Changement brusque du diamètre d'une pièce cylindrique.
Fraisure	Évasement conique destiné à recevoir une vis à tête fraisée.
Gorge	Entaille étroite dans une pièce cylindrique.
Lamage	Logement cylindrique destiné à recevoir une autre pièce.
Languette	Partie saillante destinée à glisser dans une rainure.
Lumière	Trou rectangulaire ou oblong pratiqué dans une pièce.
Méplat	Surface plane réalisée sur une pièce cylindrique.
Nervure	Partie destinée à renforcer la rigidité d'une pièce.
Palier	Pièce destinée à recevoir un arbre ou un axe.
Rainure	Entaille longue destinée à recevoir une languette.
Rondelle	Pièce améliorant la qualité du serrage lorsqu'elle est utilisée avec un écrou.
Saignée	Entaille profonde et de faible largeur.
Trou borgne	Trou non débouchant.
Trou débouchant	Trou pratiqué de part en part d'une pièce.
Vis	Élément de serrage pouvant avoir plusieurs formes de tête (fraisée, cylindrique...).

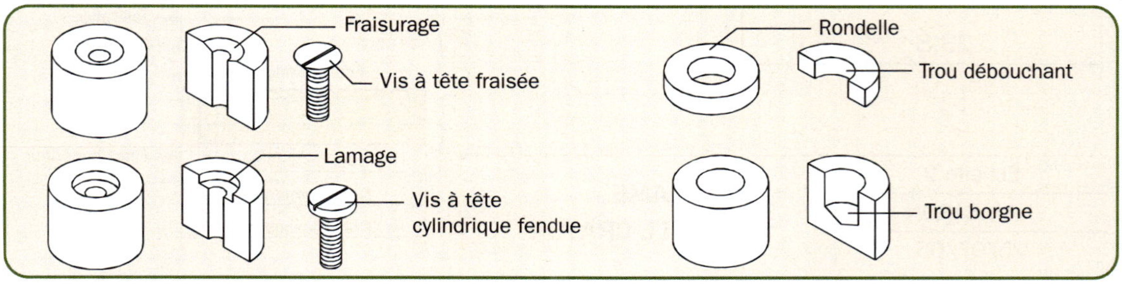

Les techniques de mise en forme de matériaux

Usinage
Mise en forme par enlèvement de matière et formation de copeau.

Découpage
Mise en forme par enlèvement de matière sans copeaux mais avec une chute.

Déformation
Mise en forme à froid, sans enlèvement de matière.

Déformation
Mise en forme à chaud, sans enlèvement de matière.

Arrangement
Mise en forme par addition de matière ou par structuration.

Pliage

Plieuse/Tablier

Perçage

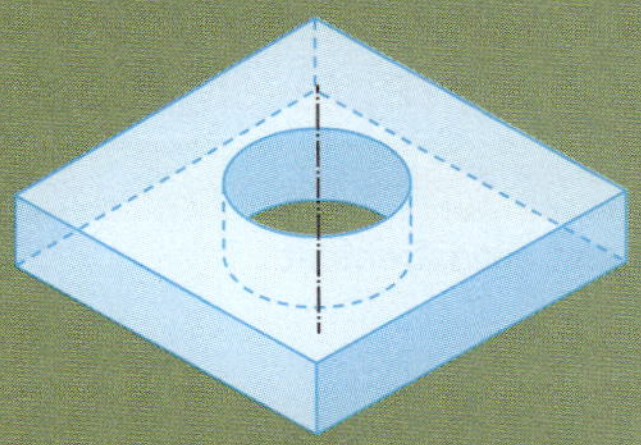

Perceuse/Foret

Cisaillage

Cisaille/Lame de cisaille

Thermopliage

Thermoplieuse/Tablier

Fraisage

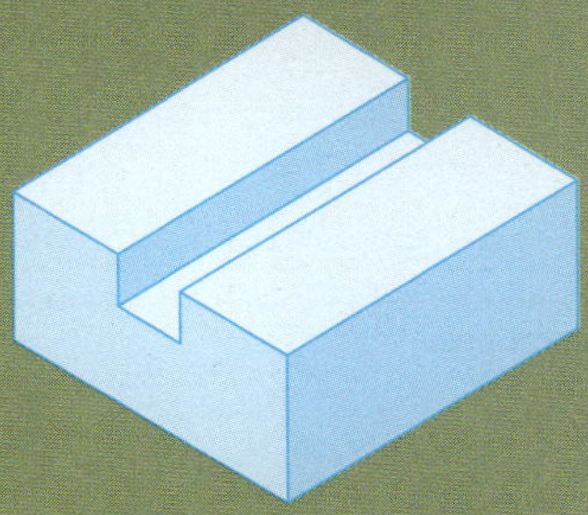

Fraiseuse/Fraise

Poinçonnage

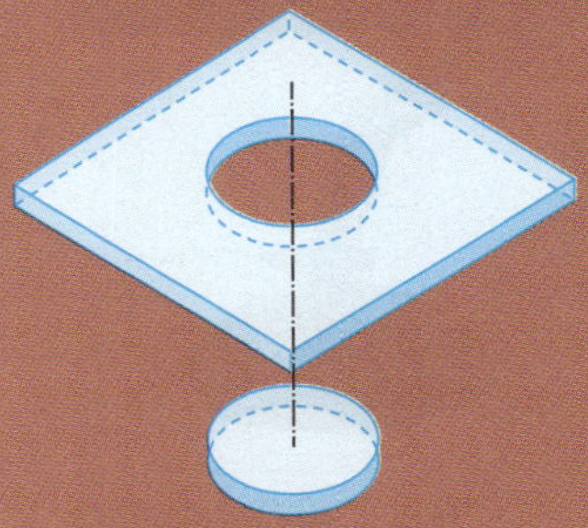

Poinçonneuse/Poinçon ou **Presse**/Emporte-pièce

Thermoformage ou Moulage

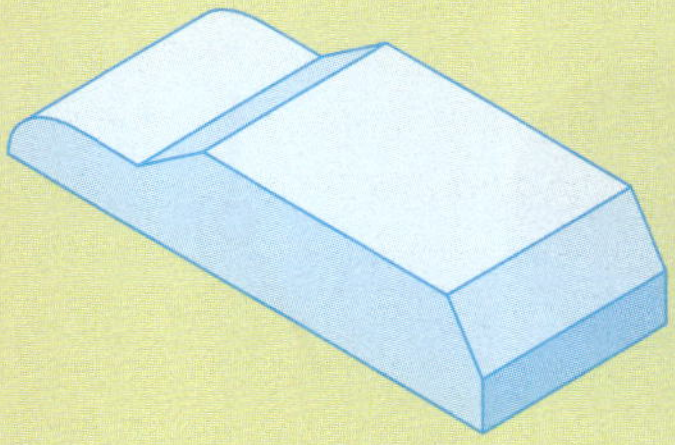

Thermoformeuse/Poinçon ou **Presse**/Moule

Tournage

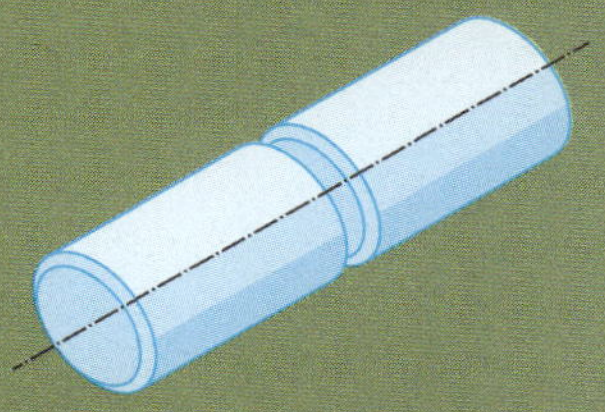

Tour/Outil de tour

Tissage, tressage, cordage

Métier à tisser

Addition de matériaux et Moulage
(matériaux composites)

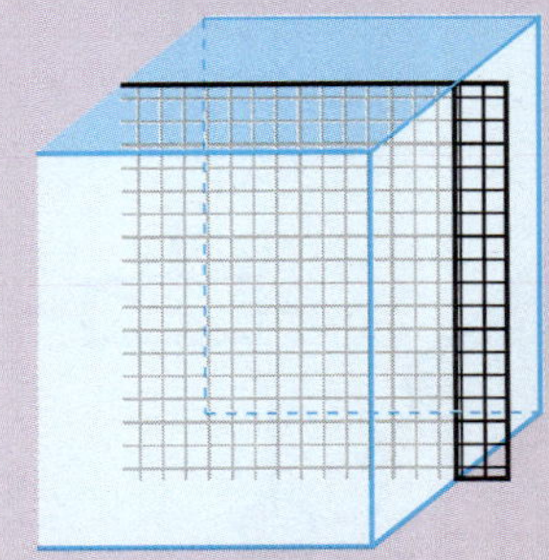

Presse/Moule

Sciage

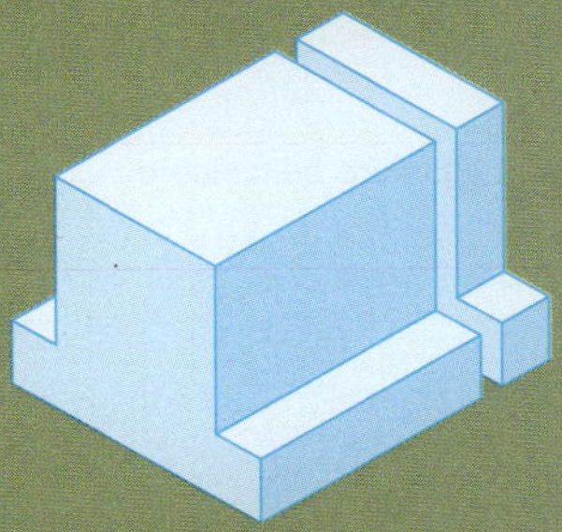

Scie/Lame de scie

Annexe

6 ▸ Les liaisons

Un objet technique peut comprendre plusieurs pièces qui sont en liaisons. Selon la nature de la liaison, le mouvement de ces différentes pièces peut varier. Le tableau ci-dessous présente les principales liaisons et propose un mode de représentation permettant de les schématiser.

Nom de la liaison	Exemples de représentation	Exemples de liaison
Liaison encastrement	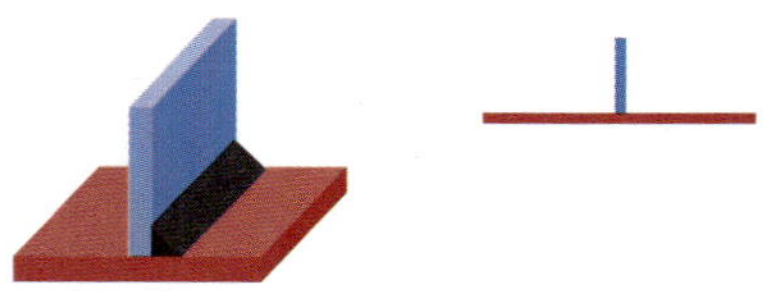	
Liaison pivot glissant	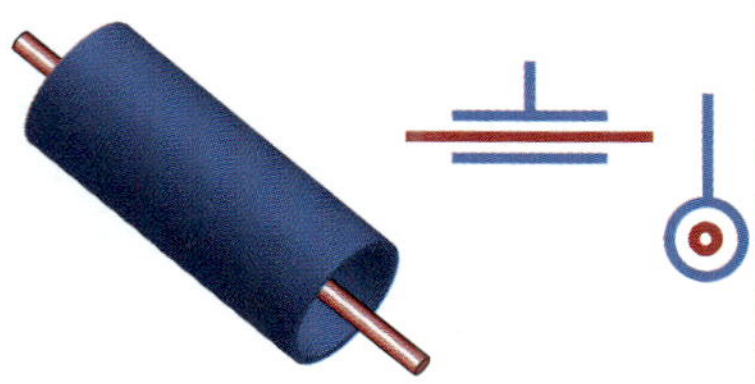	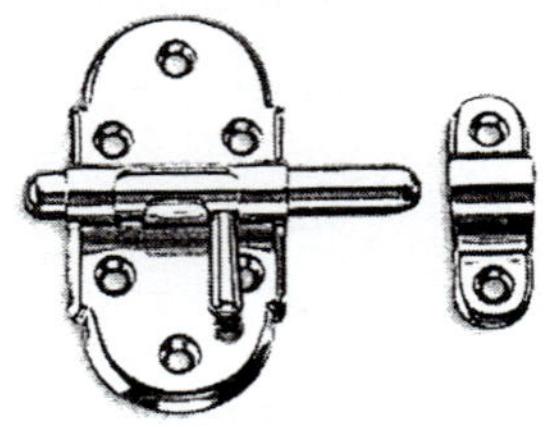
Liaison pivot	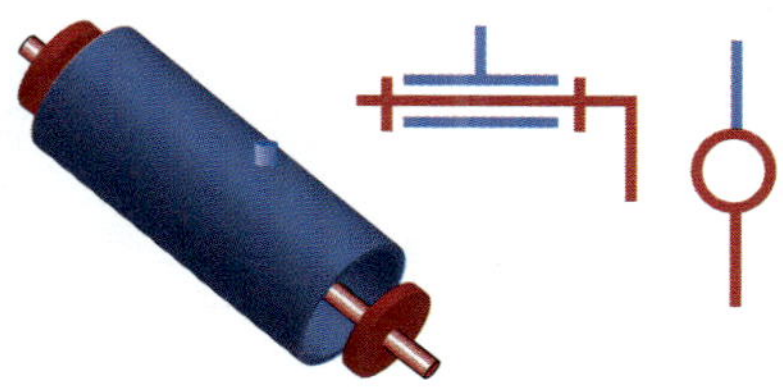	
Liaison rotule	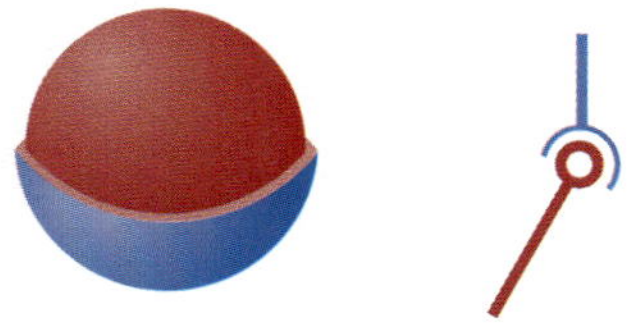	
Liaison glissière		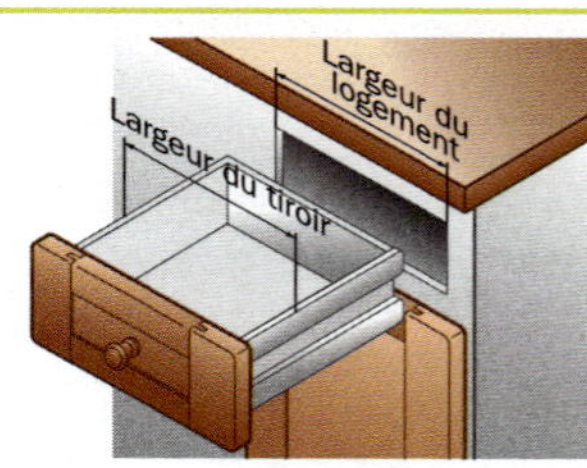
Liaison glissière hélicoïdale	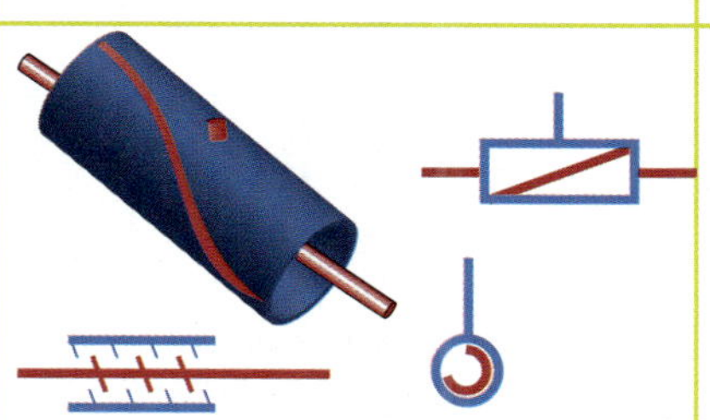	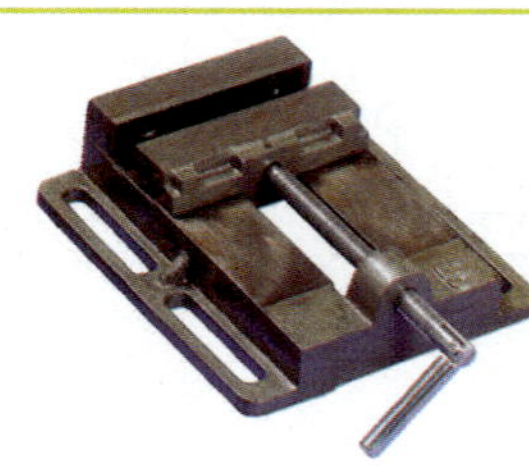

La transmission et la transformation de mouvement

Transmission de mouvement

Roues à friction

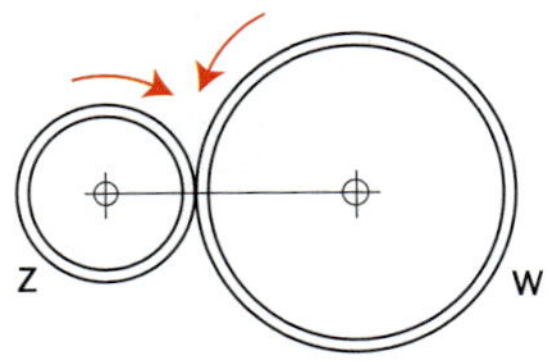

Poulies courroie

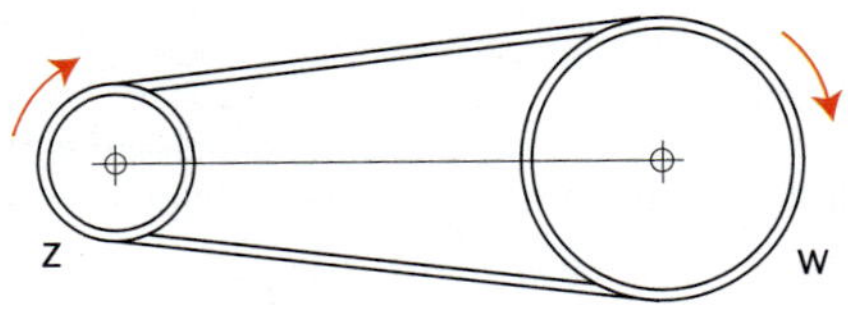

Roues dentées et chaîne

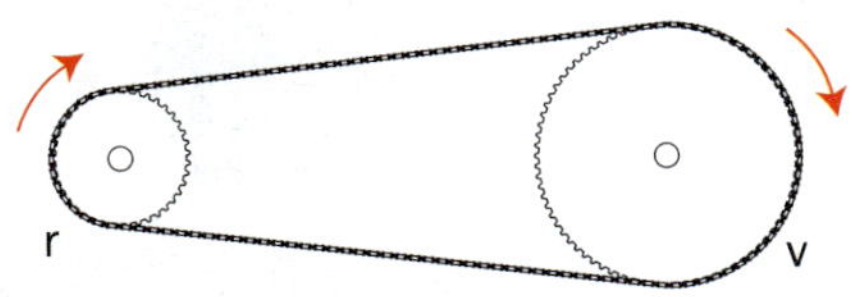

Engrenages droits

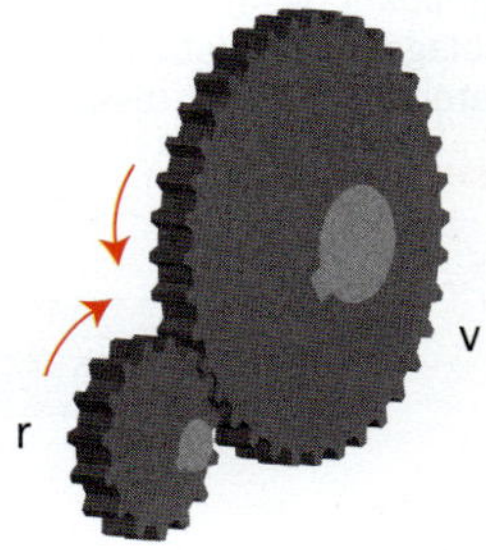

Engrenage et vis sans fin

Transformation de mouvement

Bielle manivelle
Le mouvement de translation (va et vient) de la bielle est transformé en mouvement de rotation par la manivelle, et inversement.

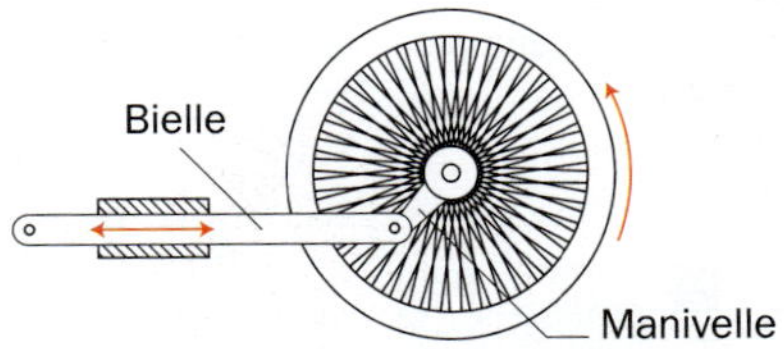

Engrenage et crémaillère
Le mouvement de rotation de l'engrenage est transformé en mouvement de translation de la crémaillère et inversement.

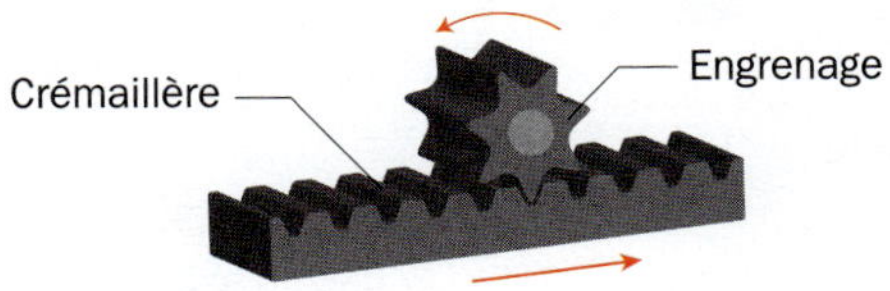

Système à came
Le mouvement de rotation de la came est transformé en mouvement de translation (va et vient) de la tige.

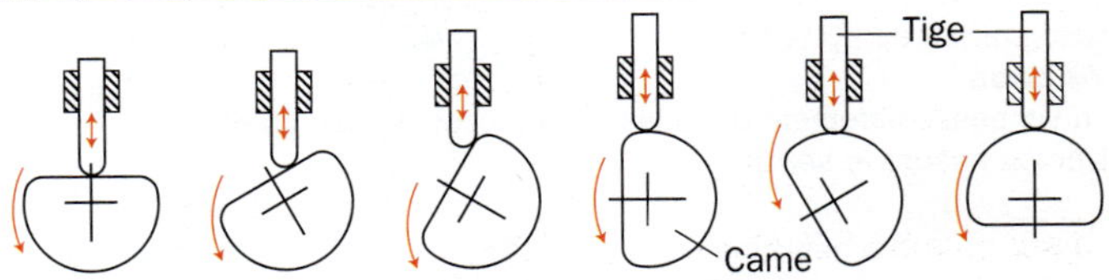

Vis écrou
Le mouvement de rotation de la vis est transformé en mouvement de translation de l'écrou et inversement.

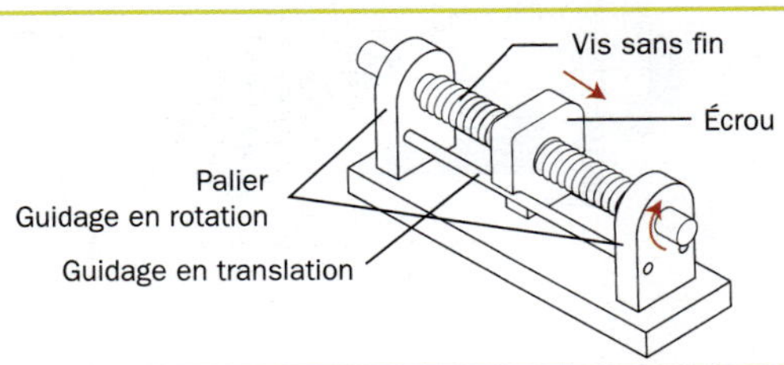

Les techniques d'assemblage

Les assemblages démontables

Désignation du système
Auto-agrippant (scratch)
Assemblage peu résistant à l'effort. Solution utilisée pour des matériaux souples (tissus, cuir...).

Représentation

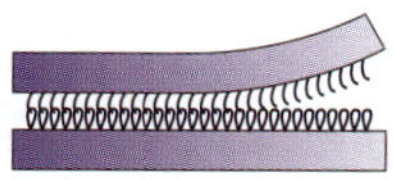

Désignation du système
Clip démontable [1]
Emboîtage d'une pièce dans une autre par déformation élastique du matériau. Suivant la forme des pièces et des ergots, le clipsage est parfois indémontable [2].

Représentation

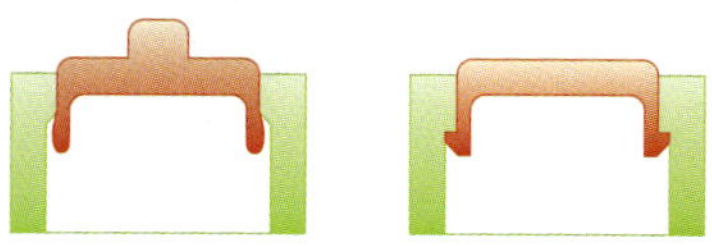

[1] [2]

Désignation du système
Vis autotaraudeuse
La vis passe librement dans une pièce et forme un filet (taraudage) dans l'autre.

Représentation

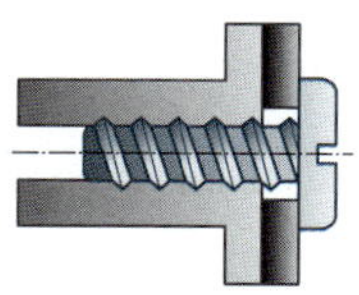

Désignation du système
Vis écrou
La vis passe librement dans les deux pièces à assembler. L'écrou assure le serrage.

Représention

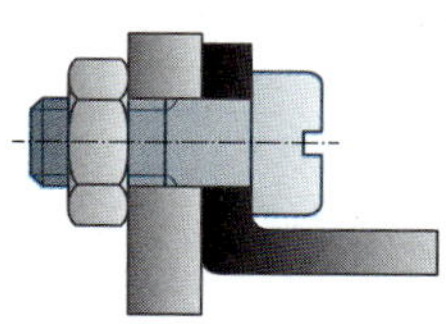

Les assemblages indémontables

Désignation du système
Colle
La colle doit être adaptée aux matériaux à assembler (colle à l'eau, colle avec ou sans solvant, etc.).

Représentation

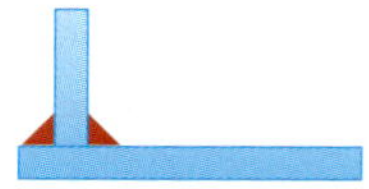

Désignation du système
Brasure
Les deux pièces à assembler sont chauffées au moins à la température de fusion du métal d'apport (brasure).

Représentation

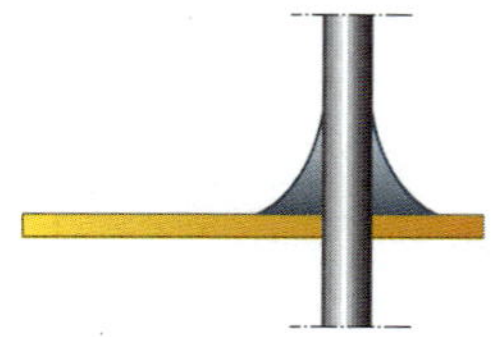

Désignation du système
Soudure
Les deux pièces à assembler sont chauffées à l'endroit de la soudure à leur température de fusion. Elles fondent avec le métal d'apport.

Représentation

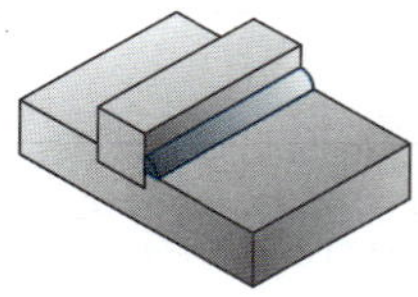

Désignation du système
Rivet double dit rivet pop
Le rivet passe à travers les deux pièces. Tiré par une tige à l'aide d'une pince à rivet, il se déforme pour réaliser l'assemblage.

Représentation

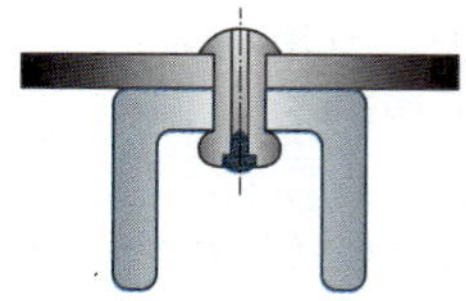

Désignation du système
Rivet creux dit œillet
Le rivet passe à travers les deux pièces. Écrasé par une pince à œillet, il se déforme pour réaliser l'assemblage.

Représentation

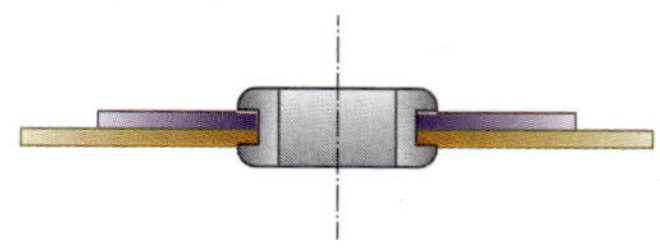

Les outils de montage et démontage

Les clés

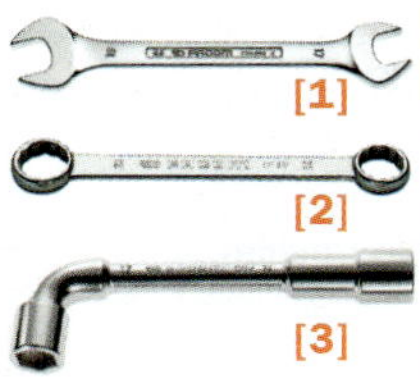

Clé plate à fourche [1]
Clé plate à œil [2]
Clé à pipe débouchée [3]
Ces clés permettent le vissage et le dévissage de vis et d'écrous à tête hexagonale.

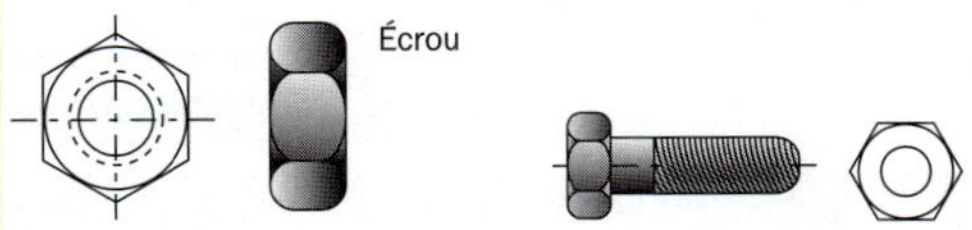

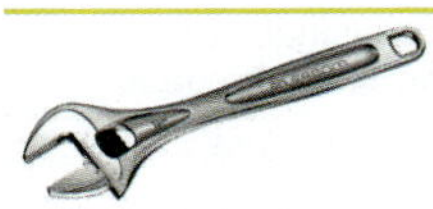

Clé à molette
Une molette permet d'adapter sa dimension à la taille de l'élément à visser ou dévisser.

Clé mâle coudée 6 pans
Elle permet le vissage et le dévissage de vis à 6 pans creux. Ces clés sont souvent regroupées sur une monture afin de faciliter leur rangement.

Les tournevis

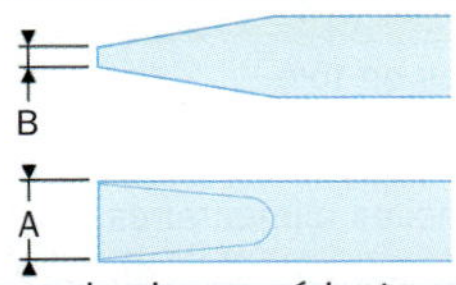

Tournevis pour vis à fente
Il permet le vissage et le dévissage de vis possédant une fente. Pour ne pas endommager la vis, il est important de choisir un tournevis dont les dimensions (largeur A et épaisseur B) correspondent à la fente de la vis.

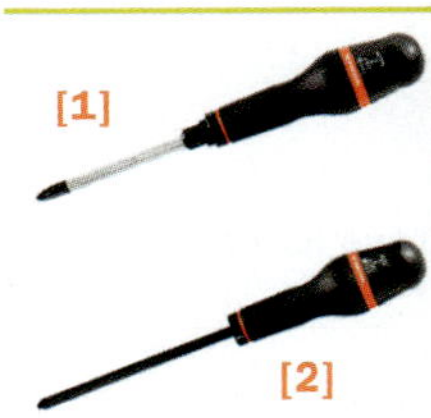

Tournevis pour vis Pozidriv® (PZ) [1] et Phillips® (PH) [2]
Ils permettent le vissage et le dévissage de vis cruciformes. La taille et la forme du tournevis doivent être adaptées à la taille de la vis afin de ne pas l'endommager.

Les pinces

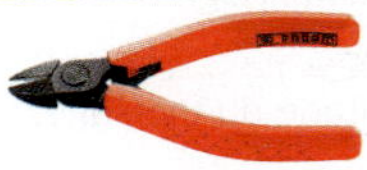

Pince coupante
Elle est principalement utilisée pour couper des fils électriques. Selon le type de coupe souhaité, plusieurs formes de pinces existent.

Pince à becs plats
Elle permet de maintenir des pièces de très petites dimensions. Selon la taille des pièces à maintenir, il existe des pinces avec des largeurs de becs différentes.

Pince à dénuder
Elle permet d'ôter la partie isolante d'un fil électrique. Certaines font également office de pince coupante.

10 ▸ Les métaux

Les métaux sont conducteurs de courant. Ils résistent à des efforts mécaniques importants. Ils ont de bonnes aptitudes aux façonnages par déformation ou par enlèvement de matière. Ils sont totalement recyclables.

Les aciers (masse volumique : 7,8 g/cm^3)

Avantages		Inconvénients	
	▪ Très bonne résistance mécanique. ▪ Peu coûteux.		▪ Facilement oxydable (rouille). ▪ Assez lourd.

Principaux alliages	Usage	Résistance mécanique	Mise en forme
Les aciers d'usage général.	Toute pièce mécanique.	Très bonne.	▪ Bonne usinabilité. ▪ Déformation à chaud.
Les aciers fortement alliés à base de chrome, nickel et molybdène.	▪ Acier inoxydable. ▪ Pièces mécaniques de précision.	Forte à très forte.	Bonne usinabilité.

L'aluminium et ses alliages (masse volumique : 2,7 g/cm^3)

Avantages		Inconvénients	
	▪ Bonne résistance à la corrosion. ▪ Bonne conductibilité électrique. ▪ Légèreté. ▪ Facile à mettre en forme.		▪ Résistance mécanique moyenne. ▪ Difficile à souder. ▪ Assez coûteux.

Principaux alliages	Usage	Résistance mécanique	Mise en forme
Alliage d'aluminium, de magnésium, de cuivre, de silicium.	▪ Pièces en tôle d'aluminium. ▪ Cuves, citernes ou ustensiles alimentaires.	Convenable en fonction du poids faible.	Mise en forme par déformation (chaudronnerie).
Alliage d'aluminium, de silicium, de cuivre et de magnésium.	▪ Pièces pour l'aéronautique. ▪ Cycles.	Convenable en fonction du poids faible.	▪ Moulage de précision. ▪ Bonne usinabilité.

Le cuivre et ses alliages (masse volumique : 8,9 g/cm^3)

Avantages		Inconvénients	
	▪ Grande résistance à la corrosion. ▪ Bonne conductibilité électrique. ▪ Très bonne aptitude aux façonnages. ▪ Bonne aptitude au soudage.		▪ Résistance mécanique assez faible. ▪ Assez coûteux.

Principaux alliages	Usage	Mise en forme
Laiton : alliage de cuivre et de zinc.	▪ Petites pièces mécaniques usinées. ▪ Pièces obtenues à partir de feuilles : récipients (cuve, citerne).	▪ Assez malléable. ▪ L'addition de plomb augmente son usinabilité.
Bronze : alliage de cuivre et d'étain.	▪ Petites pièces moulées. ▪ Pièces devant résister à la corrosion ou aux frottements (palier d'arbre).	▪ Très bonne aptitude au moulage.

Le zinc et ses alliages (masse volumique : 7,13 g/cm^3)

Avantages		Inconvénients	
	▪ Bonne résistance à la corrosion. ▪ Très bonne aptitude au moulage.		Résistance mécanique moyenne.

Principaux alliages	Usage	Mise en forme
Zamac : alliage de zinc, d'aluminium et de cuivre.	▪ Pièces moulées de grande précision. ▪ Carburateur – Modèle réduit de voiture.	Très bonne aptitude au moulage.

- Usinabilité — Aptitude aux mises en forme par usinage.
- Malléabilité — Aptitude aux mises en forme par déformation.
- Masse volumique — Masse en grammes (g) de un centimètre cube (cm^3) de matière.

Les matières plastiques

Les matières plastiques ont une masse volumique faible (0,9 à 2,2 g/cm^3). Peu coûteuses, elles peuvent être mises en forme facilement et résistent bien à la corrosion. Ce sont de bons isolants électriques. En revanche, elles ont une résistance faible aux efforts mécaniques, ne résistent pas à la chaleur et sont souvent difficiles à recycler.

Matières plastiques d'origine naturelle

Ambre Résine fossilisée de plantes	Connu depuis l'Antiquité, l'ambre est utilisé pour produire des objets décoratifs (gravure, moulage par pression).
Asphalte-Bitume Matière naturelle à base d'hydrocarbures	Utilisée dès l'Antiquité pour imperméabiliser des bassins artificiels et des conduites d'eau. Actuellement, revêtement des routes et des trottoirs.
Ivoire Défenses de certains animaux	Très dur, il était employé pour la fabrication des touches de piano ou des manches de couteau. Son commerce est interdit dans de nombreux pays.
Corne Origine animale	Thermoplastique (boîtes, boutons, plumes, peignes...). Mise en forme à chaud.

Thermoplastiques

D'utilisation très fréquente et très variée, ils sont faciles à former et déformer car ils ramollissent sous l'effet de la chaleur.

Familles de matières plastiques		Principales utilisations en fonction de leurs caractéristiques
Acryliques	Acrylonitrile butadiène styrène **(ABS)** Polyméthacrylate de méthyle **(PMMA)** Polyacrylonitrile **(PAN)**	Pièces de carrosserie. Fibres synthétiques, verres de lunettes, vitrages souples **(plexiglas)**, peintures.
Cellulosiques	Acétate de cellulose **(CA)** Nitrate de cellulose **(CN)**	Boutons et poignées pour meubles, manches de couverts ou de brosses, montures de lunettes, films photo et cinéma.
Polyamides (PA)		Isolants électriques moulés, textiles artificiels **(nylon)**, engrenages, joints d'étanchéité, articles de bureau.
Polyesters	Polyéthylène téréphtalate **(PET)** Polycarbonates **(PC)**	Bouteilles (boissons gazeuses), casques de moto, vitrages (vitrines devantures), vitres de sécurité, vitres pare-balles.
Polyoléfines	Polyéthylènes **(PE)** Polyéthylène basse densité **(PE-LD)** Polyéthylène haute densité **(PE-HD)** Polypropylène **(PP)**	Sacs, films plastiques, flacons, casiers à bouteilles, jouets, seaux, cuvettes, isolation de câbles, citernes, tubes et gaines électriques.
Polyuréthanes (PUR)		Matériau rigide ou souple. Souple : mousse de coussins, de matelas, revêtements de tissus... Rigide : pièces automobiles, bâtiment, ameublement, décoration. Imitation de matériaux naturels (cuir, bois). Fabrication de revêtements.
Styréniques	Polystyrènes **(PS)** Styrène butadiène **(SB)**	Tableaux de bord d'automobiles, boîtiers de radios et de télévisions, cuves de réfrigérateurs, corps d'aspirateurs, boîtes isothermes, panneaux isolants.
Vinyliques	Polychlorure de vinyle **(PVC)** Polytétrafluoroéthylène **(PTFE)**	Bouteilles (eau minérale, vin), tuyaux rigides ou souples, fenêtres, huisseries, gouttières, revêtement de sol, similicuir, bottes et sandales, jouets gonflables, disques, peintures, films antiadhésifs, fibres textiles en PTFE **(Gore Tex)**, revêtement thermique **(Téflon)**.
Époxydes (EP)		Colles **(Araldites)**, revêtement, circuit imprimé électronique.
Phénoplastes (SF)		Isolation, queue de casseroles **(Bakélite).**
Polyesters insaturés		Fibres textiles, boutons, vernis, cannes à pêche, cuves, citernes routières, éléments de carrosseries.
Silicones (SI)		Base de crème, de lotions et de pommades, prothèses, joints hydrofuges ou d'isolation électrique, peintures, élastomères.

Caoutchoucs ou élastomères

Le caoutchouc naturel (NR) issu de la sève de l'hévéa représente un tiers du caoutchouc utilisé ; les caoutchoucs synthétiques (élastomères) fabriqués à partir du pétrole représentent les deux tiers. La fabrication des pneumatiques pour les engins de transport utilise 55 % du caoutchouc produit. Le caractère souple, résistant et imperméable du matériau permet de l'utiliser dans la fabrication de bottes et chaussures, revêtements de sol, joints d'étanchéité, peintures.

Annexe

12 ▸ Le perçage

Le principe du perçage

Le perçage est une opération de façonnage par enlèvement de matière. Lors de cet usinage, un outil tranchant, appelé foret, est mis en rotation (mouvement de coupe) et pénètre dans le matériau à façonner (mouvement d'avance) pour en détacher des copeaux (Doc. 1).

DOC 1 Une opération d'usinage (perçage d'un trou)

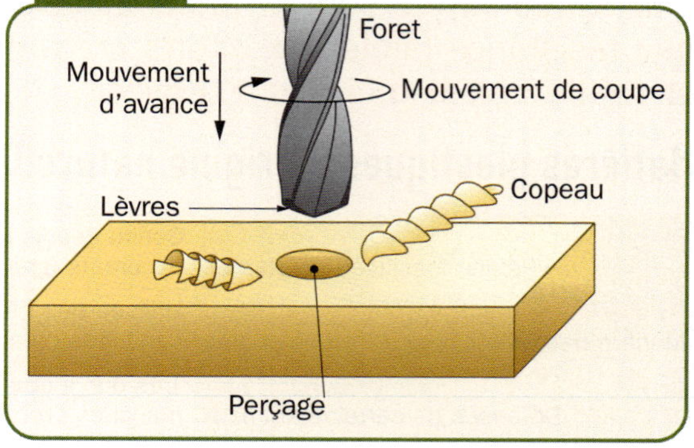

L'outil : le foret

L'outil de perçage est un foret dont les caractéristiques sont adaptées au matériau à usiner :
- son matériau est plus dur que le matériau à usiner (foret en acier trempé, acier au carbure, céramique…) ;
- la forme des parties tranchantes, appelées lèvres, diffère suivant le matériau à usiner (foret à bois, à métal, à matière plastique…).

La **fréquence de rotation** du foret, exprimée en nombre de tours par minutes (tr/min.) dépend du diamètre de perçage et de la dureté du matériau à usiner :
- plus le diamètre est important, plus la fréquence doit être réduite ;
- plus le matériau du foret est dur par rapport à la dureté du matériau à usiner, plus la fréquence de rotation peut être grande.

La machine : la perceuse

Une perceuse est une machine-outil (Doc. 2) permettant de réaliser une opération de perçage. Elle comprend six ensembles d'éléments assurant les fonctions suivantes :

Fonctions	Éléments
Positionnement et maintien de la pièce	Table, règle, étau, butée…
Positionnement et maintien de l'outil	Mandrin, cône
Mise en rotation de l'outil à des fréquences variables	Broche, moteur, variateur de vitesse…
Déplacement de l'outil sur différentes longueur	Manivelle, cabestan, butée
Commande et réglage des différents éléments	Bouton, manivelles, butées
Organes de sécurité des personnes et du matériel	Arrêt d'urgence, capot de sécurité, contacts

DOC 2 Une perceuse

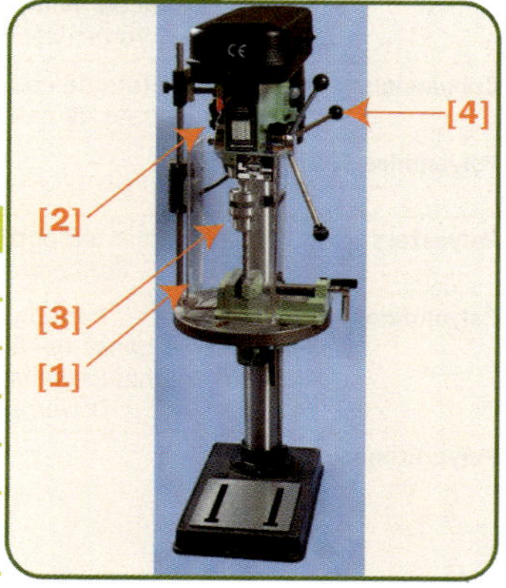

L'opération de perçage et la sécurité : organigramme

Positionner et maintenir en position la pièce

↓

Fermer le **capot de protection [1]**

↓

Actionner le bouton **marche-arrêt [2]** pour mettre en rotation le **foret [3]**

↓

Descendre doucement le foret à l'aide de la **manivelle de commande [4]** pour le faire pénétrer dans la pièce : jusqu'en butée pour un trou non débouchant ; à travers la pièce pour un trou débouchant.

↓

Dégager l'outil une fois le trou percé en remontant la manivelle

↓

Effectuer un premier contrôle visuel du résultat avant de démonter la pièce

↓

Nettoyer le poste de travail

Le poinçonnage

Le principe du poinçonnage

Le poinçonnage est une **opération de façonnage par enlèvement de matière**. Lors de cette opération, une lame tranchante, appelée poinçon (parfois emporte-pièce), pénètre dans le matériau à façonner (mouvement d'avance) pour en détacher une forme.
Ce procédé est employé lorsque l'on ne recherche pas une grande précision dans l'exécution (Doc. 1).

DOC 1 Le principe du poinçonnage

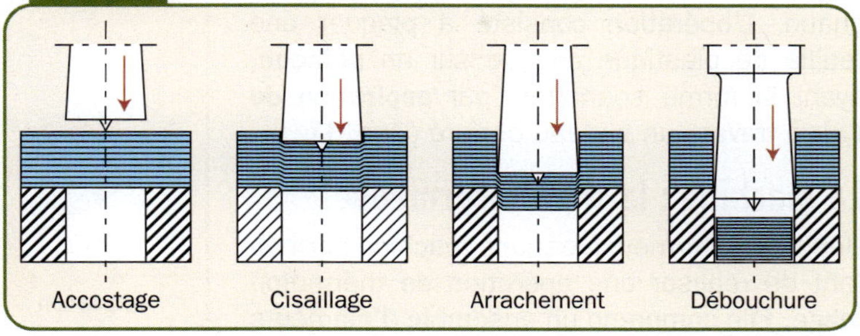

DOC 2 Une poinçonneuse et ses outils

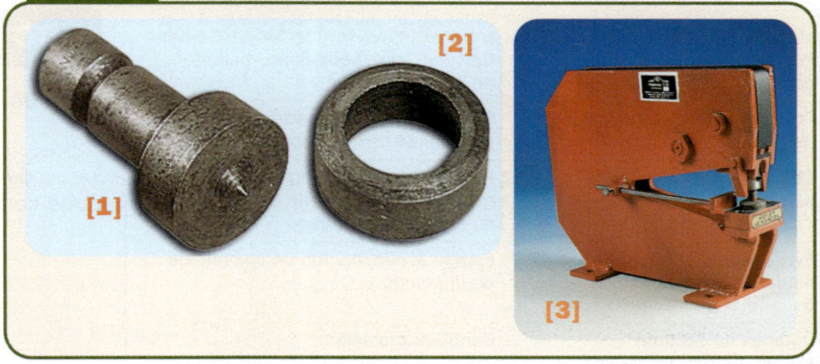

Les outils de poinçonnage

Les outils ont la forme du découpage à réaliser. La lame supérieure prend le nom de **poinçon [1]** et celle inférieure celui de **matrice [2]**. Ces lames ont une forme et des dimensions appropriées, ceci afin de réduire les déformations dues au cisaillage.
Ces outils sont montés sur une **poinçonneuse [3]**.

DOC 3 Des trous de tailles et de formes diverses

L'opération de poinçonnage et la sécurité : organigramme

1. **Positionner** le poinçon et la matrice sur la poinçonneuse
2. **Positionner** la pièce à poinçonner en fonction des repères ou marques
3. **Descendre** avec force le poinçon pour le faire pénétrer dans la pièce pour enlever la forme désirée (manette)
4. **Remonter** le poinçon (manette)
5. **Enlever** la pièce poinçonnée
6. **Contrôler** le poinçonnage

La sécurité

L'opérateur doit veiller à ne pas se coincer les doigts, et porter éventuellement des gants.

Annexe

14 ▸ Le thermoformage

Le principe du thermoformage

Le thermoformage est une opération de façonnage par déformation de matière plastique à chaud. L'opération consiste à plaquer une feuille de plastique chaude sur un **poinçon**, ayant la forme souhaitée, par **aspiration de l'air** à travers un plateau perforé (Doc. 1).

DOC 1 Le principe du thermoformage

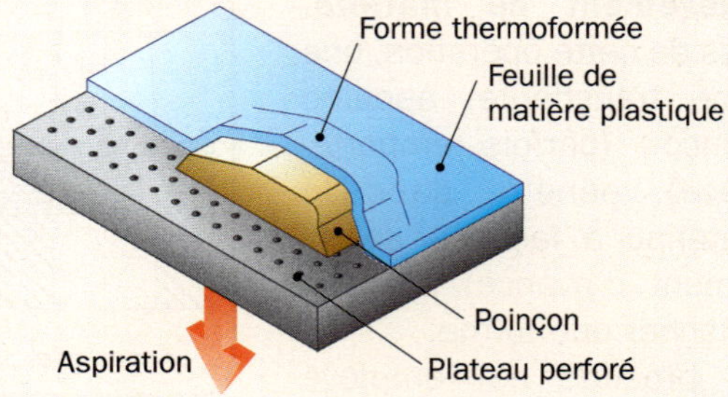

La machine : la thermoformeuse

Une thermoformeuse est une machine permettant de réaliser une opération de thermoformage. Elle comprend un ensemble d'éléments qui réalisent les fonctions nécessaires à l'opération (Doc. 2).

Fonctions	Éléments
Positionnement et serrage de la feuille de matière plastique	Caisson, joint, serre-flanc, manette de serrage
Positionnement et déplacement de l'outil (le poinçon)	Plateau perforé, manette de commande de la montée du plateau
Chauffage de la feuille de plastique	Résistance électrique, bouton marche-arrêt, minuterie de réglage du temps de chauffage
Évacuation de l'air du caisson pour créer une aspiration de la feuille sur le poinçon	Pompe à vide, bouton de commande de la pompe
Organes de sécurité évitant les risques de brûlure	Capot de protection

DOC 2 Une thermoformeuse

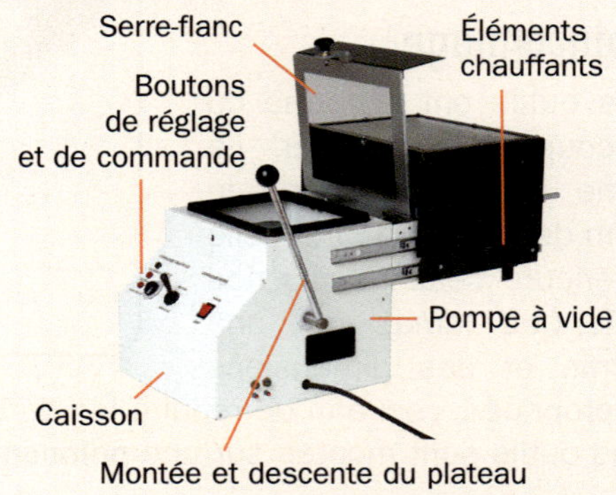

Les dimensions des formes pouvant être réalisées sur une machine dépendent de ses caractéristiques techniques :
- longueur et largeur de l'ouverture du caisson (surface de thermoformage) ;
- amplitude de déplacement du plateau (hauteur de thermoformage) ;
- puissance d'aspiration de la pompe à vide (volume du thermoformage).

L'opération de thermoformage et la sécurité : organigramme

Positionner le poinçon (forme à reproduire) sur le plateau perforé de la machine

↓

Positionner et **serrer** la feuille de matière plastique sur l'ouverture du caisson

↓

Mettre des gants de **protection** contre la chaleur et rabattre le capot de protection

↓

Déclencher le chauffage de la plaque en réglant la minuterie si elle existe

↓

Lorsque la plaque est à température, **réaliser le formage** en remontant le poinçon à travers la feuille de matière plastique et en mettant en marche la pompe à vide pour créer l'aspiration de la feuille sur le poinçon

↓

Après refroidissement de la pièce, arrêter l'aspiration, descendre puis **démonter la pièce** obtenue

La qualité du thermoformage dépend des conditions de mise en œuvre de chacune des étapes et des contrôles effectués à l'issue de chacune.

Le thermopliage 15

Le principe du thermopliage

Le pliage est une opération de mise en forme par déformation qui consiste à plier une partie d'une pièce d'un certain angle par rapport à une autre partie maintenue immobile. Le thermopliage est une opération de pliage d'une plaque de matière plastique préalablement chauffée à l'endroit du pli.

La machine : la thermoplieuse

Une thermoplieuse est une machine permettant de réaliser une opération de pliage à chaud. Elle comprend différents éléments assurant les fonctions techniques suivantes :

Fonctions	Éléments
Positionnement et **serrage** de la feuille de matière plastique	Table **[1]**, règles **[4]**, butée **[3]**, barre de serrage **[5]**
Chauffage de la feuille de plastique à l'endroit du pli	Fil chauffant **[8]**, minuterie **[12]**, bouton marche-arrêt **[10]**, câble d'alimentation **[9]**, témoin lumineux **[11]**
Pliage de la feuille de plastique	Tablier **[2]**, butée de réglage de l'angle de pliage **[13]**, levier de commande du tablier **[7]**
Organes de **sécurité** évitant les risques de brûlure	Gants de protection contre la chaleur

DOC 2 Une thermoplieuse

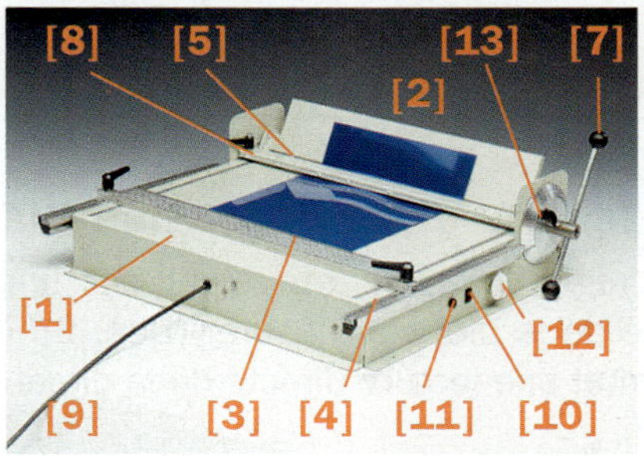

L'opération de thermopliage : l'organigramme

Effectuer les **réglages** des butées :
- position du pliage (longueur) ;
- angle de pliage (secteur angulaire)

↓

Positionner la feuille sur une règle et en butée et la maintenir en position avec la barre de serrage

↓

Régler le temps de chauffe (minuterie)

↓

Mettre sous tension

↓

Après chauffage, **former** la pièce en rabattant le tablier

↓

Mettre hors tension

↓

Contrôler le pliage

Les conditions de mise en œuvre

Les temps de chauffe varient en fonction de l'épaisseur de la plaque et de la composition chimique de la matière plastique.
En cas de pliages successifs pour une même plaque, bien penser à l'ordre de ces pliages.
Des pièces d'essai (même matériau, même épaisseur) sont toujours nécessaires.

La sécurité

Les risques pour l'utilisateur viennent des organes de **serrage** et surtout de l'**élément chauffant**. L'opérateur doit veiller à ne pas se coincer les doigts et porter des gants anti-chaleur.

16 Le réglet

Le réglet est un instrument métallique souple de mesure de distance, gradué en millimètres ou demi-millimètres. L'origine de sa graduation est située sur une de ses extrémités. Les chiffres portés sur la graduation indiquent des centimètres.

Les unités de longueur

Le mètre est l'unité de longueur de base adoptée par le système international de mesure. En technologie, le millimètre est l'unité de longueur la plus utilisée. C'est un sous-multiple du mètre : sa millième partie.

DOC 1 Les multiples et les sous-multiples du mètre

km	hm	dam	m	dm	cm	mm
kilomètre	hectomètre	décamètre	mètre	décimètre	centimètre	millimètre
1 000 m	100 m	10 m	1	0,1 m	0,01 m	0,001 m

La lecture d'une dimension sur le réglet

Le réglet s'utilise en appui sur une face de la pièce à mesurer (Doc. 2). Il permet une lecture directe de la dimension.

La précision de cette lecture dépend :
- de celle de la graduation qui peut atteindre le demi-millimètre ;
- de la position de la personne qui réalise la mesure : elle doit être placée bien en face de la graduation à repérer.

DOC 2 Une mesure

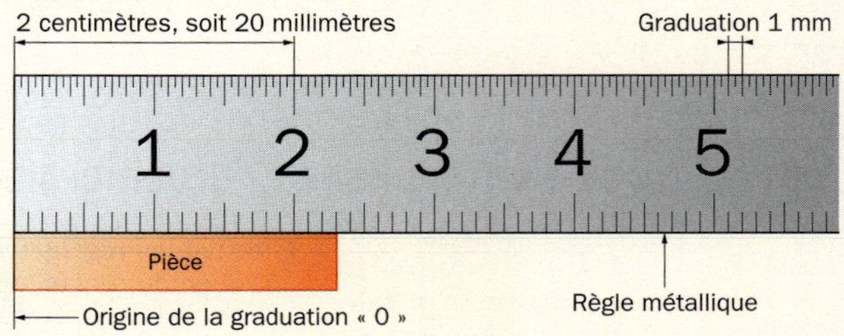

La prise de mesure à l'aide du réglet

Pour mesurer la distance entre deux faces d'une pièce, la difficulté consiste à parfaitement aligner l'origine de la graduation du réglet avec le bord de la pièce (Doc. 3).

Dans la prise de mesure de la profondeur d'une entaille, l'extrémité de la graduation est en appui sur une face : la prise d'origine de la mesure est parfaite (Doc. 4).

Dans la mesure d'une distance entre deux faces, l'emploi d'une cale contre laquelle la pièce à mesurer et l'origine de la graduation du réglet vont s'appuyer permet de simplifier la prise de mesure et d'augmenter sa précision.

DOC 3 Deux problèmes de mesure

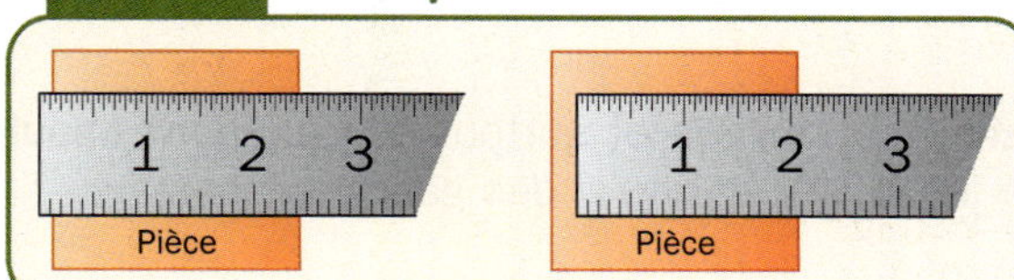

DOC 4 Mesure d'une entaille

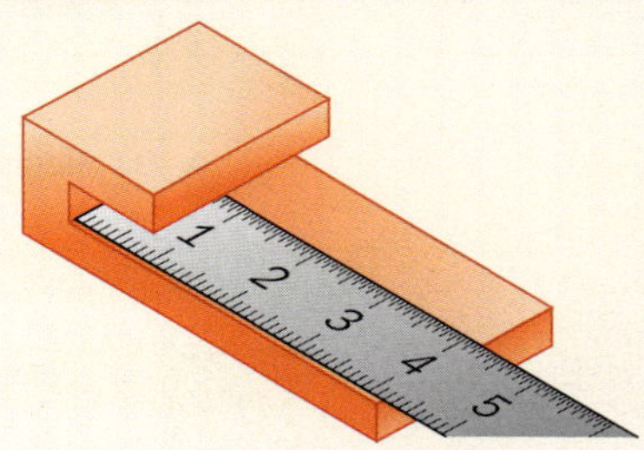

DOC 5 Mesure correcte avec cale

Le calibre à coulisse 17

Un calibre à coulisse est un instrument de mesure de distance permettant d'exprimer une dimension au centième de millimètre près. L'afficheur digital indique directement la distance comprise entre ses deux becs.

La mise en service du calibre à coulisse

Le calibre à coulisse est composé d'une règle et de deux becs principaux : l'un est fixe par rapport à la règle, l'autre est sur une partie mobile qui coulisse sur la règle.

Lorsque l'utilisateur manipule la partie coulissante du calibre à coulisse, ou un des boutons, l'affichage apparaît. Il s'éteint automatiquement au bout de quelques minutes après avoir affiché « 0 ».

La partie coulissante (Doc. 1) est composée :

- d'un bouton de conversion **[1]** de pouces en millimètres ;
- d'un bouton de mise à zéro de l'afficheur **[2]**, quelle que soit la position de la partie coulissante ;
- d'un capot de changement de pile **[3]** ;
- d'un afficheur digital **[4]** qui indique la valeur mesurée.

DOC 1 Le calibre à coulisse

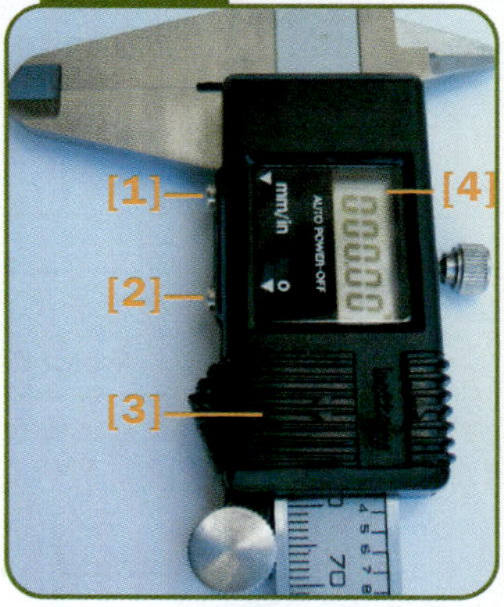

La mesure d'une distance extérieure

La mesure de la distance entre deux faces d'une pièce s'effectue en appliquant les deux becs sur l'une et l'autre des faces (Doc. 2). L'afficheur indique la distance en millimètres entre les deux becs.

Les becs du calibre à coulisse peuvent être mis en appui sur des formes courbes. Cet instrument permet donc de mesurer le diamètre d'un cylindre.

DOC 2 Une mesure extérieure

La mesure d'une distance intérieure

Les becs situés au-dessus de la règle permettent, par leur forme, de mesurer des distances intérieures (Doc. 3).

DOC 3 Une mesure intérieure

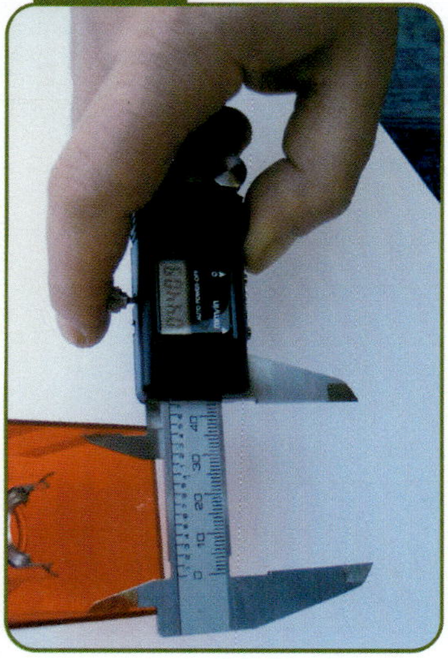

La mesure d'une distance en profondeur

Une jauge de profondeur (Doc. 4, **[1]**) est reliée à la partie coulissante du calibre à coulisse. Cette jauge coulisse le long de la règle lorsque l'utilisateur déplace la partie coulissante. Elle apparaît à l'extrémité de la règle opposée aux becs. Elle permet d'effectuer la mesure de distances de profondeur, par exemple à l'intérieur d'une pièce. L'extrémité de la jauge est en appui avec une face et l'extrémité de la règle avec l'autre face.

DOC 4 Une mesure de profondeur

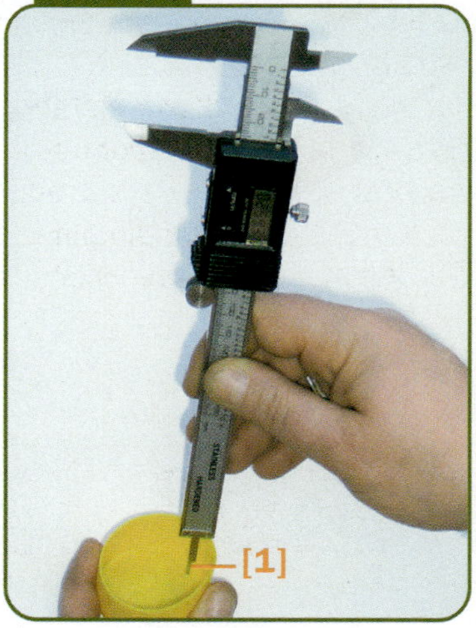

Annexe

18 ▸ Les composants électroniques et leurs symboles

Symboles de composants électroniques

Pile	Conducteur	Interrupteur	Bouton poussoir contact à fermeture	Bouton poussoir contact à ouverture	Lampe
			NO	NF	
Aspect 1	Aspect 2	Aspect 3	Aspect 4	Aspect 4	Aspect 8
Résistor	**Potentiomètre**	**Condensateur**	**Condensateur polarisé**	**Diode**	**Diode électroluminescente DEL**
			+		
Aspect 5	Aspect 6-7	Aspect 10	Aspect 11-12	Aspect 13	Aspect 14-15
Photorésistance	**Transistor PNP**	**Transistor NPN**	**Circuit intégré**	**Buzzer**	**Haut-parleur HP**
Aspect 9	Aspect 17-18	Aspect 17-18	Aspect 19	Aspect 16	Aspect 20

Exemples d'aspects de composants électroniques

Le brasage au fer à souder

Le principe du brasage des composants électroniques

Le brasage au fer à souder est un procédé d'assemblage permettant d'assurer aux composants électroniques une liaison électrique et mécanique avec un circuit imprimé. Le fer à souder est la source de chaleur utilisée dans cette opération (Doc. 1).

Le fer à souder

Le fer à souder fournit une température élevée à l'extrémité de la panne en contact avec le circuit imprimé et la patte du composant à braser.
Le fer à souder peut brûler gravement. Pour éviter tout accident, il ne peut reposer que sur son support ou être tenu, au niveau du manche isolant, par un utilisateur muni de gants de protection contre la chaleur.

L'opération de brasage et la sécurité

L'opération de brasage consiste à déposer un métal d'apport en fusion (à l'état liquide) entre une patte d'un composant et la piste du circuit imprimé correspondante (Doc. 3).

Positionner et maintenir le circuit et le composant à braser sur un support

↓

Mettre des lunettes de protection contre les projections de métal en fusion et des **gants** de protection contre la chaleur

↓

Chauffer la piste et la patte du composant à lier

↓

Apporter du métal au contact des parties chauffées et retirer le fer à souder

↓

Laisser refroidir le métal d'apport qui passe de l'état liquide à l'état solide

Le contrôle des brasures

Deux types de contrôle permettent de s'assurer que la liaison mécanique et électrique est correctement établie.
Le contrôle visuel rend compte de la qualité de la brasure. Elle doit être de forme conique et d'un aspect brillant. Le métal d'apport adhère à la fois à la piste et à la patte du composant (Doc. 4).
Le contrôle de la continuité électrique s'effectue à l'aide d'un contrôleur électrique en position ohmmètre ou d'un contrôleur de continuité (Annexe 20).
Dans le cas d'une bonne brasure :
- la valeur obtenue à l'ohmmètre est « 0 » ;
- le contrôleur de continuité réagit positivement (témoin lumineux ou signal sonore).

DOC 1 Schéma d'un composant sur un circuit imprimé

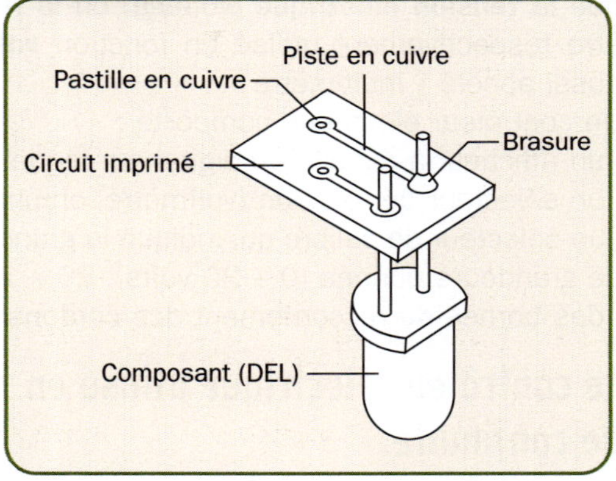

DOC 2 Fer à souder

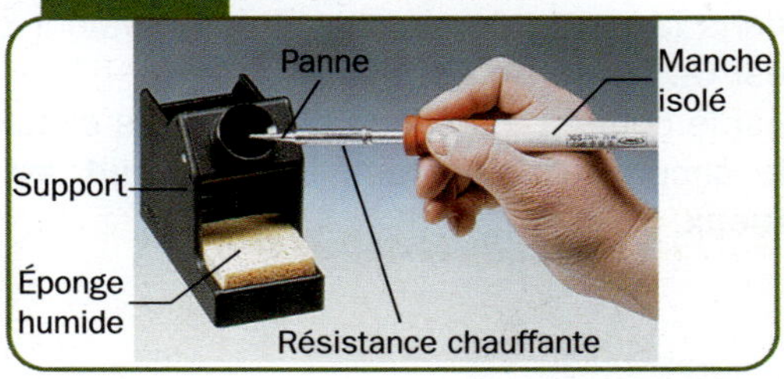

DOC 3 Opération de brasage

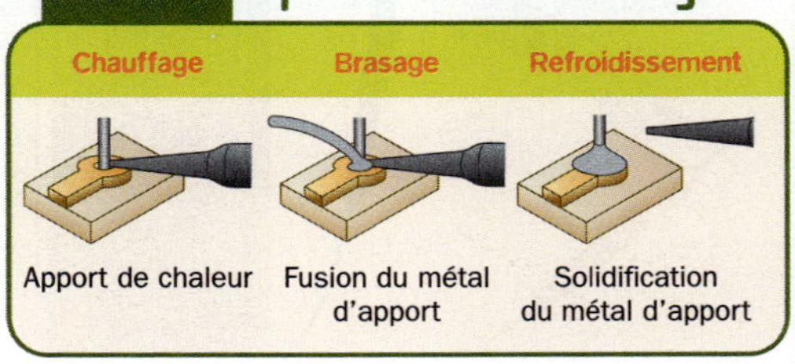

DOC 4 Bonne et mauvaise brasures

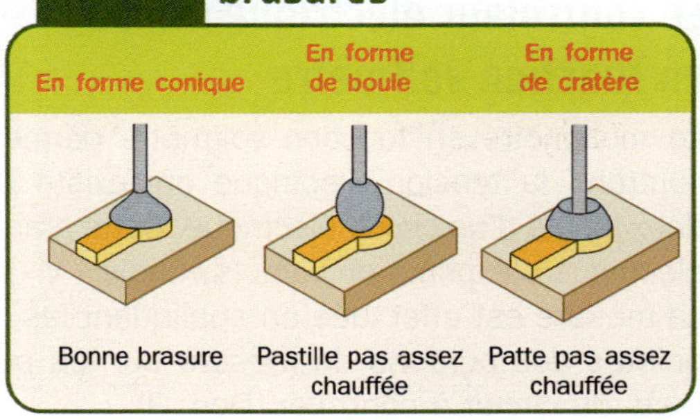

20 ▸ Les contrôles électriques

Le contrôleur électrique

Un contrôleur électrique est un appareil qui permet de mesurer des grandeurs électriques telles que la **tension électrique** (voltage) ou la **résistance** au passage du courant électrique. Il peut être respectivement utilisé en fonction **voltmètre** ou **ohmmètre**. Le contrôleur électrique est aussi appelé « multimètre ».

Un contrôleur électrique comporte :
- un afficheur à aiguille ou digital sur lequel est lue la mesure ;
- un sélecteur de fonction (voltmètre, ohmmètre, ampèremètre...) ;
- un sélecteur de calibre qui indique la grandeur maximale pouvant être mesurée dans une plage de grandeurs donnée (0 – 20 volts ; 20 – 200 V ; 200 – 2 000 V...) ;
- des bornes de raccordement des cordons de mesure.

Le contrôleur électrique utilisé en testeur de continuité

Le multimètre en fonction ohmmètre et sur le calibre 1 permet de contrôler la continuité électrique d'un circuit (Doc. 1) :
- si le courant électrique peut circuler normalement dans la partie du circuit testée, la valeur obtenue est 0 : **le circuit est bon** ;
- si le courant électrique ne peut pas circuler dans le circuit, la valeur est 1 : **le circuit est défectueux**.

DOC 1 Schéma du contrôle de continuité d'une brasure

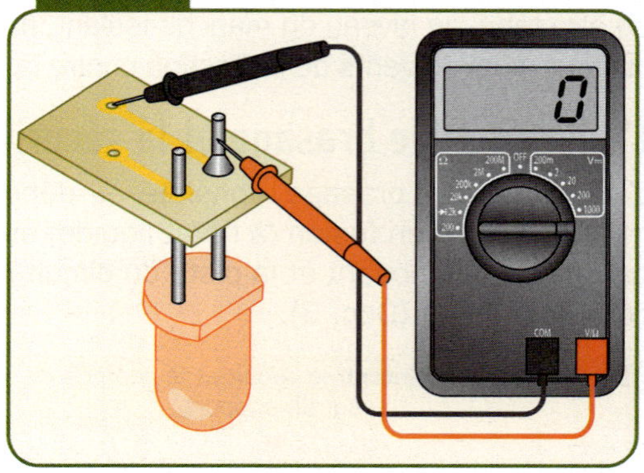

DOC 2 Une mesure de résistance

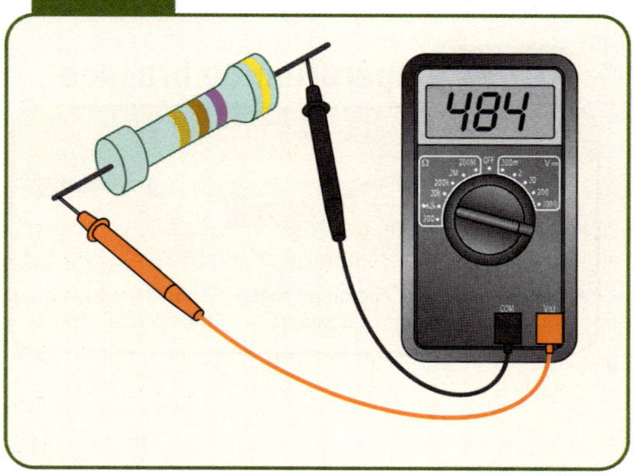

Le contrôleur électrique utilisé en fonction ohmmètre

Le multimètre en fonction ohmmètre permet de contrôler la résistance au passage électrique de composants ou de parties de circuit. Cette grandeur électrique s'exprime en ohms (symbole « Ω ») (Doc. 2).

DOC 3 Une mesure de tension

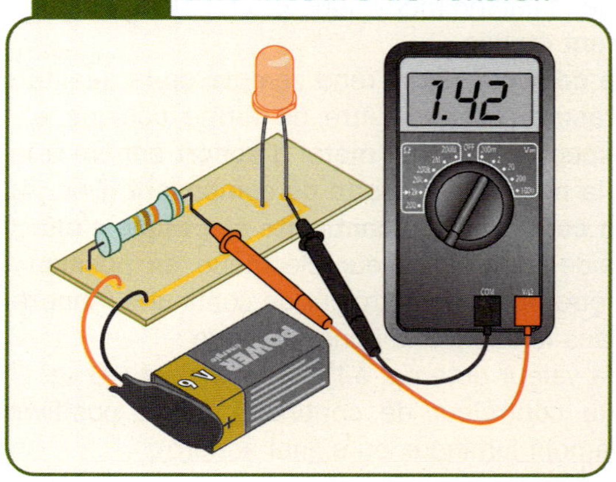

Le contrôleur électrique utilisé en fonction voltmètre

Le multimètre en fonction voltmètre permet de contrôler la tension électrique qui existe entre deux points d'un circuit électrique. Cette grandeur électrique s'exprime en volts (symbole « V »).

La mesure est effectuée en appliquant les deux pointes des cordons de mesure sur les points tests du circuit à contrôler (Doc. 3).

Les informations sur les emballages et les produits

21

Annexe

Les pictogrammes relatifs au produit

	Nom	Signification
	Communauté européenne	Le pictogramme « CE » est un marquage européen obligatoire pour tous les produits qui circulent en Europe. Il indique que les produits respectent les exigences essentielles en termes de sécurité, de santé ou encore de protection des consommateurs.
	Norme française	La marque NF est un label de qualité. Elle garantit que le produit répond aux normes en vigueur mais aussi à des critères de qualité supplémentaires (solidité, sécurité, etc.). Les produits et les unités de production sont soumis à des contrôles réguliers.
	Produit de l'année	Le pictogramme « Produit de l'année » est un prix décerné après enquête auprès d'un échantillon de 22 000 consommateurs qui se prononcent sur une liste définie de produits. On le retrouve sur des articles censés se distinguer par leur nouveauté, leur inventivité ou leur côté pratique et esthétique.

Les pictogrammes relatifs à la protection de l'environnement

	Nom	Signification
	Eco-label	Ce pictogramme présent sur un emballage indique que l'entreprise qui a fabriqué le produit ou qui le commercialise participe financièrement aux programmes de recyclage des emballages. Le label est géré par la société Eco-Emballages (http://www.ecoemballages.fr/home.asp).
	Boucle de Mœbius	Ce pictogramme signifie généralement que le produit ou l'emballage est recyclable. Il s'agit là d'une caractéristique technique du matériau. Rien ne garantit cependant que le produit soit recyclé.
	Eco-poubelle	Ce pictogramme présent sur les emballages vise simplement à inciter les personnes à la propreté. Il invite les consommateurs à jeter l'emballage du produit dans une poubelle.

Les pictogrammes relatifs à la sécurité des usagers ou consommateurs

	Nom	Signification
	Explosif	Ce pictogramme rappelle que le produit peut exploser dans certaines conditions (flamme, chaleur, choc, frottement). Lors de la manipulation du produit, il faut absolument éviter les chocs, les frictions, les étincelles et la chaleur.
	Brûlure	Ce pictogramme indique que le produit est hautement inflammable. Il doit être tenu éloigné des combustibles, des flammes, des étincelles et des sources de chaleur.
	Intoxication	Ce pictogramme signale que le produit peut porter atteinte gravement à la santé par inhalation, ingestion ou contact cutané. Il faut éviter tout contact direct.
	Irritant	Ce pictogramme rappelle que le produit peut irriter la peau, les yeux et les organes respiratoires. Il faut éviter tout contact avec la peau, les vêtements, mettre des gants, des lunettes de protection et des blouses en coton. Il ne faut pas respirer les vapeurs.

Annexe

22 Les règles de saisie

Règles de disposition des espaces				
Signe de ponctuation	Nom du signe	Avant	Après	Exemples
,	virgule	pas d'espace	espace	L'ordinateur, les périphériques, les logiciels.
.	point	pas d'espace	espace	Il développe. Il argumente.
...	points de suspension	pas d'espace	espace	Il développe... Il argumente...
:	deux points	espace	espace	Il possède : un ordinateur, un écran, une imprimante.
;	point virgule	espace	espace	On l'invita ; il entra.
!	point d'exclamation	espace	espace	Vous ! Impossible !
?	point d'interrogation	espace	espace	Où ? Quand ? Comment ?
'	apostrophe	pas d'espace	pas d'espace	L'attention ou l'intention !
(	parenthèse ouvrante	espace	pas d'espace	Ces périphériques (clavier, souris) sont indispensables.
)	parenthèse fermante	pas d'espace	espace	Ces périphériques (clavier, souris) sont indispensables.
-	trait d'union	pas d'espace	pas d'espace	Connais-tu Londres ?
–	tiret d'énumération	pas d'espace	espace	– la souris – le clavier

Écriture des abréviations courantes					
Mot	Abréviation	Mot	Abréviation	Mot	Abréviation
Monsieur	M.	Établissements	Ets	Deuxième, troisième, etc.	2e, 3e, etc.
Messieurs	MM.	Société	Sté	Numéro	n°
Madame	Mme	Sociétés	Stés	Boîte postale	BP ou B.P.
Mesdames	Mmes	Avenue	av.	Et cætera	etc.
Mademoiselle	Mlle	Boulevard	bd	Exemple	ex.
Mesdemoiselles	Mlles	Impasse	imp.	Nota bene	NB ou N.B.
Compagnie	Cie	Saint	st	Téléphone	tél.
Compagnies	Cies	Premier	1er	Pièce(s) jointe(s)	PJ ou P.J.
Établissement	Et.	Première	1re		

Écriture des symboles courants					
Nom	Symbole	Nom	Symbole	Nom	Symbole
Longueur		**Capacité**		**Puissance**	
kilomètre	km	litre	l	watt	W
mètre	m	décilitre	dl	kilowatt	kW
décimètre	dm	centilitre	cl	**Électricité**	
centimètre	cm	millilitre	ml	ampère	A
millimètre	mm	**Masse**		ohm	Ω
Superficie		tonne	t	volt	V
kilomètre carré	km^2	kilogramme	kg	**Température**	
mètre carré	m^2	gramme	g	degré Celsius	°C
décimètre carré	dm^2	décigramme	dg	**Monnaie**	
centimètre carré	cm^2	centigramme	cg	euro	€
millimètre carré	mm^2	milligramme	mg	**Unités informatiques**	
Volume		**Temps**		kilo-octet	Ko
mètre cube	m^3	jour	j	méga-octet	Mo
décimètre cube	dm^3	heure	h	giga-octet	Go
centimètre cube	cm^3	minute	mln		
millimètre cube	mm^3	seconde	s		

Technologie

Classe de sixième (extraits du programme officiel)

I. Présentation

En sixième, l'enseignement de la technologie s'inscrit dans la continuité des apprentissages dispensés à l'école…

L'enseignement débute par la compréhension d'objets ou de produits simples. Les activités s'appuient sur l'étude et la réalisation de plusieurs objets techniques motivants.

L'enseignement s'articule autour d'un thème central, celui des transports. Il permet à l'élève d'appréhender le monde des produits proches de son environnement quotidien, d'apprécier leur évolution dans le temps.

À l'issue de la classe de sixième l'élève doit avoir, dans des situations simples, des éléments de réponse aux questions : À quoi sert un objet technique ? Comment un objet technique fonctionne-t-il ? Comment réalise-t-on un objet technique ?

L'objet technique occupe la place centrale de l'enseignement de la technologie en classe de sixième. Il est examiné à partir d'une démarche d'investigation portant sur le fonctionnement, les matériaux, les énergies, l'évolution historique et la réalisation.

II. Contenus

1. Le fonctionnement de l'objet technique

L'observation et l'analyse d'objets techniques simples et pluri-technologiques permettent d'aborder les connaissances de base associées à l'étude de leur fonctionnement.

a. Observation d'objets et d'objets techniques simples

Connaissances	Niveau d'acquisition	Compétences	Exemples d'activités	Moyens-Outils
Produit	1	Associer à un usage un besoin.	Description du besoin satisfait par l'utilisation du produit.	Objets et objets techniques simples et pluri-technologiques, maquettes didactiques ou modulaires choisies en fonction du thème.
Objet technique	1	Identifier objet et objet technique.	Observation, manipulation de différents objets.	
Fonction d'usage	2	Identifier la fonction d'usage de l'objet.	Observation puis utilisation d'un objet technique.	
Principe de fonctionnement	2	Décrire le principe général de fonctionnement d'un objet simple.	Description ou reconstitution du principe à partir d'une maquette modulaire.	
Fonction d'estime	1	Énoncer la fonction d'estime de l'objet.	Énumération des éléments liés à la fonction d'estime de l'objet (forme, couleur, matériaux employés dans l'objet).	

b. Étude du fonctionnement d'un objet technique simple

Connaissances	Niveau d'acquisition	Compétences	Exemples d'activités	Moyens-Outils
Fonction technique	2	Identifier les principaux éléments qui constituent l'objet. Représenter le fonctionnement observé. Identifier les fonctions techniques qui assurent la fonction d'usage. Associer l'objet réel et ses éléments à une représentation. Identifier les éléments réalisant une fonction technique.	Démontage et remontage d'objet(s). ***TIC : Visualisation d'images de représentation 3D.*** Réalisation de schémas ou croquis à main levée. Représentation schématisée du principe de fonctionnement de l'objet technique à l'aide d'un diagramme simple.	Objets techniques simples et pluri-technologiques, maquettes didactiques choisis en fonction du thème. Matériel informatique, visualiseur de dessin 3D. Schémas blocs.
Mode de description (schémas)	2			
Informations et caractéristiques techniques	1	Repérer, dans une notice, les éléments permettant la mise en service du produit, son utilisation, son entretien, les règles de sécurité à observer. Apprécier un produit en fonction de ses performances techniques, de son prix, de l'usage que l'acheteur en a.	Étude de notices d'emploi, de fiches techniques de produits. Identification des différents éléments d'une notice d'emploi, d'une fiche technique. Comparaison de fiches techniques de produits ayant la même fonction d'usage. ***TIC : Recherche d'informations au moyen de l'Internet.***	Notices d'emploi, fiches techniques de produits du commerce choisies en fonction du thème. Matériel informatique et adresses de sites Internet.
Conditions d'utilisation	2			
Caractéristiques d'entretien et règles de sécurité	2			
Performances	1			
Durabilité	1			
Recyclage et contraintes environnementales	1			

2. Les matériaux

À partir des matériaux constitutifs des objets étudiés, on construit une typologie simple permettant d'identifier une famille de matériaux.

Connaissances	Niveau d'acquisition	Compétences	Exemples d'activités	Moyens-Outils
Familles de matériaux : principales caractéristiques et usages courants (alliages légers, cuivreux, ferreux, matières plastiques, composites, bois, résines, matériaux souples). Oxydabilité Conductibilité Dureté Thermoplasticité Formabilité Masse volumique Recyclage	2	Reconnaître et nommer, par grandes familles, les matériaux utilisés en indiquant notamment leur aptitude au façonnage, leur résistance à la corrosion et leur impact sur l'environnement. Repérer à quelle famille appartient un matériau. Reconnaître les matériaux constituant l'objet étudié. Identifier la relation entre solution technique, matériau et procédés de réalisation.	Essais sur des matériaux présents dans les objets étudiés : façonnage, dureté, oxydabilité… Classement de quelques matériaux courants selon des critères identifiés. Observation, sur l'objet étudié, des matériaux utilisés et de l'influence des fonctions techniques et d'estime dans le choix des matériaux le constituant.	Échantillons de matériaux. Matériels de mise en forme, de façonnage et matériels d'essais disponibles dans la salle de technologie. Moyens informatiques.
Valorisation des matériaux (recyclage, destruction)	1	Mettre en relation le choix d'un matériau et sa capacité de recyclage ou de destruction.	Comparaisons des matériaux constituant l'objet en fonction de leur impact sur l'environnement et de leur possibilité de valorisation. ***TIC : Présentation des résultats.***	

3. Les énergies

Il s'agit d'identifier les différents types d'énergie exploités dans le fonctionnement de l'objet technique étudié.

Connaissances	Niveau d'acquisition	Compétences	Exemples d'activités	Moyens-Outils
Nature de l'énergie de fonctionnement	1	Identifier l'énergie utilisée dans le fonctionnement de l'objet technique.	Observation de l'objet étudié et/ou de la maquette.	Objet technique. Maquette.
Éléments de stockage, de distribution et de transformation de l'énergie	1	À partir de l'objet étudié, identifier les éléments de stockage, de distribution, de transformation de l'énergie.	Description schématisée du circuit de distribution de l'énergie.	
Rejets et déchets énergétiques	1	Indiquer le caractère plus ou moins polluant d'une énergie. *[SVT : environnement et sécurité].*	Comparer différents objets assurant la même fonction d'usage et utilisant des énergies différentes en rapport avec le thème étudié.	

4. L'évolution des objets techniques

Il s'agit de situer un objet technique dans une évolution historique et de faire ainsi apparaître des solutions utilisées à d'autres périodes pour répondre à un même besoin.

Connaissances	Niveau d'acquisition	Compétences	Exemples d'activités	Moyens-Outils
Famille d'objets	2	Situer dans le temps les inventions en rapport avec l'objet étudié. Classer chronologiquement des objets ayant la même fonction d'usage. Identifier des principes techniques simples liés à l'objet étudié et leur évolution.	***TIC : Recherche documentaire.*** Classement chronologique d'objets d'une même famille ayant un principe technique simple bien identifié.	Ordinateur relié à l'Internet, cédéroms, dévédéroms. Objets présents dans la classe. Visite de musées des techniques ou de sites adaptés.
Chronologie d'objets	1			
Principe	2			

5. La réalisation d'un objet technique

La réalisation permet d'exploiter et de mettre en cohérence les connaissances et compétences acquises au travers des approches précédentes. La réalisation [...] doit permettre de retrouver des solutions techniques cohérentes et de contribuer à l'émergence de nouvelles connaissances et compétences.

Connaissances	Niveau d'acquisition	Compétences	Exemples d'activités	Moyens-Outils
Codes de représentation (schémas, symboles, formes géométriques)	2	Décoder un plan de montage, un schéma, un dessin en vue éclatée et la nomenclature associée.	Réalisation d'objets simples, de modèles réduits, de robots. ***TIC : Lecture de documents numériques.*** ***TIC : Réalisation informatique d'un document formalisant la procédure d'assemblage à l'aide d'un logiciel de traitement de texte.*** ***TIC : Utilisation de machines pilotées par ordinateur (hors programmation) pour la fabrication.***	Tous moyens disponibles
Antériorité – Chronologie simplifiée des opérations	3	Par l'expérimentation, proposer une procédure d'assemblage et définir une chronologie des antériorités.		
Poste de travail – Règles de sécurité	2	Vérifier l'organisation du poste de travail, les conditions de sécurité, la propreté.		

Connaissances	Niveau d'acquisition	Compétences	Exemples d'activités	Moyens-Outils
Procédures de réalisation - Fabrication (perçage, fraisage, découpage, contournage, rainurage, détourage, tournage, pliage, formage, etc.) - Montage de composants discrets, montages électriques Montage et assemblage	2	Réaliser en suivant une procédure formalisée. Utiliser rationnellement matériels et outillages.		Tous moyens disponibles
Mesure (unité, ordre de grandeur, origine)	3	Contrôler à l'aide d'un gabarit, d'instruments de mesure. *[Mathématiques : grandeurs et mesures]*	Contrôle de la qualité du produit à chacune des étapes de la réalisation.	
Tolérance	1			
Contraintes d'utilisation	3	Identifier et classer les contraintes de fonctionnement, d'utilisation, de sécurité...	Élaborer ou compléter une notice d'emploi ou une fiche technique. ***TIC : Réalisation de tout ou partie d'une notice d'emploi ou d'une fiche technique du produit.***	

III. Place des TIC dans l'enseignement de la technologie

Les apprentissages relatifs aux TIC sont intégrés à l'enseignement notamment lors de l'analyse et/ou de la réalisation des produits étudiés.
Un positionnement, dans le cadre du B2i, permettra au professeur d'identifier le niveau de l'élève.

Connaissances	Niveau	Compétences
I. Acquisition et mémorisation de données		
Techniques d'acquisition et de restitution des données	3	Entrer des informations : saisir des données (clavier, scanneur, appareil photo...).
	3	Restituer des informations : imprimer...
Technique de stockage des données – Mémoire (de masse, de stockage, de travail) – Unité de stockage	3	Stocker des données, les classer, les identifier, les retrouver dans l'arborescence. Décrire le rôle des différents types de mémoire (vive, morte).
Arborescence (répertoire, fichier)	3	Ouvrir un fichier existant dans un répertoire donné. Enregistrer un fichier dans un répertoire donné.
	2	Créer un répertoire, un fichier.
II. Présentation et communication		
Consultation de documents numériques	3	Ouvrir et consulter des documents existants (textes, schémas, animations, représentations volumiques...).
Création et transmission de documents électroniques	3	Composer et présenter un document numérique (message, texte mis en page, schéma, composition graphique). Le communiquer à un destinataire par des moyens électroniques. Recevoir des messages électroniques, ouvrir les pièces jointes. Classer et organiser les messages. Créer, compléter un carnet d'adresses.
Recherche d'informations sur la « toile »	2	Retrouver une ou plusieurs informations à partir d'adresses URL données.
III. Protection des données personnelles		
Propriété intellectuelle	1	Identifier et respecter la propriété intellectuelle.
Informations nominatives	1	Identifier et respecter les données à caractère personnel.

Index alphabétique

Crédits photographiques

p. 7 ph© Corbis
p. 8 ph© Décathlon (vélo) ; ph© Bernard Asset (triporteur) ; ph© CYCLEUROPE (VTT) ; ph© Carl et Ann Purcell/Corbis (planeur) ; ph© Airbus ; ph© Raymond Roig/AFP (canadair)
p. 9 ph© Renault (voiture) ; ph© Mario Fourmy / Rea (voiture de location) ; ph© Pascal Guyot/AFP (taxi)
p. 10 ph© Peugeot Motocycles (doc. 1) ; ph© Bernard Asset (scooter) ; ph© Renault (voitures)
p. 11 © Agence Design-R – designer Roger Pitiot.
p. 13 ph© Jean-Francois Vibert – http://www.actionreporter.com
p. 16 ph© Airbus
p. 18 ph© Décathlon (doc 1)
p. 19 © Que Choisir
p. 20 ph © Décathlon
p. 21 ph© Salomon
p. 26 ph© Usinor
p. 27 ph© Jean-Pierre Clato/AFP
p. 28 ph© Airbus(doc 3)
p. 29 ph© Peugeot Motocycles
p. 32 ph© OPTIMA Cycles International – http://www.veloscouches.com/
p. 35 Polarismotor /www.polarismotor.it
p. 37 ph© Philippe Plisson
p. 38 ph© Décathlon
p. 39 ph© G.Codina/Urba Images Server (doc 4)
p. 40 ph© RMC (doc 2)
p. 42 ph© Christophe Jacquet – www.train.mt.blanc.free.fr
p. 43 ph© Renault Communication/D. Dumas (tableau de bord 1) ; ph© Renault Communication/A. Bernier (tableau de bord 2) ; ph© PHOTOPQR/Arnaud Monnier/Midi Libre.
p. 44 ph© Benoit Decout / Rea (doc 1) ; ph© Rea (doc 2)
p. 45 ph© Renault Communication/Hubert Vincent
p. 47 et 48 ph© Bernard Asset (scooter) ; © Chars à Voile SEAGULL – www.char-a-voile.com
p. 49 © www.renault.com
p. 50 ph© Philippe Huguen/AFP (doc 1) ; ph© Faurecia (doc 2)
p. 51 © www.renault.com (doc 4)
p. 52 ph© Faurecia (doc 2) ; ph© Auxifer (découpe laser)
p. 54 ph© Airbus
p. 55 © www.canoegci.ulaval.ca
p. 59 ph© Damien Meyer/AFP
p. 60 © B. Soler-Thèbes, Du cyclomoteur à la mob – ETAI
p. 61 © Jeanneau Sun Odyssey 54DS – Designer V. Garroni (doc 3) ; ph© CYCLEUROPE (doc 4)
p. 62 ph© Renault Communication/Hubert Vincent
p. 63 © Citroën
p. 64 ph© Laurent Douek/Eurelios
p. 65 ph© François Guillot/AFP
p. 69 ph© akg-images / Nimatallah ; ph© Airbus
p. 70 © Fisher-Price (chenille et camion)
p. 71 © Musée air espace (MS 880) ; Museum of Flight ph© Corbis (Douglas DWC «New Orleans») ; ph© Falcon ; © akg-images (Tandem – Grand Bi) ; ph© Cned (Lawson)
p. 72 ph© H. Hugues / URBA Images Server (Trolley bus)
p. 73 ph© akg-images/NASA
p. 75 ph© Bridgeman Art Library
p. 77 ph© Photorail/Diaporama (Buddicom St Pierre – 4546PO) ; © C. Recoura/Photorail/Diaporama (BB9004) ; © SNCF – CAV- Sylvain Cambon (TGV Duplex)
p. 78 ph© Broncard /Photorail/Diaporama (rue de Grenoble) © Alain Nogues / Corbis (rue de Paris)
p. 79 ph© Philippe Huguen/AFP (deux docs)
p. 80 ph© Décathlon
p. 81 ph © Scala (dôme)
p. 82 ph© Décathlon
p. 84 ph© Salomon
p. 89 ph© Jean-François Lange/photothèque Renault
p. 93 © INRS 2005 ; ph© Rea (poste de soudage)
p. 95 ph© Jeulin (doc 4) ; ph© Philippe Pons/Studio Pons/photothèque Renault (bas)
p. 103 © CIF ; © INRS 2005
p. 113 ph© Faurecia
p. 115 ph© Olivier Morin/AFP ; ph© Olivier Multhaup/APF
p. 141 © FACOM
p. 144, 145, 146 ph© Technologie Services
p. 147, 151 ph© Jeulin
Autres photos © Photos.com et Delagrave.

Compogravure : Stdi
CTP
Achevé d'imprimer par Clerc SAS – Saint-Amand-Montrond
N° d'imprimeur : 9516
Imprimé en France
Éditions DELAGRAVE – N° d'édition : 8905 – R5 – Juillet 2007